徽学与地域文化丛书

桐城派文学理论研究系列　吴家荣　主编

方东树诗学研究

陈晓红　著

北京师范大学出版集团
安徽大学出版社

图书在版编目(CIP)数据

方东树诗学研究/陈晓红著.—合肥:安徽大学出版社,
2013.8
(徽学与地域文化丛书)
ISBN 978-7-5664-0234-9

Ⅰ.①方… Ⅱ.①陈… Ⅲ.①诗学－诗歌研究－中国－清代 Ⅳ.①I207.22

中国版本图书馆 CIP 数据核字(2013)第 022083 号

方东树诗学研究

陈晓红 著

出版发行	: 北京师范大学出版集团
	安徽大学出版社
	(安徽省合肥市肥西路 3 号 邮编 230039)
	www.bnupg.com.cn
	www.ahupress.com.cn
经　销	: 全国新华书店
印　刷	: 中国科学技术大学印刷厂
开　本	: 152mm×228mm
印　张	: 16.25
字　数	: 226 千字
版　次	: 2013 年 8 月第 1 版
印　次	: 2013 年 8 月第 1 次印刷
定　价	: 33.00 元

ISBN 978-7-5664-0234-9

策划编辑:朱丽琴　姜　萍	装帧设计:知耕书房
责任编辑:姜　萍	美术编辑:李　军
责任校对:程中业	责任印制:陈　如

版权所有　侵权必究

反盗版、侵权举报电话:0551－65106311
外埠邮购电话:0551－65107716
本书如有印装质量问题,请与印制管理部联系调换。
印制管理部电话:0551－65106311

徽学与地域文化丛书
编委会名单

编委会主任：吴春梅

编委会副主任：（按姓氏笔画为序）

  卞 利 张子侠 张能为 鲍 恒

编 委：（按姓氏笔画为序）

  卞 利 王国良 王达敏 王天根

  王成兴 江小角 李 霞 张子侠

  张能为 张崇旺 张爱冰 张金铣

  吴春梅 吴怀东 吴家荣 陆建华

  陈 林 宛小平 徐国利 鲍 恒

目录
CONTENTS

001 序 一
003 序 二
001 绪 论
001 　　一、方东树诗学研究现状综述
007 　　二、研究方东树诗学的意义和设想

010 第一章　方东树的生平、交游、著述与思想
010 　第一节　方东树的生平
015 　第二节　方东树的交游及门生
015 　　一、方东树的交游
036 　　二、方东树的门生
041 　第三节　方东树的著述与思想
041 　　一、方东树的著述概况
051 　　二、方东树思想综论

059 第二章　方东树的诗学活动与诗学取向
059 　第一节　方东树诗学活动概况
059 　　一、诗歌创作:《半字集》、《王余集》、《考槃集》、《仪卫轩遗诗》

061　　二、诗学理论与诗歌批评著作：《昭昧詹言》及其他
066　第二节　方东树的诗歌创作
067　　一、方东树诗歌的内容
091　　二、方东树诗歌之艺术特色
101　第三节　方东树的诗学取向
101　　一、基本价值立场：正统儒家价值观
107　　二、学诗须涵养本原：要多读书、多穷理
109　　三、以文论诗的审美取向

114　第三章　方东树的诗歌批评实践
114　第一节　方东树诗歌批评总论
114　　一、评析诗歌体裁的选择
115　　二、评析诗人的选择
116　第二节　论汉魏南北朝诗歌
117　　一、论阮籍及其诗
123　　二、论陶渊明及其诗
129　　三、论大小谢等谢氏诗人及鲍照
138　第三节　论唐宋诗歌
138　　一、论杜甫及其诗歌
145　　二、论韩愈及其诗歌
148　　三、论苏轼及其诗歌
151　　四、论黄庭坚及其诗歌

159　第四章　方东树对明清诗学的批评
159　第一节　对王士禛及神韵诗学的批评
159　　一、王士禛及其神韵诗学
160　　二、方东树对王士禛及神韵诗学的批评
168　第二节　对格调诗学的批评
169　　一、格调诗人、诗论概述
170　　二、方东树对格调诗人、诗学的批评

178　第三节　对袁枚及性灵诗学的批评
178　　一、袁枚及其性灵诗学
179　　二、方东树对袁枚及性灵诗学的批评
184　第四节　对桐城刘大櫆、姚范、姚鼐的批评
187　　一、论刘大櫆
189　　二、论姚范
192　　三、论姚鼐

198　第五章　《昭昧詹言》的诗学价值及其在诗学批评史上
　　　　　　的地位
198　第一节　方东树诗学思想总论
198　　一、求真与立诚：追求自家面目的创作理想
205　　二、方东树以杜、韩，特别是杜甫为中心，建构了一个
　　　　　学诗的典范系统
211　　三、崇古黜俗，反对流易，讲求厚重
214　第二节　《昭昧詹言》的诗学价值
214　　一、方东树及桐城后学对《昭昧詹言》的评价
219　　二、后世学者对《昭昧詹言》的态度
223　　三、方东树《昭昧詹言》的问题
226　第三节　《昭昧詹言》在诗学批评史上的地位
227　　一、关于《昭昧詹言》集大成的特点
231　　二、创立桐城诗派的诗学理论

233　**参考文献**

245　**后　记**

序 一
◆吴家荣

桐城派是中国文学史上一个重要的文学流派。其时间跨度,堪与有清一代相始终;涉及人员多,据刘声木《桐城文学渊源撰述考》所载,列入该派的文学家有上千人之众;地域上,虽其发端于桐城,但不限于桐城一域,安徽、江西、江苏、广西、湖南、山东、河北等地皆有桐城派人员分布。桐城派不仅以留有大量的优秀文章而著称,同时又有大体相似的文学理论与创作主张,而在中国古代文论史上产生了广泛影响。郭绍虞先生说:"清代文论以古文家为中坚,古文家之文论又以桐城派为中坚。"桐城派的文艺理论涉及古文理论、诗学、批评、应用文体理论及翻译理论诸多方面。从中国文艺理论发展史来看,桐城文派作为封建社会后期最大的一个文学流派,上述文学理论多具有对中国传统文学理论进行反思与总结的意义。

学界对桐城文派的研究已走过百年历程,就文论方面来说,成果已相当可观。除了众多的单篇论文之外,其代表性专著就有姜书阁的《桐城文派评述》、王镇远的《桐城派》、何天杰的《桐城文派——文章法的总结与超越》、吴孟复的《桐城文派述评》、关爱和的《古典主义的终结——桐城派与五四新文学》、周中明的《桐城派研究》,海外有叶龙的《桐城派文学史》、姚翠萍的《方望溪文学研究》、尤信雄的《桐城文学述评》等。此外,在古代近代的文学史、文学批评史中,也有涉及对桐城文学思想的梳理与评价。以上论文论著主要阐述：桐城派在中国文学史上的地位、桐城派的哲学思想及其与程朱理学的关系、桐城派三祖的古文理论、桐城派与八股文的关系、曾国藩湘乡派与桐城派的关系、林纾与桐城派的关系、桐城派与五四新文化运动的关系等，所论大多集中在少数有影响的文论家身上。相对于桐城派丰富的文学思想来说，还显得远远不够。

如上所说，桐城派延续时间长，人员众多。他们的文艺思想既有一致之处，又有细微差别，不同时期的差异更大。桐城派的文学思想也是随着历史的推移而不断变化，尤其是在中西文化碰撞的近代，他们的文艺思想更是发生了与时俱进的嬗变，因而给我们的系统研究提供了广阔的空间。

当前地域文化研究方兴未艾。安徽大学是地方性"211"工程大学，中文系文艺学又是省属重点学科。从事桐城派文学理论研究当是责无旁贷。我们撰写的这套"桐城派文学理论研究系列丛书"，分别从桐城派文论、诗论、应用文论等方面观照桐城派文学理论的体系建构，同是对有关重要的文艺理论命题、范畴作详尽的梳理与分析。书中，既有对桐城派文学理论观点产生的政治学术文化背景的考察，也有对桐城派文学理论思想作出在中国文学批评上的合理定位；既有对围绕桐城派发生的一系列文学理论公案的考察分析，也致力于对桐城派文学理论在二百余年的历史中，以自身的发展与嬗变而表现出强大生命力的认识。

总之，本套丛书对于揭示桐城派的文学理论内涵，梳理他们的主要观点，让我们更好地了解桐城派的创作精髓，正确评价他们的历史功绩，继承他们的宝贵遗产，致力于古代文论的现代运用，无疑有着重要的理论价值和现实意义。

序 二
◆杨 明

我国古代文学批评有一个显著的特点,即具有很强的实践性。批评家们几乎都无意于作某种纯理论的探讨,而是密切结合文学创作、文学鉴赏来发表意见。即使被认为是最具理论体系的《文心雕龙》,也显然具有指导各体文章写作的目的。这样的特点也就决定了我们研究古代文学理论的方法。我们必须结合创作和鉴赏的实践进行研究,才能有的放矢,才能研究得好。笔者随王运熙先生研习古代文论,先生一再强调,必须将古代批评家的理论表述与他们对具体作品的评论结合起来,才能比较正确地理解他们的意思,才能得出比较中肯的结论。这真是一个颠扑不破的真理。

《文心雕龙》是最有体系的完整的成篇论述。至于开始兴盛于宋代的诗话,以及评点之类,大多一枝一节、一鳞半角显得零碎。但正是因为这些著作,直接地评论具体的作品,所以评论者的意见也就具体而比较容易把握。这样的评论能加深我们对古代作品的理解,提高我们的艺术鉴赏力,给我们带来切切实实的好处。而且,从那些具体评论中可以窥见作者、评点者的审美倾向,概括出一些理论观点,这些正是研究者的任务,是一项饶有兴味的工作。总之,那些诗话、评点类的著作,理应得到重视和研究。这种研究应该不仅仅停留于"外部"(如文献方面的研究,著作者生平、时代的研究等),而且须深入其"内部",结合其具体批评的对象,加以体味、分析和概括。

晚清方东树的《昭昧詹言》,就是一部涵盖面广,具有真知灼见、独特心得的诗话类著作,值得深入探讨。

顺便举一个例子:方氏对于陶渊明的为人、精神境界,颇有独特的见解。他认为渊明"胸中别有大业,匪浅儒所知"。陶之本志,是想要力挽狂澜,弥缝衰世而使之淳;既不可能,乃抱固穷之节,遗荣辱而一得丧。看似旷达,其实正是其怀抱伤心处。方东树说,陶有此"高怀本量",所以他既不是"见几行遁"的隐士,也不是"殉国立节"的仁人。若以为陶渊明只是心存晋室,那是低估了他。陶渊明虽不乐仕,而亦不妨出仕,因为其仕既不害道,亦未为失己失义。"时来苟冥会,聊且凭化迁",正合孔子"无可无不可"之义。方东树对渊明的立身行事评价甚高,说"渊明之学,自经术来",非"庄老玄虚之士可望","非大贤以上不能及"。但对于渊明《形影神》等诗中流露的"纵浪大化"的情愫,还是有所不满。认为"有放肆意",于圣人知其不可奈何而仍然"尽性致命"的"大中至正尽人理之学",尚有未达。也就是说,方东树觉得陶渊明虽非"玄虚之士",但毕竟也受老庄影响而随顺自然,那样的人生态度,是比较消极的,尚未达到儒家圣人之道的高度。方东树对陶渊明人格的认识,是立体的、多层次的、比较完整的,可以说在陶诗接受史上具有重要的意义。他的认识,当然与他本人崇奉程朱理学、他本人的遭遇和立身态度也很有关系。他的认识、评价,是通过对陶诗的具体分析得出来的,对于我们读陶诗确有启发。他对陶诗的艺术性,也不人云亦云,不局限于称赞其自然平淡之类,而是强调陶诗的用意精深、曲折顿挫、变化不可执著、恣肆奇妙不测,指出陶诗既高妙天成,又有纵横浩荡、峥嵘壮浪的笔势。这是结合对诗篇的具体分析得出的结论,确有心得,对于读者欣赏尤有裨益。我们若顺着他的指点读去,会感到心悦神服,得到前所未有的艺术享受。

方东树评诗,非常重视诗歌的文法、章法,注重分析诗的意致脉络。这一显著特点,研究者都已指出,而且认为是桐城派古文家法在诗歌领域的体现。这无疑是正确的。也有研究者指出方东树还重视"兴象",这一点可能还未引起比较广泛的注意。问题是我们对于方氏以"兴象"论诗须有准确的理解。方氏所谓"诗有兴象、兴象高卓",主要不是说其形象描绘逼真,而是说诗人的兴会、感慨表现得真切,富于感染力。因此,即使并无形象描绘,也可以是富于兴象的。例如李商隐《重有感》:"玉帐牙旗得上游,安危须共主君忧。窦融表已来关右,陶侃军宜次石头。岂有蛟龙愁失水? 更无鹰隼与高秋! 昼号夜哭兼幽显,早晚星关雪涕收?"通首议论,说不上什么形象描绘,但方东树称其"兴象彪炳"。我们细加体会,所谓"兴象彪炳",是说其诗将一腔忠愤表述得大义凛然、堂堂正正。可见这里的"兴象"应理解为感慨、情怀之传达,与是否形象描绘无关。又如谢灵运的《七里濑》:"羁心积秋晨,晨积展游眺。孤客伤逝湍,徒旅苦奔峭。石浅水潺湲,日落山照曜。荒林纷沃若,哀禽相叫啸。遭物悼迁斥,存期得要妙。既秉上皇心,岂屑末代诮? 目睹严子濑,想属任公钓。谁谓古今殊,异代可同调。"其"石浅"四句写景形象真切,但方东树批评说"平钝",以为平常;后半段并无形象描写,方氏却称赞说:"心目中借一严陵,与己作指点比照,兴象情文涌现,栩栩然蝶也,而已化为周矣,是为神到之作。"那就是因为在方氏看来,诗人看到了子陵濑,一下子产生联想,感到自己与严子陵是异代同调,古人才是自己的知音。这种感触表现得自然而感人,所以说是"兴象情文涌现"。可知在方东树那里,形象描绘固然重要,但尤其重要的是诗人兴会、感慨的传达。兴会、感慨可以通过形象描绘而传达,也可以不经由形象描绘。他称赞谢灵运诗"兴象宛然"、"兴象不可思议执著",不应理解成是说山水形象如在目前,不是称赞写景体物之妙,而是说诗人的兴致、情怀似在耳目之前,真切可感;是说兴致、情怀之传达微妙难言。方东树特别欣赏的是"不可思议执著"的兴象,也就是"兴在象外"。他评卢纶的《晚次鄂州》,说"估客昼眠知浪静,舟人夜语觉潮生"两句是"兴在象外,卓然名句";而"三湘愁鬓逢秋色,万里归心对月明"两句则虽"兼情景,而平平无奇"。那就是因为"估客"二句不直接说出诗人的感触情怀,却能引导读者体会那种既孤寂无聊,又思绪重重、不能入眠的难以说得分明的情绪;而"三湘"二句直说"愁鬓"、"归心",就平淡无奇了。

方东树所说的"兴象"、"兴在象外",其实与宋代严羽所倡"兴趣"意思相通。严羽说盛唐诗的一大优点就在于有"兴趣",但他没有直接举出实例,因此遭到后人(包括今人)的误解,以为是专指恬淡幽闲的山水清音一派。其实不然,方东树结合具体诗作谈"兴象",就便于我们体会理解。这也是理论、概念与具体评论相结合的好处。

以上不过是举两个例子来说明《昭昧詹言》值得研究和研究时应该采取的方法。陈晓红博士的《方东树诗学研究》,便在这方面做了有益的工作。这本著作,内容全面。首先对方东树的生平、交游和著述加以考证,然后介绍方氏的诗歌创作,再以《昭昧詹言》作为考察对象,就方氏的诗歌理论批评加以论述,最后介绍了《昭昧詹言》受到的评价,就该书在我国诗歌批评史上的地位发表了自己的看法。其考证力求翔实,论述力求实事求是。对批评家本人的创作加以研究,是一项重要的工作,因为我们可以将其创作与其批评相互对照,那是很有意思的。陈晓红在这方面的工作,可以说具有一定的创新意义。关于《昭昧詹言》所受的评价,陈晓红收集了不少资料,也颇有价值。从中我们可以看到后人对此书的评价或扬或贬,颇不一致。撇开五四时代"桐城谬种"之类偏激的言论及其影响不谈,贬之者主要是认为它多为具体批评,且指示做法,故伤于细碎,缺少体系性、理论性,算不得高层次之作。方氏在世时已有人持类似的意见。方氏本人所作跋中所说某友人讥其"和盘托出,用意、为体太陋,大雅所不出",便是如此。但笔者不这样看,已见上文所述。何况若就旧体诗的知识、修养而言,时至今日,一般水准恐亦难以与方氏时代的学子相比并,有意于赏鉴历代诗歌者正需要《昭昧詹言》这样颇具真知灼见的指导。因此,笔者认为陈晓红博士的工作是很有意义的。希望她以此为发端,进一步深入研究,取得新的成绩。

二〇一二年二月于海上欣然斋

绪 论

一、方东树诗学研究现状综述

方东树一生历经乾隆、嘉庆、道光、咸丰四朝,是桐城派大师姚鼐的高足。他勤于著述,在古文、诗论、诗歌以及学术等方面都有一定的成就。作为桐城派的嫡传弟子,方东树积极主动地承担起传播桐城之学的责任,撰写诗歌理论著作《昭昧詹言》以宣传桐城诗派的诗学理论。下文就学界对方东树诗学的研究情况略作一综述。

(一)关于方东树及其诗论的研究

由于方东树隶属桐城派,因而在研究桐城派的著作中,学人们很多时候是将之作为桐城派的一个阶段性人物来对待。方氏有多方面的成就,所以,这一类型的著作往往对方氏的诗学成就略作介绍,如周中明的《桐城派研究》。王镇远的《桐城派》介绍稍详,但限于体例没有深入研究。对方东树的诗论研究探讨较深入的是中国文学批评史的著述,如郭绍虞先生的《中国文学批评史》、黄霖先生的《近代文学批评史》等,能够从宏观上高屋建瓴地分析方东树诗论的成就与缺陷,极有参考价值。

对方东树诗论的研究主要集中在对其诗歌理论著作《昭昧

詹言》的研究上。《昭昧詹言》全书二十一卷，共三十八万多字①，篇幅浩大，可谓鸿篇巨制。方东树《昭昧詹言》的通行本，即汪绍楹校点本，1961年人民文学出版社就出版了。但对其诗学进行专门研究的单篇论文的发表，在大陆则始于20世纪70年代末，即冉欲达的《读书偶得》②。从这篇文章的题目就可以知道这是一篇读后感。作者在文中简要评析并肯定了方东树的诗论，提出对历史上的文学流派乃至属于某一流派的作家或评论家，应该采用一分为二的观点，要"好处谈好，坏处谈坏"，实事求是。关于对桐城派的评价，不论是新中国成立前，还是新中国成立后都有一些激烈的言论，方东树本人又以捍卫程朱理学而著称，更是遭到批判，因而研究方东树诗论的单篇论文出现较晚。1983年刘文忠发表《试论方东树〈昭昧詹言〉的诗歌鉴赏》，是第一篇规范的专门研究方东树《昭昧詹言》的论文，该文认为《昭昧詹言》的"主要价值在于他的诗歌评论与鉴赏，在鉴赏史上应该占有较重要的地位"③。此后研究方东树诗论的单篇论文就比较多，到目前为止有二十余篇，其中2000年以来的有十七篇，可知近年来对方东树诗论的关注度提高了。

对方东树及其诗论进行整体研究的论文有徐新民的《方东树及其〈昭昧詹言〉》，该文认为"《昭昧詹言》对写作技法多有论列，是一部影响较大的诗词写作理论著作"④。方东树的《昭昧詹言》是其晚年的著作。本为课儿孙辈而作，书中多有"学文学诗"、"学诗文"等字样，因此此书确有指导后学学诗的作用。这篇文章能跳出今日所谓的文学理论的价值衡量标准，从写作诗文的参考意义来看《昭昧詹言》的价值，观点中肯、有说服力。吴宏一的《方东树〈昭昧詹言〉析论》⑤指出前人论著中的一些错

---

① 方东树著，汪绍楹校点：《昭昧詹言》，北京：人民文学出版社，1961年。
② 冉欲达：《读书偶得》，《鸭绿江》，1978年第7期。
③ 刘文忠：《试论方东树〈昭昧詹言〉的诗歌鉴赏》，《江淮论坛》，1983年第5期。
④ 徐新民：《方东树及其〈昭昧詹言〉》，《语文学刊》，1995年第2期。
⑤ 吴宏一：《方东树〈昭昧詹言〉析论》，《清代文学批评论集》，台北：联经出版事业公司，1998年，第294页。

误,对《昭昧詹言》的写作动机、著成年代以及写作态度等诸多方面进行了细致的分析、评论,对《昭昧詹言》的原理论、创作论、鉴赏论都进行了论述,该文最突出之处在于对《昭昧詹言》附论诸家诗话进行考辨,从而得出一些令人信服的结论,这些结论对正确解读方东树诗学思想很有帮助。作者心思细密,考辨翔实,言之有据,结论令人信服。钟耀的《论方东树〈昭昧詹言〉的诗学思想》[①],从诗歌的内容、创作、艺术风格三方面进行探讨,归纳出方氏的部分诗学思想。但是,《昭昧詹言》的内容比较丰富,单篇论文不能涵盖方氏诗学思想的全部。

许结的《论方东树在桐城派文学理论建设中的作用》认为,方东树在桐城派文学理论建设中的作用主要体现在以下三个方面:论定"三祖"与桐城派的确立;建设桐城派古文理论;桐城派诗歌理论的代表,并以其专著《昭昧詹言》为标志,集桐城派诗论之大成[②]。龚敏的《论方东树的诗学渊源》主要从家学、父执辈的影响及师承三个方面梳理方东树的诗学渊源,意在通过对方东树诗学渊源的把握和了解,辨明桐城诗学的渊源和走向[③]。这篇文章把研究对象放入其人所处的历史环境,切入点选择恰当,视角较新。

关于《昭昧詹言》有无理论体系的问题,诸位学者发表了一些看法。如吕美生《方东树〈昭昧詹言〉的价值取向》一文认为《昭昧詹言》"其内在的确有一个诗话完整理论体系"。"从文学思潮前因后果的嬗变规律来看其价值取向,《昭昧詹言》自有其理论体系在等待着我们去开掘和发现"[④]。高政锐《方东树〈昭昧詹言〉论〈古诗十九首〉简评》认为"纵观《昭昧詹言》全书,虽是吉光片羽式的诗话论著,缺少理论的概括性与行文的逻辑性,但也不乏其具有自身的体系,体现了中国诗歌自身发展的

---

① 钟耀:《论方东树〈昭昧詹言〉的诗学思想》,《西南科技大学学报》,2007年第8期。
② 许结:《论方东树在桐城派文学理论建设中的作用》,《古代文学理论研究》第13辑,上海:上海古籍出版社,1988年,第329~346页。
③ 龚敏:《论方东树的诗学渊源》,《中国韵文学刊》,2006年第3期。
④ 吕美生:《方东树〈昭昧詹言〉的价值取向》,《学术月刊》,2000年第10期。

价值与规律,这也是《昭昧詹言》有别于其他诗话的一个重要特征"①。《昭昧詹言》自身确实存在缺陷与问题,因而对于《昭昧詹言》有无体系的问题,诸家的看法有所不同。

对历代诗人诗作的评点、批注、鉴赏,在方东树《昭昧詹言》中占有相当大的比重,因而也有一部分论文研究方氏对这些诗人诗作的评论。如王友胜《方东树〈昭昧詹言〉论黄庭坚诗述略》②,此文认为方东树"对黄庭坚其人其诗的品评是全书较为典型、精彩的部分",对"黄庭坚诗的思想内涵缺乏必要的挖掘,但却长于分析其诗章法与句法,于诗的起承转合与格局布置的探研尤为精妙"。王友胜又有《方东树论苏诗对桐城家法的承继与突破》的文章,指出方东树突破桐城家法的地方:第一,桐城派文人标举江西诗派与黄庭坚,方氏则认为苏诗胜黄庭坚诗;第二,在方氏看来,苏诗独辟蹊径,自成一家;第三,方氏崇信义理,其苏诗评论难免染有理学色彩③。王友胜这两篇评述方东树论苏、黄的文章,值得借鉴与参考。徐希平《方东树〈昭昧詹言〉论杜甫述略》认为方东树"对杜甫诗歌作了较为深入细致的研究分析","《昭昧詹言》有关杜甫论述涉及面比较广阔,从其思想内容与精神人格之表现、多种艺术手法之运用,对后世的巨大影响,历代学习借鉴者的成功得失以及具体篇目的分析鉴赏等,都有着论述,在一定程度上丰富了杜诗学的研究内容,并提出了一些新的研究命题"④。方东树在《昭昧詹言》中最推崇杜甫,对于杜甫的论评最多,这篇论文以明晰的思路进行了准确的论说。

---

① 高政锐:《方东树〈昭昧詹言〉论〈古诗十九首〉简评》,《大庆师范学院学报》,2007 年第 12 期。
② 王友胜:《方东树〈昭昧詹言〉论黄庭坚诗述略》,《中南大学学报》,2007 年第 10 期。
③ 王友胜:《方东树论苏诗对桐城家法的承继与突破》,《衡阳师范学院学报》,2004 年第 4 期。
④ 徐希平:《方东树〈昭昧詹言〉论杜甫述略》,《杜甫研究学刊》,2005 年第 4 期。

杨淑华《方东树〈昭昧詹言〉及其诗学定位》①这篇学位论文资料占有充分，考辨细致，借鉴现代文学批评理论对方东树《昭昧詹言》的理论加以诠释，主要讨论了方东树诗学与宋代诗学及宋诗的关联。康维训《方东树诗论研究》②主要讨论了方东树诗学形成之背景、方氏诗论之基本文学理论、方氏诗学之义法论、方氏诗论之批评要旨等几个方面。此文结构乱杂，论析也不够明晰。郭正宜《方东树诗学源流及其美感取向之研究》③探讨了方东树诗论与清初诗学、桐城派家法的关系，以及方东树的美感取向、章法之说，最后总结了方氏的学杜论。以上几篇是台湾硕、博士学位论文的概况。

大陆的学位论文有龚敏《方东树学术与文学研究》④，全文共八章，正如其论文题目所示，探讨方氏的学术与文学，以方氏的学术思想影响其文学思想的走向。李佩玲《"唯务折衷"之诗学特质——方东树〈昭昧詹言〉诗学研究》⑤，此文主要从"言志"与"缘情"的调和、诗与文的折中、文人诗学与学人诗论的会通三个方面探讨方东树的折中诗论。田亚《方东树诗学的宋诗本位与桐城义法》⑥主要内容是从义法的角度阐释方东树以文论诗的诗学观，指出方氏诗学是以宋诗为本位。这几篇论文的作者各有其论述的角度，所得结论也都指出了方氏文学、学术等一些方面成就。

（二）关于方东树诗歌的研究

方东树十一岁效范云作《慎火树诗》，受到乡先辈的称赏。

---

① 杨淑华：《方东树〈昭昧詹言〉及其诗学定位》，台湾成功大学，2004年博士学位论文。
② 康维训：《方东树诗论研究》，台湾高雄师范大学，1988年硕士学位论文。
③ 郭正宜：《方东树诗学源流及其美感取向之研究》，台湾成功大学，1993年硕士学位论文。
④ 龚敏：《方东树学术与文学研究》，南京大学，2005年博士学位论文。
⑤ 李佩玲：《"唯务折衷"之诗学特质——方东树〈昭昧詹言〉诗学研究》，四川师范大学，2006年硕士学位论文。
⑥ 田亚：《方东树诗学的宋诗本位与桐城义法》，贵州师范大学，2009年硕士学位论文。

后来虽以心性之学为立身祈向,但还是作了不少诗,他有《半字集》、《王余集》、《考槃集》、《仪卫轩遗诗》几种诗集。方东树的友人、弟子对其诗作有一些评价。如方东树的同学管同曰:"七言古诗缔情如韩、杜,隶事如苏、黄,深博无涯,变化莫测。"①同学姚莹评曰:"七言诸作横空盘硬,合韩、欧、苏、黄为一手。"②友人马瑞辰评方氏七言古诗,云:"杜诗沉郁李清新,苏海韩潮总帙伦。学到古人齐入化,不存面目但存神。"③友人沈钦韩评曰:"七言古诗抉昌黎之髓,闯少陵之室。"④方东树弟子郑福照说其诗"沉雄坚实,深得谢、杜、韩、黄之胜,而卓然自成一家"⑤。另一弟子苏惇元云其诗"尤近少陵、昌黎、山谷"⑥。总言之,诸人对方氏诗作评价较高,总结其诗近谢灵运、杜甫、韩愈、黄庭坚等诗人之作,风格以沉雄坚实为主。此外,方东树的诗歌被清谢堃撰的《春草堂诗话》⑦、清孙雄辑的《道咸同光四朝诗史》⑧等几种著作选录。

以上是方氏友人弟子对其诗作的评价以及清代时方诗的选录情况。对方东树诗歌进行现代意义研究的著述很少,有涉及者也多是把方氏作为一个阶段性人物顺带论及。如《清诗流

---

① 方东树:《半字集题辞》,《半字集》,《仪卫轩诗集》,清同治七年(1868)刻本,复旦大学图书馆藏。
② 方东树:《半字集题辞》,《半字集》,《仪卫轩诗集》,清同治七年(1868)刻本,复旦大学图书馆藏。
③ 方东树:《半字集题辞》,《半字集》,清光绪十五年(1889)刻本,收入《方植之全集》,上海图书馆藏。
④ 方东树:《半字集题辞》,《半字集》,《仪卫轩诗集》,清同治七年(1868)刻本,复旦大学图书馆藏。
⑤ 郑福照:《方仪卫先生年谱》,《仪卫轩文集》附录,清同治七年(1868)刻本,复旦大学图书馆藏。
⑥ 苏惇元:《仪卫方先生传》,《仪卫轩文集》,清同治七年(1868)刻本,复旦大学图书馆藏。
⑦ (清)谢堃:《春草堂诗话》卷七,清道光间刻本,复旦大学图书馆藏。
⑧ (清)孙雄辑:《道咸同光四朝诗史》乙集卷一,清宣统二年(1910)刻本,《续修四库全书》第1628册。

派史》①,此书的第十四章《桐城诗派》第三节讨论了方东树的诗歌,对方氏诗歌风格的评价沿用了方氏友人弟子的评价,并总结了方东树诗的艺术特点。

二、研究方东树诗学的意义和设想

桐城派历时二百余年,几乎与清朝的统治相始终,是中国历史上参与人数最多、持续时间最长、影响最为深远的一个文派。然而,桐城不仅有一个文派,还有一个诗派在。钱基博先生的《现代中国文学史》评姚永朴、姚永概时,明确提出了"桐城诗派"的概念②,钱锺书先生在其《谈艺录》中专列"桐城诗派"一条,并对该派的重要作家以及流派嬗变作了简明扼要的评述:"桐城亦有诗派,其端自姚南菁范发之。《援鹑堂笔记》卷四十称山谷以'警创为奇,其神兀傲,其气崛奇。玄思瑰句,排斥冥筌,自得意表';盖备极赞叹。""惜抱渊源家学,可以徵信。惜抱以后,桐城古文家能为诗者,莫不欲口喝西江。姚石甫、方植之、梅伯言、毛岳生、以至近日之吴挚父、姚叔节皆然。且专法山谷之硬,不屑后山之幽。又欲以古文义法,入之声律,实推广以文为诗风气。读《昭昧詹言》三录可知。"③桐城派研究专家吴孟复先生也说:"桐城文派之外,还有个桐城诗派。程秉钊早已说过:'论诗亦有桐城派,比似文章孰重轻?'钱锺书先生也同意这个提法(见《谈艺录》)。""桐城文派的重要作家如刘大櫆、姚鼐、姚莹、戴钧衡等人,本身就是桐城诗派的作家。这个诗派还直接影响到近代的'光宣诗坛',若姚叔节、范伯子,即'光宣诗

---

① 刘世南:《清诗流派史》,北京:人民文学出版社,2004年,第415～422页。
② 钱基博《现代中国文学史》:"自曾国藩昌言其能以古文之义法通之于诗,特以劲气盘折;而张裕钊、吴汝纶益复张其师说;以为天下之言诗者,莫姚氏若也。于是桐城诗派始称于世。"南京:江苏文艺出版社,2008年,第176页。
③ 钱锺书:《谈艺录》,北京:中华书局,1984年,第145～146页。

坛'中巨子。"①桐城派文人中能诗者不少,钱锺书先生把源头归于姚范。实际上,桐城"三祖"之"第二祖"刘大櫆即以能诗著称,姚鼐、方东树、姚莹、梅曾亮、曾国藩、吴汝纶、姚永概等人皆有诗作或诗论。

方东树年二十余,与父亲方绩同入钟山书院,受业于姚鼐门下,是姚鼐的嫡传弟子。在同学诸人中,方东树随侍讲席最久,他本人也以桐城家法传人自居。桐城派其他人虽也有诗话、诗论之作,然均不及方东树的《昭昧詹言》能够总结、代表和传承桐城诗学。蔡镇楚先生的《中国诗话史》说:"桐城派诗话的代表作,是方东树的论诗之著《昭昧詹言》。尚有方廷楷《习静斋诗话》、郑杰《注韩居诗话》、许炳椿《敩园诗谈》、孙衣言《逊学斋诗话》、孔宪彝《韩斋诗话》、徐熊飞《春雪亭诗话》、王昶《蒲褐山房诗话》等,以桐城古文义法论诗,熔义理、考据、词章为一炉,是桐城'义法'的产物。"②蔡镇楚先生提到的其他桐城派诗话,今天鲜有人提及,唯方东树的《昭昧詹言》虽有不少批评之声,却总是被提及、被引用,近年来对其关注和研究的也越来越多。

综前所述,学界对方东树及其诗学的研究成果从数量上看已不少,诸家各有研究的切入点和研究理路。研究方东树诗学的论文、著作多集中在对《昭昧詹言》进行总括性的整体研究,或者以某一诗学问题为切入点进行专题研究,讨论的是大致相同的问题,论述的观点却相互矛盾、甚至对立的情况。如关于《昭昧詹言》理论价值的高低及其自身是否有完整的理论体系的问题,各家的观点就有较大差异。有的研究论文题目较大,试图以一篇论文来概括方东树《昭昧詹言》的诗学观点,显然不够全面。从这些研究现状来看,对于方东树诗学还需进一步深入认识和探讨,以期有着更准确、更客观、更全面的认识。

桐城派既是文派,也是诗派,方东树的《昭昧詹言》正是桐城派诗论的代表,可以说是桐城派诗论主张的集中体现。方东

---

① 吴孟复:《桐城文学渊源撰述考·序》,载刘声木撰,徐天祥点校:《桐城文学渊源撰述考》,合肥:黄山书社,1989年。
② 蔡镇楚:《中国诗话史》,长沙:湖南文艺出版社,2001年,第357页。

树的诗学思想也可以说是桐城派的诗学思想,故而,本书以集中体现方东树诗学思想的《昭昧詹言》为主要研究对象,兼及方氏本人的诗歌创作,方氏文集中的序跋、书牍(主要是诗序)等与诗学相关的著作,旁及方东树其他论著,以及桐城诸老等人的相关著述,以期全面、系统地研究方东树的诗学。

  本书分五章:第一章　方东树的生平、交游、著述与思想;第二章　方东树的诗学活动与诗学取向,论述方东树的诗歌创作情况与诗论取向;第三章　方东树的诗歌批评实践,论述方东树评析魏晋南北朝以及唐宋诗人诗作的情况;第四章　方东树对明清诗学的批评,概括总结方东树对明清几个主要诗学派别的观点;第五章　《昭昧詹言》的诗学价值及其在诗学批评史上的地位,总括方东树的诗学思想,论述其诗学著作《昭昧詹言》的诗学价值及其在诗学批评史上的地位。

第一章

方东树的生平、交游、著述与思想

第一节 方东树的生平

方东树,安徽桐城人,原名巩至,号歇庵,又号冷斋、方柳等,改名后字植之①,别号副墨子②。晚年"慕蘧伯玉③五十知

---

① 方东树《名字说》、《更名说》、《改名后说》、《自题像赞》、《歇庵铭》、《冷斋说》等文,见《考槃集文录》卷二,清光绪二十年(1894)刻本,《续修四库全书》第1497册。

② 《庄子·大宗师》:"闻诸副墨之子,副墨之子闻诸洛诵之孙。"成玄英《疏》:"副,副贰也。墨,翰墨也;翰墨,文字也。临本谓之副墨,背文谓之洛诵。"参见郭庆藩撰:《庄子集释》,北京:中华书局,1961年,第256页。又见王先谦《庄子集解》引宣颖云:"文字是翰墨为之,然文字非道,不过传道之助,故谓之副墨。又对初作之文字言,则后之文字,皆其孳生者,故曰'副墨之子'。"《庄子集解·内篇补正》,北京:中华书局,1987年,第62页。

③ 《论语·宪问篇》:"蘧伯玉使人于孔子,孔子与之坐而问焉,曰:'夫子何为?'对曰:'夫子欲寡其过而未能也。'使者出。子曰:'使乎!使乎!'"《淮南子·原道训》曰:"蘧伯玉年五十而知四十九年非。"又《庄子·则阳》:"蘧伯玉行年六十而六十化,未尝不始于是之而卒诎之以非也,未知今之所谓是之非五十九非也。"成玄英《疏》:"姓蘧,名瑗,字伯玉,卫之贤大夫也。盛德高明,照达空理,故能与日俱新,随年变化。"郭象《注》:"顺物而畅,物情之变然也。""物情之变,未始有极。"参见郭庆藩撰:《庄子集释》,北京:中华书局,1961年,第905页。

非,卫武公①耄而好学"之意,以"仪卫"名轩,自号仪卫老人,学者称仪卫先生。生于清乾隆三十七年(1772)九月八日,卒于咸丰元年(1851)五月二十四日,一生经历乾隆、嘉庆、道光、咸丰四朝,终年八十岁。东树为嘉庆间诸生,《清史稿》卷四百八十六有传②,《清史列传》卷六十七有传③。

安徽桐城方氏有"桂林方"、"会宫方"、"鲁谼方"等数支,皆自徽州迁入,各自为族。方东树所属的鲁谼方氏一族于明洪武年间由徽州婺源(今属江西)迁入安徽桐城鲁谼,到方东树已有数代。东树高祖方晙,延聘名儒以古学教子,累世遂以学行显。曾祖方泽,乾隆优贡生,候选知县,为姚鼐师,以诗文名于世。祖父方训、父亲方绩皆以诗文名。

方东树幼承家范,好学聪颖,十一岁效范云作《慎火树诗》为乡先辈称赏。他在诗里曾描述过这种情形:"先友六七辈,少小蒙刮目。有作每相持,夸示向邦族。"④乾隆五十八年(1793),方东树二十二岁赴江宁,受业于姚鼐,与管同、梅曾亮、刘开合

---

① 《国语·楚语》云:"昔卫武公年九十有五矣,犹箴儆于国曰:'自卿以下至于师长士,苟在朝者,无谓我耄而舍我,必恭恪于朝,朝夕以交戒我'。"公元前758年,卫武公去世,被谥为"武"。卫人感其德,赋《淇奥》歌颂其高风大德,见《诗经·卫风》。方东树《再读放翁七十诗句》云:"常时故友如相问,寡过虚随卫大夫。"见方东树《考槃集》,《仪卫轩诗集》卷五,清同治七年(1868)刻本,复旦大学图书馆藏。
② 《清史稿》卷四百八十六,列传二百七十三,文苑三。(清)赵尔巽等撰:《清史稿》第44册,北京:中华书局,1977年,第13430页。
③ 《清史列传》卷六十七,儒林传上二,见《清史列传》第17册,北京:中华书局,1987年,第5415~5416页。
④ 方东树:《思疚二首》其二,《考槃集》,《仪卫轩诗集》卷三,清同治七年(1868)刻本,复旦大学图书馆藏。

称为"姚门四杰"①。他先后两次入姚鼐主讲的钟山书院,后一次乃受姚鼐所托课其长孙姚诵,故随侍姚鼐讲席最久。东树近五十岁时,写诗回忆当时姚鼐门下钟山书院情景:"当时师门齐欧韩,四方学士争追攀。微尘附山水赴壑,罗列杞梓儳榛菅。"②

二十多岁时,方氏曾入县学,为弟子员,有用世之志,"凡礼乐兵刑、河槽水利、钱谷关市、大经大法皆尝究心",曰:"安民之实用也,道德义理所以用此之权衡也。"③方氏后应乡试多次皆榜上无名,五十岁以后不再仕进,以教书、客游、著书为业。他曾在江右新城陈用光侍郎、安徽巡抚胡克家、同里尚书汪志伊、两粤总督阮元等处授经;亦曾客元和令姚莹、尚书邓廷桢等人幕中。道光元年(1821)方东树五十岁,主廉州海门书院,后历主韶州韶阳、庐州庐阳、亳州泖湖、宿松松滋等书院。八十岁时,祁门县令唐治请东树前往主东山书院,他欣然前往,两月后卒。

方东树一生,"饥寒困迫,颠沛失荡,无以自存"④,在外奔走

---

① 姚莹《感怀杂诗》云:"海内文章有惜翁,新城学士得宗风。方刘梅管均堪畏,输却家鸡是阿蒙。"小注云:"余谓若吾桐方植之东树、刘孟涂开、上元梅伯言曾亮及异之,皆惜翁高足,可称四杰。"《后湘诗集》二集卷五古近体诗。又姚莹《惜抱先生与管异之书跋》:"当时异之与梅伯言、方植之、刘孟涂称姚门四杰。"《东溟文后集》卷十。以上见清同治六年(1867)姚濬昌安福县署刻《中复堂全集》本,《续修四库全书》第1512~1513册。又郑福照《方仪卫先生年谱》则去姚莹,而以梅曾亮、管同、刘开和方东树并称"姚门四杰"。曾国藩《欧阳生文集序》云:"姚先生晚而主钟山书院讲席,门下著籍者,上元有管同异之、梅曾亮伯言,桐城有方东树植之、姚莹石甫。四人者,称为高第弟子,各以所得,传授徒友,往往不绝。"见曾国藩著,王澧华校点:《曾国藩诗文集》,上海:上海古籍出版社,2005年,第285页。再又王先谦《续古文辞类纂》也以此四人为最著,其《原纂例略》云:"姬传之徒,伯言、异之、孟涂、植之最著。"王先谦:《续古文辞类纂》,合肥:黄山书社,1992年。

② 方东树:《答姚籀君追述金陵旧游兼简令兄庚肯》,《半字集》,《仪卫轩诗集》卷一,清同治七年(1868)刻本,复旦大学图书馆藏。

③ 方宗诚:《仪卫先生行状》,《柏堂集前编》卷七,清光绪六年(1880)刻本,复旦大学图书馆藏。

④ 方东树:《复姚君书》,《考槃集文录》卷六,清光绪二十年(1894)刻本,《续修四库全书》第1497册。

五十余年,晚年居家十一载。他有诗写自己游幕的生活:"幕府悠游白日残,永怀朝夕送忧端。清霜浅沼层冰薄,粉堞昏鸦暮语寒。花下图书珠轴贵,戟门风雨酒杯宽。明年又拟楼何处,倚瑟先悲行路难。"①这首诗表达了他彷徨、失意、忧虑生计的心情。他早已厌倦多年的客游生活:"我老实倦游"②,然"敝衣燠不均,粮食饱不足"③的实际状况使他不得不继续奔走,"造物劳我生,未死安敢息"④。

东树自己的生活如此艰难,他依然心忧天下。道光十一年(1831),桐城大水,邑令杨大缙贪婪虐民,激起民愤,杨大缙遂以民变调兵镇压。时方氏在抚军邓廷桢幕中,急以个人身家保民,邓公素来敬信东树,邑民得以赖安。道光十八年(1838),方氏客粤,时朝廷大臣因是否厉禁洋烟引发争议,东树著《化民正俗对》,陈所以禁烟之理,不能从。英国公司领事义律桀骜不受约,屡屡生事,挑起战端,东南数省受祸,然中国将领多有退避。时东树正在病中,闻得此事,痛心切齿,涕泣如雨,作《病榻罪言》论制夷之策,遣人上书邓廷桢,然亦不能用。东树一生讲经世济民,务本笃行。其文集中有《劝戒食鸦片文》一篇,详述食鸦片之危害,戒食之必要,其心拳拳。他还有《治河书》、《读禹贡》⑤等用世之作。在读过《海国图志》之后,他写信给魏源说"此真良才济时切用要著"⑥。他又有诗《忧旱》云:"东南三年水,流尸惨入目。无论田园坏,村荒半无屋……我无半亩地,心

---

① 方东树:《幕府》,《半字集》,《仪卫轩诗集》卷二,清同治七年(1868)刻本,复旦大学图书馆藏。
② 方东树:《滇阳峡》,《考槃集》,《仪卫轩诗集》卷三,清同治七年(1868)刻本,复旦大学图书馆藏。
③ 方东树:《思疚二首》其一,《考槃集》,《仪卫轩诗集》卷三,清同治七年(1868)刻本,复旦大学图书馆藏。
④ 方东树:《丁酉二月将赴岭南吾生于是为四适粤矣感而赋此》,《考槃集》,《仪卫轩诗集》卷三,清同治七年(1868)刻本,复旦大学图书馆藏。
⑤ 方东树:《化民正俗对》、《病榻罪言》、《劝戒食鸦片文》、《治河书》、《读禹贡》,见《考槃集文录》卷二,清光绪二十年(1894)刻本,复旦大学图书馆藏。
⑥ 方东树:《与魏默深书》,《考槃集文录》卷六,清光绪二十年(1894)刻本,复旦大学图书馆藏。

忧万家哭。"①东树一生虽未入仕途,但心怀天下,忧国忧民。"凡遇国家大事,忠愤之气见于颜色,或流涕如雨"②。族戚友朋之事也像是他自己的事,为之悲喜忧愁。凶岁更自减饮食,以周穷困,自奉极菲,而待人则厚。方东树"有至性,内行纯笃,事祖母、父母甚孝"③,因家贫,其家三世七丧未葬,他花费多年客游、讲学积攒的银两置地安葬了亲人。

方氏对己要求甚严,读书非常勤勉,"每日鸡鸣起,至漏数十下始就寝,严寒酷暑,精进靡间。枕上有疑,披衣省览"④。"恒闭门撰述,不随人俯仰,好尽言,论道术文艺必抉其所以然"⑤。他生活俭朴,为人耿直,义正气厉,"与人交,遇事据理直陈,或面折人非,无所顾忌"⑥。方之门人郑福照云:"先生貌清癯,长身玉立,神采凝重。"⑦可见方氏是一个严肃、认真、直率之人。"当著《汉学商兑》时,乃在阮文达公粤东幕府,是时,文达正纂《皇清经解》,诸博学之士在焉。先生独著此书,以正其失。虽诸公盛位鸿名,不顾也。"⑧方东树著《汉学商兑》的时候,汉学正如日中天,身在汉学大儒阮元幕中的他,面对众多汉学大家,却不管不顾,在书中对汉学批评甚厉。后来招来恶评和非议,跟他本人这种耿直、不随意附和他人的性格有极大的关系。

方东树一生泛览经史诸子百家,独契朱子之言。学文于姚

---

① 见《考槃集》,《仪卫轩诗集》卷三,清同治七年(1868)刻本,复旦大学图书馆藏。
② 苏惇元:《仪卫方先生传》,见《仪卫轩文集》,清同治七年(1868)刻本,复旦大学图书馆藏。
③ 苏惇元:《仪卫方先生传》,见《仪卫轩文集》,清同治七年(1868)刻本,复旦大学图书馆藏。
④ 方宗诚:《仪卫先生行状》,《柏堂集前编》卷七,清光绪六年(1880)刻本。
⑤ 马其昶:《方植之先生传》,《桐城耆旧传》卷十,清宣统三年(1911)刻本,《续修四库全书》第547册。
⑥ 郑福照:《方仪卫先生年谱》,《仪卫轩文集》附录,清同治七年(1868)刻本,复旦大学图书馆藏。
⑦ 郑福照:《方仪卫先生年谱》,《仪卫轩文集》附录,清同治七年(1868)刻本,复旦大学图书馆藏。
⑧ 方宗诚:《大意尊闻附录》,见《大意尊闻》,清同治五年(1866)刻本,《四库未收书辑刊》第6辑第12册。

鼎,学诗于姚范。《仪卫方先生传》云其"为文好构深湛之思,博辨醇茂,而言必有物;诗则沉著坚劲,卓然成家。诗文皆究极历代源流,而文尤近江都、中垒、南丰、晦庵;诗尤近少陵、昌黎、山谷。先生不欲以诗文鸣,而更研穷儒,先义理之学,及老尤笃"。"晚年里居,诱掖后进,以诗文就正者,既告之法,且进以为己之学"①。

门人弟子中有名者有方宗诚、戴钧衡、苏惇元、文汉光、甘绍盘等人。

第二节　方东树的交游及门生

一、方东树的交游

方东树一生虽潦倒,但因其家学渊源与桐城师承等关系,再加上他一生游幕、讲学,交游甚广:"客游五十年,方伯连帅多争延之。"②郑福照《方仪卫先生年谱》云东树"生平所与交游,皆一时宏才硕学,如上元管异之、梅伯言,宜兴吴仲伦德旋,阳湖陆祁孙继辂,宝山毛生甫岳生,祁门洪巽甫嘉木,建宁张亨父际亮,同里朱歌堂雅、马元伯瑞辰、徐六骧璈、姚石甫、光律原、刘孟涂、马公实树华诸公,皆最为缜密"。除上述诸人外,与他有诗文、学术等方面往来的,还有阮元、邓廷桢、陈用光等人,今择其要者论之。从方东树的交游可以探知他所处时代的文化氛围、学术与文学风气,进而可以更加全面了解方东树的性情与为人,帮助我们更准确地概括其诗学成就。

---

① 苏惇元:《仪卫方先生传》,《仪卫轩文集》,清同治七年(1868)刻本,复旦大学图书馆藏。
② 苏惇元:《仪卫方先生传》,《仪卫轩文集》,清同治七年(1868)刻本,复旦大学图书馆藏。

（一）刘开（1784～1824）

字明东，又字方来，号孟涂，安徽桐城人。《清史列传》云刘开"年十四上书同邑姚鼐，鼐曰：'此子他日当以古文名家，方刘之坠绪，赖以复振'"①。《清史稿》亦云刘开"年十四，以文谒鼐，有国士之誉，尽授以文法。游客公卿，才名动一时"②。刘开喜交游，为人落拓不羁，与阮元交厚③。道光元年（1821），受聘赴亳州修志，患暴疾而卒，年四十一岁。方东树曾有《寄刘孟涂》④诗一首，表达了别后对刘开的思念之情。道光十二年（1832），方氏有诗云："怀友或怆故。"⑤其自注怀念的是刘开，表达了对刘早逝的伤痛之情。相对而言，方东树与刘开来往较少。刘开因早逝，故成就和影响亦不显著。

刘开工诗及骈体文，刘声木云其诗"颇雄杰独出，其才气甚壮，然实响多而实力少"⑥。他著有《刘孟涂集》四十四卷，其中《诗前集》十卷、《诗后集》二十二卷、《文集》十卷、《骈体文》两卷⑦，还有《遗诗》两卷等。

---

① 《清史列传》卷七十二，文苑传三，刘开本传，见《清史列传》第18册，北京：中华书局，1987年，第5921页。
② 《清史稿》卷四百八十六，列传二百七十三，文苑三，刘开本传，见（清）赵尔巽等撰：《清史稿》第44册，北京：中华书局，1977年，第13426页。
③ 刘开：《上阮芸台侍郎书》、《与阮芸台宫保论文书》，见《刘孟涂集》，清道光六年（1826）姚氏檗山草堂刻本，《续修四库全书》第1510册。
④ 见《仪卫轩遗诗》，清光绪十五年（1889）刻本，收入《方植之全集》，上海图书馆藏。
⑤ 方东树：《壬辰岁二月姚伯山集朱芥生马元伯徐樗亭诸君南园饮酒用陶公闻多素心人乐与数晨夕句分韵赋诗余得素字》，《半字集》，《仪卫轩诗集》卷一，清同治七年（1868）刻本，复旦大学图书馆藏。
⑥ 刘声木撰，徐天祥点校：《桐城文学渊源撰述考》，合肥：黄山书社，1989年，第160页。
⑦ 《清史列传》卷七十二，文苑传三，刘开本传云刘开"工诗及骈体文，其《诗集》十卷，先已刊行，殁后姚莹访其家得《后集》十二卷、《文》十卷、《骈体》两卷，因并刻焉。"见《清史列传》第18册，北京：中华书局，1987年，第5921页。

(二)管同(1780～1831)

字异之,号育斋,江苏上元(今南京)人。受业于姚鼐,《清史稿》云:"同善属文,有经世之志,称姚门高足弟子","鼐门下著籍者众,惟同传法最早"①。很受姚鼐器重。管同二十多岁即以能文著称,然蹭蹬科场多年,直到道光五年(1825),陈用光侍郎典试江南,对管同青眼视之,他才得以考中举人,此年管同四十六岁。陈氏亦为姚鼐弟子,对管同不敢以世俗门生之礼待之②。同邑邓廷桢任安徽巡抚,延管同课其子,后偕邓公子入京,卒于途中,年五十有二③,终生未仕。方宗诚《管异之先生传》云管同"苦力孤诣,淹贯群言,好为深湛之思,姚先生少许可,独推重君"。"君既无所用于世,遂以文名家,雄深浩达,简严精邃,曲当乎法度。其诗缔情隶事,创意造言,论者以为深得苏黄之朗俊"④。

管同与方东树交往密切。管同《送姚石甫序》云:"植之来江宁,与之游特久。"⑤方氏二十多岁时赴江宁,受教于姚鼐执教的钟山书院,而此时管同也正在那里求学,二人在江宁相识并结为好友。虽然后来因生计客游四方,但方、管终生保持着联系,二人还有数首往来酬答之诗歌。今方东树诗集中还收有

---

① 《清史稿》卷四百八十六,列传二百七十三,文苑三,管同本传,见(清)赵尔巽等撰:《清史稿》第 44 册,北京:中华书局,1977 年,第 13426 页。
② 方东树《管异之墓志铭》:"道光五年乙酉,新城陈侍郎用光典试江南,力拔君得中举人,陈固姬传先生弟子。既得君,不敢以世俗门生之礼待君,其文字苟有称必曰丈。"见方东树《考槃集文录》卷十,清光绪二十年(1894)刻本,《续修四库全书》第 1497 册。另见《清史列传》卷七十三,文苑传四,管同本传:"其待同不敢以世俗门生之礼,苟有称必曰丈。"见《清史列传》第 19 册,北京:中华书局,1987 年,第 6028 页。
③ 方东树《管异之墓志铭》:"同邑中丞邓公巡抚安徽,延君课其子,后六年偕邓公子入都,道卒于宿迁旅次,年五十有二。"见《考槃集文录》卷十。
④ 方宗诚:《管异之先生传》,《柏堂集续编》卷十二,清光绪七年(1881)刻本,复旦大学图书馆藏。
⑤ 见管同:《因寄轩文初集》卷五,清道光十三年(1833)管氏刻本,《续修四库全书》第 1504 册。

管、方一起活动集会,管所作之诗①。方曾写诗称赞管同:"管子诚独异,南国略无伦。"②道光六年(1826)十一月方东树自岭南归,时管同客皖。管同以为必可见到东树,既而闻东树有浙右之行,不胜怅恨,于是有诗赠东树,云:"古人学宦游,今人走衣食……幕府昔抢才,府聊近匪职。为同子未甘,表灵众谁识。孤身万里老,奇气一生抑。愿子有田庐,称用取耕织。守雌于山梁,翩然谢赠弋。"③管同在诗中表达了与东树的惺惺相惜,对东树的一生给予了高度评价,最后发自内心地祝福东树今后能衣食充足,自由自在地生活。道光七年(1827)六月,管同又为方东树的文集作序,云:"同少时性喜为文,与海内文士往来,而桐城方君植之为之冠,其后同更忧患疾病。四十以来,悟儒者当建树功德,而文士卑不足为,以语他人,怃然莫应也,植之独深然之。盖植之之学出于程朱,观其《辨道》一论明正轨,辟岐涂,其识力卓有过人者,宜其文之冠于吾辈也。"④方东树的《考槃集文录自序》云:"昔吾亡友管异之评吾文曰:'无不尽之意,无不达之辞。国朝名家无此境界。'吾则何敢自谓能然。"⑤方有诗《酬异之》云:"见推语重未敢荷。"⑥表达了谦逊之意。管同与方东树都有传统文士建功立业的壮志,管对方的认识也比较中肯。管同还为东树父方绩著作《屈子正音》作序⑦。管同去世

---

① 如《九日抱瓮园小集迟方植之不至》《九月十八日重集抱瓮园次前韵赠植之》,《半字集》,《仪卫轩诗集》卷一,清同治七年(1868)刻本,复旦大学图书馆藏。
② 方东树:《赠管异之同》,见《王余集》卷一,清光绪十五年(1889)刻本,收入《方植之全集》,上海图书馆藏。
③ 管同赠诗,见《半字集题辞》,《半字集》,清光绪十五年(1889)刻本,收入《方植之全集》,上海图书馆藏。
④ 管同:《方植之文集序》,《因寄轩文二集》卷四,《因寄轩文集》十七卷,清道光十三年(1833)管氏刻本,《续修四库全书》第1504册。
⑤ 见《考槃集文录》,清光绪二十年(1894)刻本,《续修四库全书》第1497册。
⑥ 见方东树:《半字集》,《仪卫轩诗集》卷一,清同治七年(1868)刻本,复旦大学图书馆藏。
⑦ 管同:《屈子正音序》,见《因寄轩文二集》卷五,清道光十三年(1833)管氏刻本,《续修四库全书》第1504册。

后,东树非常哀痛,其《梦异之》云:"故人舍我没,宿草已生墓。礼在哭斯绝,情亲梦还屡……有疑未及晰,有怀未及吐。幽滞积在胸,沉吟忆平素。生常各一方,死长隔泉路。生死永相念,我怀如旦暮。"①早年方、管曾相约写墓志铭,有人预言方将死,大家还给方写了挽诗,没想到先亡的是管同:"忆昨趋严幕,相看惜病身。推心何太密,得句尚如神。""剩有贻书在,开缄泪纵横。""我昔疑妖谶,多君挽句真。残生即衰谢,后死益酸辛。""自得中丞报,兼时哭寝门。尚思铭墓约,莫遂卜居言。"②方氏如约作《管异之墓志铭》云:"其文章震耀于当时……以平生游好之密,不可以不铭。""嘉庆初,姚姬传先生主钟山书院,君与梅君伯言最受知。其后君苦力孤诣,学日以进,名日以大,四方贤士争欲识君矣。""君与陈侍郎久亲指授最承许与。侍郎贵仕于朝,名最显;君以穷士在下而与之抗,知者以为实过之。"又云:"海内论古文之学者以为其传在桐城,谓吾宗望溪宗伯、刘耕南先生、姚姬传先生也。姬传先生所传弟子数人皆颇以能文称,然皆不逮君。"③管同本人很有才气,在世时颇有名声,极受姚鼐重视,然因其早卒,成就和影响都不显著,于桐城派的传播也较有限。管同身后,邓廷桢和梅曾亮为之刊刻遗集,著有《因寄轩文集》、《因寄轩诗集》等。

(三)姚莹(1785~1853)

字石甫,一字明叔,号展和,晚年以"十幸"名斋,又自号幸翁,安徽桐城人。姚鼐侄孙,姚范曾孙。少年即遍读曾祖姚范遗书,师事姚鼐,从姚鼐学诗作文。姚莹于嘉庆十二年(1807)中举,次年进士及第。此后曾在福建、江苏等地州县任地方官,锐意改革,深受当时的封疆大吏陶澍、林则徐等人的赏识。道

---

① 《考槃集》,《仪卫轩诗集》卷三,清同治七年(1868)刻本,复旦大学图书馆藏。
② 方东树:《奉中丞南阳公手札报管异之亡逝》,《考槃集》,《仪卫轩诗集》卷二,清同治七年(1868)刻本,复旦大学图书馆藏。
③ 方东树:《管异之墓志铭》,《考槃集文录》卷十,清光绪二十年(1894)刻本,《续修四库全书》第1497册。

光十八年(1838),调任台湾兵备道,加按察使衔。鸦片战争时,多次打退英军进犯,受朝廷嘉奖,进阶二品。后受诬下狱,被众在京官员与名士营救释出。咸丰初与林则徐一起被重新起用,任广西按察使,曾参加围攻太平军之役,败后任湖南按察使,卒于任所。姚莹一生重视事功,很有政治才干,做官清廉自守,注意时务,有政声,与龚自珍、魏源、张际亮等人交好。姚莹亦承继桐城传统,崇尚程朱理学,与方东树、管同、刘开、梅曾亮皆有交游。

　　方东树终身重视立德、立言、立功,讲求经世致用,故对姚莹极为推崇。方之文集中论及姚莹的地方最多,诗集中也有不少诗是写给姚莹的。姚莹的《东溟文集》中也有多封书信写给方东树,二人在学术、诗文等方面多有探讨与交流。道光二十二年(1842),姚莹写信给方氏称赞道:"足下书皆卫道,见真语确,多前儒所未发。""所论辩皆在学者用功着力处,苦心苦口开悟来兹。"[①]道光二十三年(1843)五月《又与方植之书》又赞东树云:"昨又得本年四月书及大著,知近于义理之功,进诣益粹密。""翁年七十有二,生平未尝处一顺境,鉴以磨而愈光,金以炼而益坚,是天之所以生翁者,原不在穷通得失,而非尽历奇穷拂逆,恐用功不能若是。""此即翁不忧一身,而悲愤时事之意云尔。"[②]姚莹对方东树坎坷的一生进行了总结。方之《姚石甫文集序》亦称赞姚莹:"石甫平居以贾谊、王文成自比,其学体用兼备,不为空谈,故其文皆自抒心得,不假依傍。""余观其义理之创获,如浮云过而觌睹星辰也。"[③]东树《寄石甫》诗又对姚莹赞不绝口:"贾生陈政事,汉廷无比肩。姚子少年日,实慕贾生贤。感激济时志,斟酌道古言。论议不蹈袭,挥发共津源。俊才识

---

① 姚莹:《与方植之书》,《东溟文后集》卷七,清同治六年(1867)姚濬昌安福县署刻《中复堂全集》本。
② 姚莹:《东溟文后集》卷八,清同治六年(1867)姚濬昌安福县署刻《中复堂全集》本。
③ 方东树:《姚石甫文集序》,《考槃集文录》卷三,清光绪二十年(1894)刻本,《续修四库全书》第1497册。

子早,英识迈众先……赫然名声大,一日远近传。"①姚莹诗《寄酬方植之》亦赞颂东树:"深思好学邈先儒,头白犹闻力著书。自守《元经》贻茫望,何须《羽猎》似相如。《考槃》《半字》精无对,红树青山健有余。念我题诗来异域,蓬莱征路欲回车。"(《考槃》、《半字》,皆君自名诗集)"商声古调入君弦,掩抑金徽几岁年。召饮偶开元亮径,卜居常近范公泉。射蛟台树藏蓍艇,投子山钟隔暮烟。自有醍醐堪灌顶,不烦蒼卜觅三千。"②这首诗对方东树一生作了高度评价。姚莹为人仗义,乐于助人,竭尽全力。方氏一生贫困,姚莹亦曾救助,故东树诗中极力称颂,并表达了自己的感激之情:"思君才冠世,高义又缠绵。性本乐施与,不问力所难……率是以为常,岁累盈万千。至今官廨外,盖头无一椽。平生濡沫惠,于我厚尤偏。苦道感鲍子,不顾羞鲁连。附书致感喟,高歌激商弦。"③

姚莹著述甚多,有《康輶纪行》十六卷、《东溟文集》二十六卷、《东溟诗集》二十卷、《后湘诗集》二十一卷,等等。其著作又被辑为《中复堂全集》十三种九十八卷。

(四)梅曾亮(1786~1856)

字伯言,又字葛君,江苏上元(今南京)人,原籍安徽宣城。嘉庆二十五年(1820)中举,道光二年(1822)进士。后曾短期入安徽巡抚邓廷桢与江苏巡抚陶澍幕府,道光十四年(1834)任户部郎中,道光二十九年(1849)辞官归里,主讲扬州梅花书院。咸丰六年(1856)卒,年七十一岁。《清史稿》云:"姚鼐主讲钟山书院,曾亮与邑人管同俱出其门,两人交最笃,同肆力古文,鼐称之不容口,名大起。""(曾亮)居京师二十余年,与宗稷辰、朱琦、龙启瑞、王拯、邵懿辰辈游处,曾国藩亦起而应之。京师治

---

① 见《考槃集》,《仪卫轩诗集》卷三,清同治七年(1868)刻本,复旦大学图书馆藏。
② 姚莹:《后湘诗集续集》卷四,清同治六年(1867)姚濬昌安福县署刻《中复堂全集》本。又可见姚莹《康輶纪行》卷十五,清同治刻本。
③ 方东树:《寄石甫》,见《考槃集》,《仪卫轩诗集》卷三,清同治七年(1868)刻本,复旦大学图书馆藏。

古文者,皆从梅氏问法。当是时,管同已前逝,曾亮最为大师。"①姚莹称赞梅氏云:"伯言为户部郎官二十余年,植品甚高,诗古文功力无与抗衡者,以其所得,为好古文者倡导,和者益众,于是先生(姚鼐)之说盖大明。"②梅曾亮这一时期因久居京城,交结文士,遍纳门徒,弘扬桐城派大师方、刘、姚散文理论,成为继姚鼐之后影响最大的桐城派代表人物,在当时及后世均享有很高的声誉,对桐城派的传播起到了巨大作用。方东树推崇他云:"读书深,胸襟高,故识解超而观理微,论事核。至其笔力,高简醇古,独得古人行文笔势妙处,此数者。北宋而后,元明以来,诸家所不见,为之不已。虽未敢许其必能逃宋,然能必与宋大家并立不朽。"③方东树与梅曾亮之间多有诗文往来。梅曾亮道光九年(1829)曾为方东树著作《书林扬觯》撰文《书林扬觯书后》云:"方子植之之为此书,其说即盛美矣。"④《书林扬觯》卷首有梅氏题辞称赞方氏云:"博稽群籍,贯穿以立言,而皆能订其得失,至其创通大义以俟后之君子,植之固不疑也。"⑤方东树的诗集《半字集》、《考槃集》皆有梅曾亮的题辞,梅对方之诗评价很高。方东树有《寄梅伯言》诗云:"圣俞以诗闻,归穷名若专……行身践曾史,文笔继班扬。胸中气涵古,嘐嘐自成狂……未久子别去,俄传异之丧。载感床琴痛,哀吟求友篇,郢人亡其质,风斤永藏捐。"⑥东树在此诗中称赞梅氏诗文卓著,感

---

① 《清史稿》卷四百八十六,列传二百七十三,文苑三,梅曾亮本传,见(清)赵尔巽等撰:《清史稿》第44册,北京:中华书局,1977年,第13426页。
② 姚莹:《惜抱先生与管异之书跋》,《东溟文后集》卷十,清同治六年(1867)姚濬昌安福县署刻《中复堂全集》本,《续修四库全书》第1512册。
③ 方东树:《柏枧山房文集后序》,见《柏枧山房全集》,清咸丰六年(1856)杨以增、杨绍毅等刻,民国七年(1918)蒋国榜补修本,《续修四库全书》第1514册。
④ 见梅曾亮:《柏枧山房文集》卷五,《柏枧山房全集》,清咸丰六年(1856)杨以增杨绍毅等刻,民国七年(1918)蒋国榜补修本,《续修四库全书》第1513~1514册。
⑤ 《书林扬觯题辞》,见方东树:《书林扬觯》,清同治十年(1871)望三益斋刻本,《四库未收书辑刊》第9辑第15册。
⑥ 《考槃集》,《仪卫轩诗集》卷三,清同治七年(1868)刻本,复旦大学图书馆藏。

伤管同早逝、回顾昔日同门相处之情景,种种一起述来,情真意切。梅曾亮的《柏枧山房诗集》中有多首诗写给方东树,如《和方植之来诗感念姬传先生殁已逾年》①,自注云:"姬传先生主讲钟山,曾亮同游门下。"诗首几句遥想东树客于胡克家中丞幕中传经的情景,之后回顾了过去的各种事情,包括在南京钟山书院与老师姚鼐、同门一起读书、吃饭、相处的种种,思念已经去世的老师姚鼐等。梅曾亮写给方氏的诗还有《赠方植之》、《立春日送植之酒》、《方植之寒崖独往图》②等。

梅曾亮性情简淡,对仕宦不甚上心。不长于考据,对宋儒理学也不大感兴趣,作文之余,常以悲欢为诗③,其诗"天机清妙"④。著有《柏枧⑤山房集》三十一卷,其中有《柏枧山房文集》十六卷、《柏枧山房诗集》十卷、《柏枧山房文续集》一卷、《柏枧山房诗续集》两卷、《柏枧山房骈体文》两卷等。

(五)沈钦韩(1775~1831)

字文起,号小宛,江苏吴县人。嘉庆十二年(1807)举人,曾任安徽宁国府训导,诸生。为学勤敏,淹通经史,尤长于训诂考证。《清史列传》云其"兼工诗古文辞,尤嗜骈体,气骨骞举,脉络微至,为自来所未有"⑥。沈钦韩为方东树的《汉学商兑》题辞,极力称赞方氏:"不遍读群书,不足知其援据该洽;不精深穷

---

① 《柏枧山房诗集》卷三,《柏枧山房全集》,清咸丰六年(1856)杨以增、杨绍毅等刻,民国七年(1918)蒋国榜补修本,《续修四库全书》第1513~1514册。
② 《柏枧山房诗集》卷二,《柏枧山房全集》,清咸丰六年(1856)杨以增、杨绍毅等刻,民国十年(1921)蒋国榜补修本,《续修四库全书》。
③ 《清史列传》卷七十三,文苑传四,梅曾亮本传云:"诗亦天机超妙,为同所推。官户部二十余年,冲淡自得,以资久将迁,闻弟病,遽乞归。"见《清史列传》第19册,北京:中华书局,1987年,第6028页。
④ 刘声木撰,徐天祥点校:《桐城文学渊源撰述考》,合肥:黄山书社,1989年,第243页。
⑤ 《清史列传》卷七十三,文苑传四,梅曾亮本传云:"柏枧,宣城山名,曾亮祖居也。"见《清史列传》第19册,北京:中华书局,1987年,第6028页。
⑥ 《清史列传》卷六十九,儒林传下,见《清史列传》第18册,北京:中华书局,1987年,第5604页。

理,不足知其折衷允当;不能包括古今义理是非,不足以周知此书之蕴。历选前哲之著,其间议论,醇驳偏全之数,曾不得植之之仿佛,真吾道干城也。"①方东树的诗集《半字集》,沈钦韩亦有题辞②,言东树七言诗作"横空盘硬"、"妥贴排奡",有杜、韩之风。

沈氏著述甚多,凡四五百万言,有《幼学堂诗稿》十七卷、《幼学堂文稿》八卷、《春秋左氏传补注》十二卷、《春秋左氏传地名补注》十二卷、《汉书疏证》三十六卷、《后汉书疏证》三十卷,又为《王荆公诗集注》四卷、《王荆公文集注》十四卷、《范石湖集注》三卷,等等。

(六)陆继辂(1772～1834)

字祁孙(一作祁生),又字季木、修平,别署崇百药斋主人等,江苏阳湖(今武进)人。嘉庆五年(1800)举人,曾任安徽合肥县训导,以修《安徽通志》叙劳,选江西贵溪县知县。陆氏与阳湖派散文的代表人物恽敬、张惠言为好友,世人或目为阳湖派。继辂与董士锡所为文,于阳湖、桐城外,能自树一帜;于诗致力尤深,体物切情。《清史稿》云其"不以尘务经心,惟肆力于诗"③。陆继辂还工词曲,擅古文,创作传奇剧目。方东树的《汉学商兑》问世以来,多批评之声,但《清史列传》方东树传云:"同时阳湖陆继辂、元和沈钦韩皆重其书。"④陆继辂在姚莹、朱雅之后为《汉学商兑》题辞,称赞东树云:"弗穿群籍,兼综百氏,康成也;理足辞明,折衷平允,质之前圣而无疑,俟之百世而不惑,朱

---

① 《汉学商兑题辞》,见方东树:《汉学商兑》,清道光十一年(1831)刻本,《续修四库全书》第951册。
② 《半字集题辞》,见方东树:《半字集》,清光绪十五年(1889)刻本,收入《方植之全集》,上海图书馆藏。或清同治七年(1868)刻本,收入《仪卫轩诗集》,复旦大学图书馆藏。
③ 《清史稿》卷四百八十六,列传二百七十三,文苑三,陆继辂本传,见(清)赵尔巽等撰:《清史稿》第44册,北京:中华书局,1977年,第13410页。
④ 《清史列传》卷六十七,儒林传上二,方东树本传,见《清史列传》第18册,北京:中华书局,1987年,第5416页。

子也。植之此书,实兼是二者,然则姚、朱之言,非溢美也。"①陆继辂还为方氏著作《书林扬觯》题辞,云:"《汉学商兑》所以直入诸家之胁,全在理精义确,可谓搏虎屠龙手,其著书大旨则尽于此书中。"②再次称赞方氏的《汉学商兑》,同时指出《书林扬觯》的著述意义。方东树有诗《赠陆祁孙继辂》:"故人从薄宦,多病复长贫。虽以文为富,常将药裹身。不进亦不退,羁旅皖水滨,我居近百里,相望若比邻。自从相识来,情亲故无伦。"③方东树指出陆氏多病,陆之文集之所以曰"崇百药斋",即缘于此。陆亦曾写诗给方,如《闻方植之重赴庐州讲院因寄院中生徒》云:"猗嗟方夫子,身贱道自尊。力行守伊洛,摛藻追周秦。挟此应举察,飘飖随轻尘。诚知无加损,于彼如浮云……我别汝曹久,曷验怠与勤。进诣定何似,怀思难具陈……"④陆继辂在诗中再次肯定了方氏学宗程朱的价值,而他人对方的非议在他看来则如"浮云"一般,于方本人"无损",表达了别后对东树的思念之情,最后劝勉众生徒幸得方氏这样的良师应努力上进。陆与方后还曾在诗歌集会中一起活动⑤。可见方、陆二人交谊匪浅,友情甚笃。

陆继辂著述有《崇百药斋文集》二十卷、《崇百药斋续集》四卷、《崇百药斋三集》十二卷等传于世。

(七)李兆洛(1769~1841)

字申耆,晚号养一老人,江苏阳湖(今武进)人。嘉庆十年

---

① 《汉学商兑题辞》,见方东树:《汉学商兑》,清道光十一年(1831)刻本,《续修四库全书》第951册。
② 《书林扬觯题辞》,见方东树:《书林扬觯》,清同治十年(1871)望三益斋刻本,《四库未收书辑刊》第9辑第15册。
③ 方东树:《王余集》,清光绪十五年(1889)刻本,收入《方植之全集》,上海图书馆藏。
④ 陆继辂:《崇百药斋三集》卷五,清道光八年(1828)安徽阜署刻本,《续修四库全书》第1497册。
⑤ 方东树:《丁亥九月诸同人邀朱学博常二尹阳湖陆君集沈少府环山堂为前邑侯廖钟隐寿时少府园盆菊最盛廖侯先有诗见示依韵酬之》,《仪卫轩遗诗》卷一,清光绪十五年(1889)刻本,见《方植之全集》,上海图书馆藏。

(1805)进士,任安徽凤台县令七年,后以父忧去,遂不出。李兆洛治经学、音韵、训诂,订舆图,考天官历术及习诗、古文辞,主讲江阴暨阳书院达二十年,以实学课士,门生杰出者众多。为文主张混合骈、散两体之长,与桐城派散文立异,是阳湖派代表作家之一。曾撰文《桐城姚氏姜坞惜抱两先生传》①,对桐城派的姚范、姚鼐两人表示推崇,不持门户之见。《清史列传》方东树传云"武进李兆洛言:'囊时读书,甚不喜康成,于朱子亦时时腹诽。读先生书,敬当力改其失。'"②李兆洛亦为方东树的《汉学商兑》题辞③,对《汉学商兑》多所肯定,郑福照的《方仪卫先生年谱》也提到此事④。李兆洛喜藏书,著述甚富,有《养一斋集》三十五卷,其中《养一斋文集》二十卷、《养一斋文集补遗》一卷、《养一斋文集续编》六卷、《养一斋诗集》八卷;又辑有《骈体文钞》三十一卷,等等。

(八)徐璈(1779～1841)

字六骧,又字荔庵,号樗亭,安徽桐城人。自幼天资敏悟,勤奋好学,通晓经史,尤重经世致用之学。嘉庆十九年(1814)中进士,授户部主事。道光四年(1824)选授山西阳城知县,以母老改补浙江寿昌县,旋迁临海知县。母卒仍回山西任阳城知县,居官六年,引疾归里。徐璈亦师事姚鼐。徐与方二人少小相知,居同巷、学同术,志同道合。晚年同归乡里,燕谈乐饮,朝夕过从。方云徐曰:"君性强植,不能与世俯仰,尤不善伺应长

---

① 李兆洛:《养一斋文集》卷十五,清道光二十三年(1843)活字印二十四年(1844)增修本,《续修四库全书》第1495册。
② 《清史列传》卷六十七,儒林传上二,方东树本传,见《清史列传》第18册,北京:中华书局,1987年,第5416页。
③ 李兆洛:《汉学商兑题辞》云:"读大著,私心畅然,知负荷世教自有人也。囊时读书,甚不喜康成,然于朱子,亦时时腹诽。读先生书,敬当力改其失,其为赐岂有量哉!窃谓汉、宋纷纭,亦事势相激而然,得先生昌之,拔本塞源,廓清翳障,程、朱复明,此亦'功不在禹下'者也。非博学深思,安能得此明辨哉!"见方东树《汉学商兑》,清道光十一年(1831)刻本,《续修四库全书》第951册。
④ 郑福照《方仪卫先生年谱》云:"李申耆大令推先生负荷世教,廓清翳障,使程朱之道复明。"

官,故不乐终仕,尝自称曰:'性不随时,才不周务,不堪世用也。'"①方、徐二人晚年来往渐多,二人关系愈益密切,他们一起作诗酬唱②。徐去世后,方还写了挽诗:"十载常怀别后身,每当风雨辄伤神。才看薄宦寻初服,顿了浮生失故人。"③表达了自己思念亡友的伤感之情。

徐璈工文善诗,诗学二谢。辞官后从教,历主亳州、徽州等书院,奖掖后进,识拔人才。喜游风景名胜,娱情山水,热衷于收集整理乡邦文献,所编《桐旧集》42卷,选录乡贤先辈1200余人,共七千七百余首诗作,为研究明清两代桐城人文历史提供了珍贵史料。一生纂述不倦,除《桐旧集》外,还著有《樗亭诗集》八卷、《樗亭文集》四卷、《诗经广诂》三十卷,等等。

(九)毛岳生(1791~1841)

字申甫,又字生甫、兰生、饮兰,本江苏宝山(今上海)籍,居嘉定。少孤贫,刻苦自励,致力于学。"尝从姚鼐学,工诗、古文辞。其父毛际盛出钱大昕门,故岳生亦精音声、训诂、名物之学。其诗宗江西,凌厉侧出,恢奇恣肆,与王安石、黄庭坚相近"④。方东树《送毛生甫序》述及与毛岳生等人交游的情况:"道光十三年,客吾友姚君石甫武进官廨……识宝山毛君生甫、宜兴吴君仲伦、吴江吴君山子……吾少在邑,则友孟涂、石甫,长游江宁,则交异之、伯言,后又得元和沈君小宛、阳湖陆君祁孙;今又一朝而得生甫。惜乎异之先死,惟吾数人者独存……

---

① 方东树:《文林郎山西阳城县知县前户部主事徐君墓志铭》,《考槃集文录》卷十,清光绪二十年(1894年)刻本。
② 方东树:《徐六襄城东祀先祠落成招同朱歌堂吴岳青马元伯置酒丙舍看桃花元伯先有诗时余将有岭南之行不果因补和兼束六襄》、《再束六襄》等,《半字集》,《仪卫轩诗集》卷二。又《南园集后八日樗亭复徵前会余得泉字》,《仪卫轩遗诗》卷一,清光绪十五年(1889)刻本,收入《方植之全集》,上海图书馆藏。
③ 方东树:《挽徐六骧》,《仪卫轩遗诗》卷二,清光绪十五年(1889)刻本,收入《方植之全集》,上海图书馆藏。
④ 刘声木撰,徐天祥点校:《桐城文学渊源撰述考》,合肥:黄山书社,1989年,第172页。

生甫有高识雄才,而齿又方壮,其文效法班固,重厚精密。"①毛岳生也曾为方东树的《汉学商兑》题辞:"孟冬奉教,深慰二十余年倾向,欣幸何既。阁下学问文章,宏博冲粹,当求之古大贤中,岂特足为蠢愚师哉!此编博学慎思明辨,实为南宋以来未有之书,真朱子之功臣也。"②亦是一片赞叹之声。毛氏著有《休复居诗文集》十二卷等。

(十)张际亮(1799~1843)

字亨甫,号松寥山人,又号华胥大夫,福建建宁人。因狂傲得罪权贵,道光十五年(1835)三十六岁时,易名亨辅,参加福州乡试,始中举。"际亮负经济才,磊落有奇气。所为诗,天才奇逸,感时记事,沉郁雄宕。嘉庆、道光以来作者,未能或之先也。"③姚莹《张亨甫传》记载了张际亮到桐城拜访方东树等人,云:"(亨甫)过桐城视余家,访方植之、光律原、马元伯……"④方东树《送张亨父序》亦云:"辛卯二月亨父过桐城,一见倾倒。因出其《娄光室稿》见示,读未终卷则惕然惊叹,信石甫取友不虚。""余以卑贱无闻于当世,盛名之士多不相接,独有异之、伯言、生甫、石甫数子,今又得吾亨父,可知十步之内必有香竹"⑤。张、方等人还曾一起集会作诗⑥,方东树高度赞美张诗曰:"亨父七言古诗如秋空霜鹘,振翮独迈,精神发动,万里无阻,五言沈壮苍郁,气盈势远,造意发想,自我元宰,赏者咸谓其七言逼太

---

① 方东树:《考槃集文录》卷八,清光绪二十年(1894)刻本。
② 《汉学商兑题辞》,见方东树:《汉学商兑》,清道光十一年(1831)刻本,《续修四库全书》第951册。
③ 《清史列传》卷七十三,文苑传四,张际亮本传。见《清史列传》第19册,北京:中华书局,1987年,第6062页。
④ 姚莹:《东溟文后集》卷十一,清《中复堂全集》本。
⑤ 方东树:《送张亨父序》,见《考槃集文录》卷八,清光绪二十年(1894)刻本。
⑥ 方东树:《壬寅九月二日马公实邀同元伯光律原苏厚子家云室暨建宁诗人张亨父同集玉屏山楹光张二君作诗余复继作一篇》,《考槃集》,《仪卫轩诗集》卷四。

白、东坡,五言逼少陵。"①际亮也称赞东树曰:"方侯学本惜抱翁,著书百卷析经史。余事作诗遂绝伦,托兴妙合风雅旨。"②《清史稿》云际亮:"以其穷愁慷慨牢落古今之意,发为诗歌,益沉雄悲壮。"③张际亮一生有着强烈的用世之志,不少诗作反映了其爱国、济世的情怀,其诗善学李杜及古乐府,嘉道间有盛名;其诗论亦值得注目,内容以关心国政、救时济世为主,与姚莹、方东树相类,他说:"学者贵会通,通于诗者乃通于政。观杜诗,彼其所讽切陈述,可谓深通政礼矣。而若韩若李若苏皆然。"④他又主张诗人要写出好诗,就必须通过"读书"以"积理养气",他说:"惟进之以积理养气四字","无不本于积理养气"⑤。张际亮同时特别提倡沉郁的艺术风格,他说:"吾闻积理复养气,意极深远毋浮鄙。要从沉郁得飞动,岂贵蹶张与剽诡。二百年来古调稀,何意方侯乃有此。"⑥再次强调诗人要写好诗须"读书"、"养气",他这一观点和方东树是一致的。张际亮与姚莹交往很深,"二十三年,闻莹以守土事被诬下狱,入都急难。及事白而际亮疾笃,以所著《思伯子堂诗集》嘱莹,遂卒。其后莹子濬昌辑而刊之,都三十二卷"⑦。其《思伯子堂诗集》有多首诗写给姚莹,张、姚诗文来往甚多。方东树有诗《哭张亨父旅

---

① 方东树:《送张亨父序》,见《考槃集文录》卷八,清光绪二十年(1894)刻本。
② 张际亮:《石甫明府出示方植之东树先生诗因题》,见张际亮:《思伯子堂诗集》卷十四,清刻本,《续修四库全书》第1526~1527册。
③ 《清史稿》卷四百八十六,列传二百七十三,文苑三,张际亮本传。(清)赵尔巽等撰:《清史稿》第44册,北京:中华书局,1977年,第13428页。
④ 张际亮:《答姚石甫明府书》,《张亨甫全集·文集》卷三,清同治六年(1867)刊本,复旦大学图书馆藏。
⑤ 张际亮:《答姚石甫明府书》,《张亨甫全集·文集》卷三,清同治六年(1867)刊本。
⑥ 张际亮:《石甫明府出示方植之东树先生诗因题》,见张际亮:《思伯子堂诗集》卷十四,清刻本,《续修四库全书》第1526~1527册。又可见《方植之全集》本《半字集》卷首张际亮题辞。
⑦ 《清史稿》卷四百八十六,列传二百七十三,文苑三,张际亮本传。见赵尔巽等撰:《清史稿》第44册,北京:中华书局,1977年,第13428页。

殡》云:"惨澹惊看旅榇孤,伤心楚老惜吾徒。"①表达了对其英年早逝的伤痛之情。张际亮著有《思伯子堂诗集》三十二卷、《松寥山人诗集》、《张亨甫全集》等。

(十一)马瑞辰(1782～1853)

字元伯,又字献生,安徽桐城人。瑞辰之父宗琏②,字鲁陈,号器之,嘉庆六年(1801)进士。少从舅氏姚鼐学诗、古文词,文采沉博雄丽。后从邵晋涵、任大椿、王念孙游,学问大进。马宗琏精通训诂及地理之学,学术成就卓著,其子马瑞辰传其学。瑞辰为嘉庆十年(1806)进士,官至工部都水司郎中。历主江西白鹿洞、山东峄山、安徽庐阳书院讲席。咸丰二年(1853)兵乱遇难。马瑞辰之子马三俊是方东树的门人。方东树与马瑞辰家可谓世代交好,方有诗云:"与子世累通,同德先人贯。升沉异荣悴,少小婴忧患。"③在诗中方氏感叹自己自幼即遭忧患,不如马之仕途通达。方、马二人晚年经常在一起喝酒谈诗叙旧④,来往甚多,方诗集中多有诗与瑞辰相关,如:"济世诸公堪赤手(元伯、樗亭、伯山仕京外,皆有政绩),赏音吾党总朱弦。漫将出处论工拙,且学兴观剖传笺(元伯撰毛诗郑笺,樗亭著《诗经广诂》)。惟有陶潜饥乞食,誓酬一饭报黄泉。"⑤此诗方之自注云马瑞辰、徐璈诸人做官皆有政绩,马"撰毛诗郑笺",徐"著《诗经广诂》"。诗末方氏言自己似陶渊明,靠乞食度日,表达了惭

---

① 见方东树:《考槃集》,《仪卫轩诗集》卷五,清同治七年(1868)刻本,复旦大学图书馆藏。

② 方东树《先友记》云:"马宗琏……母,姚姬传先生妹也,少学于舅氏,长游京师,改攻汉学,益治经,著《春秋左氏传补注》行世,最为仪征阮相国、高邮王尚书伯申所重,君性真率,东树已受室,君来犹呼东树乳时小名,近今无复此古风矣。"见《考槃集文录》卷九。

③ 方东树:《己亥岁八月中广州作寄马元伯》,《考槃集》,《仪卫轩诗集》卷四,清同治七年(1868)刻本,复旦大学图书馆藏。

④ 如《丙戌余自粤中归里时元伯家居日过从相与论诗因重题其树萱堂集》等诗,《半字集》,《仪卫轩诗集》卷二,清同治七年(1868)刻本,复旦大学图书馆藏。

⑤ 《南园集后八日樗亭复徽前会余得泉字》,《仪卫轩遗诗》卷一,清光绪十五年(1889)刻本,收入《方植之全集》,上海图书馆藏。

愧、须努力之意。又有诗云:"元伯归来早,葩经百世传。"①再次肯定马瑞辰所著《毛诗传笺通释》的价值,认为此书将流传百世。方氏还多次为马瑞辰的《树萱堂诗集》题诗:"共有诗名品未分,双鬟发唱始推君。"言二人诗歌创作水平不相上下,还把自己和马比喻为白居易和元稹:"欲遣玲珑唱未能,感君真意泪填膺。他年长庆同编集,名姓多惭附尾蝇。"②由此可见二人关系之亲密与融洽。

马瑞辰一生勤于著书,耄而不倦,是徽派朴学阵营的重要学者。治经笃守家法,义据通深,尤其以治《毛诗》成就卓著,所著《毛诗传笺通释》三十二卷,备受推崇。另有《崇郑堂诗文集》、《树萱堂诗集》等。方东树的诗集《半字集》亦有马瑞辰之题辞。

(十二)陈用光(1768~1835)

字硕士,又字石士、实思,江西新城人。嘉庆六年(1801)进士,曾官礼部侍郎,提督福建、浙江学政。少从学于舅父鲁九皋,成年后又师从姚鼐、翁方纲。他虚心好学,出言有识,颇受姚、翁器重。尝为其师姚鼐、鲁九皋置祭田,以学行重一时。陈用光为人正直,为官清廉。江南乡试中,他认真选拔人才,梅曾亮、管同皆为其所选拔。为学宗汉儒而不背程朱。陈氏工古文,学于舅父鲁九皋,兼有姚鼐、翁方纲之长,文笔浑厚精深,为时人推崇。作诗始学于蒋士铨,后效姚鼐之法,其诗"自抒胸臆,性情和厚"③。一生著述甚多,传之于世的有《太乙舟文集》八卷,梅曾亮编次,还有《太乙舟诗集》十三卷等。方东树曾在陈用光家授经五年④。陈用光典试江南,方虽与用光同门,然为

---

① 方东树:《南昌赠张子畏》,《考槃集》,《仪卫轩诗集》卷三,清同治七年(1868)刻本,复旦大学图书馆藏。
② 方东树:《四题树萱堂诗集》,《仪卫轩遗诗》卷二,清光绪十五年(1889)刻本,收入《方植之全集》,上海图书馆藏。
③ 刘声木撰,徐天祥点校:《桐城文学渊源撰述考》,合肥:黄山书社,1989年,第161页。
④ 郑福照《方仪卫先生年谱》云:"(嘉庆)三年戊午,先生年二十七岁,授经江右新城陈石士侍郎用光家。"

避嫌,没有参加那一年的乡试①。后嘉兴沈鼎甫侍郎督学安徽,与时任安徽抚军的邓廷桢等人商议,欲选拔方东树贡成均,方亦没有就试②。方曾有几首诗写给陈③,其《赠陈硕士用光》云:"春风客舍鸟嘤鸣,邂逅逢君意气倾……神仙郭太同舟渡,名士中郎倒屣迎。"由陈、方之间这些交往可以看出二人关系很好,陈对方东树很重视。

(十三)邓廷桢(1776~1846)

字维周,又字嶰筠,晚号妙吉祥室老人、刚木老人。江苏江宁(今南京)人。嘉庆六年(1801)进士,历任浙江宁波、陕西延安、榆林、西安诸知府,湖北按察使,江西布政使,陕西按察使、布政使。又任安徽巡抚,两广、闽浙总督。后起用为陕西巡抚、陕甘总督。《清史稿》本传云:"绩学好士,幕府多名流,论学不辍。尤精于音韵之学,所著笔记、诗、词并行世。"④邓廷桢学识渊博,在古韵学方面有很高的造诣,著有考证群经音训的《双砚斋笔记》六卷、《双声叠韵谱》一卷、《许氏说文双声叠韵谱》一卷,还著有《双砚斋诗钞》十六卷、《双砚斋词抄》二卷等。

邓廷桢师事姚鼐,善诗词,抚皖期间,"常招致文人,为诗酒之会"。他在安徽做官十余年,政事之间,多有余暇,诗歌创作

---

① 方宗诚《仪卫先生行状》:"(先生)少与新城陈石士侍郎友善,及侍郎典试江南,先生不与试。"见《柏堂集前编》卷七,清光绪六年(1880)刻本。
② 郑福照《方仪卫先生年谱》云:"嘉兴沈鼎甫侍郎督学安徽,告抚军邓公方伯、佟公景文,欲选拔先生贡成均,先生不就试。"
③ 方东树:《寄陈硕士太史》,《王余集》,清光绪十五年(1889)刻本。《赠陈硕士用光》,《仪卫轩遗诗》卷二,清光绪十五年(1889)刻本,收入《方植之全集》,上海图书馆藏。
④ 《清史稿》卷三百六十九,列传一百五十六,邓廷桢本传,(清)赵尔巽等撰:《清史稿》第38册,北京:中华书局,1977年,第11496页。

也最多①。道光八年(1828),方东树曾为《双砚斋诗钞》作序②,在序中方氏言己"三辞"之后,廷桢仍请其作序。在序中,方东树对邓廷桢其政、其诗、其人等方面给予了高度评价:"所至之处,爬栉隐滞,顾畏舆情,款款业业,求不欺其诚,凡历晋、楚、秦、皖,行之如一日,盖举所谓经国家、利民人者,既优优而敷之矣。""盖公之诗,上规雅颂,下揽唐贤,同源共流,一本于温厚","其于同时之士,有一才一技之可取者,悉罗而致之,揄扬称说不啻口出。盖非但忘己所长,并若忘人人所短矣!"最后说对于作诗,不过是邓公的余事,亦是赞美之意。方东树的诗集中亦有为此事所写的诗③。咸丰二年(1852),梅曾亮亦为《双砚斋诗钞》作序,言及廷桢与幕中诸人议事、吃饭、写诗联句的情形:"每辰巳见属吏议事,毕会,食八箴堂,时管异之、马湘帆、汪平甫俱在座,方植之亦时来和章联句,诙谐间作,午过入斋阁。"④今方诗集中有诗《戏和邓嶰筠中丞八箴六首》⑤就是这个时候的作品。他写给梅曾亮的诗也曾述及当时的情形,云:"中丞南阳公,问俗皖江边。故人依严幕,会合重周旋。管子抗师席,教疑西河喧。马君续同来,焕若芙蓉鲜。五日斗杂咏,相赏句何妍(中丞戏命分咏五日故事)。"诗中描绘了安徽邓廷桢幕中人才荟萃、联句论诗的热闹⑥。由梅曾亮之序来看,即如方东树这样平常较严肃之人,亦与邓"诙谐间作",可见邓廷桢与幕中诸

---

① 梅曾亮《双砚斋诗钞序》:"盖公之官安徽也,几十年矣。其总督两广及闽浙,皆不能如安徽之久,且政事之多暇也,故诗于是时为最盛。"
② 方东树:《双砚斋诗集序》,见《考槃集文录》卷三。又可见邓廷桢《双砚斋诗钞》,清末刻本,《续修四库全书》第1499册。《双砚斋诗钞》书首有方东树《双砚斋诗钞序》,文字与《考槃集文录》中的《双砚斋诗集序》略有不同。
③ 方东树:《嶰筠中丞以双砚斋诗集命为作序因题其卷》,《半字集》,见《仪卫轩诗集》卷二,清同治七年(1868)刻本,复旦大学图书馆藏。
④ 梅曾亮:《双砚斋诗钞序》,见邓廷桢《双砚斋诗钞》,清末刻本,《续修四库全书》第1499册。
⑤ 方东树:《仪卫轩遗诗》卷一,清光绪十五年(1889)刻本,收入《方植之全集》,上海图书馆藏。
⑥ 方东树:《寄梅伯言》,《考槃集》,《仪卫轩诗集》卷三,清同治七年(1868)刻本,复旦大学图书馆藏。

人相处十分融洽。方东树诗集中多有与邓廷桢相关的诗,还收录了邓氏的几首诗作①。可见方东树与邓廷桢宾主之间关系很好。而且方、邓,还与管同、徐璈、马瑞辰等人一起集会写诗酬唱往来,如方有诗《丁亥正月十四日上元汪平甫管异之马湘帆合肥徐荔庵同里马元伯同燕集大观亭作诗一篇上邓嶰筠》②。邓廷桢还曾帮助东树校刊、编校其父方绩的著作③,亦与东树论学,称赞东树云:"凡心有所疑未启口,而君已先发之,觉义理原委更加贯畅。"④

邓廷桢获罪被贬至关外,方氏误信邓已卒传闻⑤,后邓遇赦被召回,方东树高兴地写诗道:"闻道先生生入关,喜心翻到剧思患。"⑥体现了他得知廷桢还活着内心的极大喜悦。

当然,邓廷桢作为清朝大吏,在地位、身份等诸多方面,方东树不能与之相提并论,然从方、邓之间的交游,邓对方的多次帮助、提携,可见邓对方的重视和肯定,方对邓之认可和尊敬。

(十四)阮元(1764～1849)

字伯元,号芸台,又号研经老人、雷塘庵主等,江苏仪征人。乾隆五十四年(1789)进士,历官乾隆、嘉庆、道光三朝,先后出任山东、浙江学政,浙江、河南、广东、江西巡抚,漕运,湖广、两广、云贵总督,充礼部、兵部、户部、工部侍郎,最后拜体仁阁大

---

① 如邓廷桢《偶得一大盘异之作诗以为宜鱼越日又以诗来谓岐亭戒杀也赋此答之》等,见《半字集》,《仪卫轩诗集》。
② 方东树:《仪卫轩遗诗》卷一,清光绪十五年(1889)刻本,收入《方植之全集》,上海图书馆藏。
③ 郑福照《方仪卫先生年谱》云:"(道光)七年丁亥先生年五十六岁,主庐州庐阳书院,七月邓嶰筠中丞廷桢校刊展卿先生《屈子正音》于皖城。""(道光)十七年丁酉,先生年六十六岁,二月复赴粤东客总督邓嶰筠尚书幕中。六月编校展卿先生《鹤鸣集》,同里光律原方伯聪谐为刊行。"
④ 见郑福照《方仪卫先生年谱》,清同治七年(1868)《仪卫轩文集》本。
⑤ 方东树《即事》云:"郢质故交俄宿草,邓林遗杖竟连冈。"前句诗后小注云:"去岁毛生甫没。"后句注云:"传闻嶰筠尚书卒于贬所。"《考槃集》,《仪卫轩诗集》卷五,清同治七年(1868)刻本,复旦大学图书馆藏。
⑥ 方东树:《喜闻嶰筠先生赐环感而赋此》,《考槃集》,《仪卫轩诗集》卷五,清同治七年(1868)刻本,复旦大学图书馆藏。

学士,后又加太子太保、太傅。道光二十九年(1849)卒,谥号"文达"。阮元为乾嘉间大儒,博学淹通,毕生仕宦显达,撰述编纂亦未尝稍辍,其经学、方志、金石学及诗词造诣颇高,尤以音韵训诂之学为长。《清史稿》云其"身历乾、嘉文物鼎盛之时,主持风会数十年,海内学者奉为山斗焉"①。阮元一生编、撰书一百八十余种,自著《揅经室集》五十七卷;编著《经籍纂诂》一百零六卷;编辑《皇清经解》一千四百余卷;立诂经精舍,刊《诂经精舍文集》十四卷;创立学海堂,刊《学海堂丛刻》,等等。

嘉庆二十四年(1819),方东树四十八岁,赴粤东阮元幕中。时阮元总督两粤,延东树修《广东通志》,初任分纂,后任总纂事②。编刻《皇清经解》时,方东树在阮元幕中授经,《汉学商兑》即此时著成③。道光五年(1825),仍在阮元幕中,时阮元所创学海堂刚落成,鼓励学者著书,方氏又著《书林扬觯》④。他在《上阮芸台宫保书》中对阮元赞颂不已,云:"然惟阁下早负天下之望,宜为百世之师,齐肩马郑,抗席孔贾,固以卓然有大功于六经而无愧色,信真儒之表见不虚矣。"⑤又对当时兴盛之汉学提出自己的看法:"然窃以为物太过,则其失亦犹之不及焉。《传》曰:'火中则寒暑退',今日之汉学亦稍过中矣。私心以为,于今之时,必得一非常之大儒以正其极,扶其倾,庶乎有以挽大过之运于未敝之先,使不致倾而过其极,俾来者有以考其功焉,以此求之,当今之世能正八柱而扫粃糠者,舍阁下其谁与归?不揣

---

① 《清史稿》四百三十六卷,列传一百五十一,(清)赵尔巽等撰:《清史稿》第38册,北京:中华书局,1977年,第11424页。
② 郑福照《方仪卫先生年谱》云:"(嘉庆)二十四年己卯,先生年四十八岁,赴粤东,时阮文达元总督两粤,延先生修《广东通志》,初任分纂,于所应编纂者一月内告竣,将辞去,文达留之,因属以总纂事。"清同治七年(1868)《仪卫轩文集》本附。
③ 郑福照《方仪卫先生年谱》云:"(道光)四年甲申,先生年五十三岁,授经阮文达幕中,著《汉学商兑》。""时阮文达方辑刻《皇清经解》,以汉学导世,先生以是书上之。"
④ 郑福照《方仪卫先生年谱》云:"五年乙酉,先生年五十四岁,授经阮文达幕中。著《书林扬觯》。"
⑤ 方东树:《上阮芸台宫保书》,《考槃集文录》卷六,清光绪二十年(1894)刻本,《续修四库全书》第1497册。

梼昧,尝著有《汉学商兑》三卷,引其端,见大意,蓄之笥中,未敢示人。非惟迹近竞名,惧以忤世犯患,抑实以事关学术。"①方东树此文言辞恳切,议论也较为客观,然阮元本汉学阵营中人,方氏失意是自然的事。方东树曾撰文《学海堂铭》②,后重至,又写《重至学海堂》诗云:"几几陈留相,建此百世利……安知旧宾客,穷老今复至。"赞颂阮元创建学海堂之功绩,然后照例对乾嘉汉学进行批判:"国朝乾嘉中,儒林若羹沸。谈理仇真儒,逃难觅碎义……"③方氏与阮元虽论学不合,然阮元晚年仍致书称东树经术文章信今传后④。方东树晚年还曾写诗感谢阮元对自己的奖誉⑤。

以上诸人是与方东树交游往来比较重要者。此外,还有吴德旋、朱雅、光律原、马公实等人,兹不赘述。

二、方东树的门生

方东树一生主要以游幕、讲学为业,《方仪卫先生年谱》云:"晚岁家居十一年,专以成就后进为事,从游者如苏惇元、文汉光、戴钧衡、江有兰、甘绍盘、马起升,暨从弟宗诚皆以学行知名于时。"⑥方东树一生在文学、学术方面都有所成就,门下的高弟们各以所得传徒授学,如方宗诚、苏惇元是咸丰、同治时期的理学名家,戴钧衡在诗文经说方面都有一定成就。据刘声木《桐

---

① 方东树:《上阮芸台宫保书》,《考槃集文录》卷六,清光绪二十年(1894)刻本,《续修四库全书》第 1497 册。
② 方东树:《考槃集文录》卷十二,清光绪二十年(1894)刻本,《续修四库全书》第 1497 册。
③ 方东树:《考槃集》,《仪卫轩诗集》卷三,清同治七年(1868)刻本,复旦大学图书馆藏。
④ 郑福照《方仪卫先生年谱》云:"阮文达公初与先生论学不合,晚年乃致书称先生经术文章信今传后。又极赞所撰《三年丧辨》,谓其解中月而禫真解,创获实前人所未及。其言未出世,莫能知;其言既出世,莫能废,有功名教,为宇宙必不可少之言。"
⑤ 方东树《上阮相国》,其诗题下序文曰:"树自粤东归后,不见几二十年矣。去岁辱赐书,过蒙奖饰,呈此答谢。"
⑥ 见郑福照《方仪卫先生年谱》。

城文学渊源撰述考》记载,师事及私淑方东树及其弟子者有三十四人①,在此举其要者,述其学行,借以了解方东树传播桐城之学之功,以及方氏对当时和后世学术界的影响。

(一)戴钧衡(1814~1855)

字存庄,号蓉洲,安徽桐城人。道光二十九年(1849)中举人,曾携诗文游于公卿间,为侍郎曾国藩等人所器重②,其所著《书传补商》,"贯穴汉宋,多前贤所未发"③,得到曾氏的称赞。钧衡少有异才,嗜学进取,精力绝人。欲以诗文名世,年二十七从同里方东树游,"勉以务笃实,勿尚浮华驰声誉,为客气所使,存庄始知穷经求实用"④。他师事方东树最久,奋志为通经致用之学。亦工于文,以才气胜,"其诗格调高逸,音节宏亮,跌宕纵横,瓣香太白。"⑤戴钧衡以继承桐城文统为己任,除与方宗诚编选《桐城文录》外,还与邑人苏惇元重订方苞的《望溪文集》,使之篇目比初集增加了一倍多,增集外文十之三四;又与友人文汉光编辑《古桐乡诗选》。戴氏还与文汉光等桐城诸人创建桐乡书院,撰文《桐乡书院记》,为发扬光大桐城派作了不少努力。著有《味经山馆诗钞》六卷、《味经山馆文钞》四卷、《书传补商》

---

① 刘声木撰,徐天祥点校:《桐城文学渊源撰述考》,合肥:黄山书社,1989年,第265~274页。
② 曾国藩《欧阳生文集序》云:"在桐城者,有戴钧衡存庄,事植之久,尤精力过绝人,自以为守其邑先正之法,之后进,义无所让也。"见《曾国藩诗文集》,王澧华校点,上海:上海古籍出版社,2005年,第285页。又《清史稿》卷四百八十六,列传二百七十三,文苑三,戴钧衡传云:"钧衡有经济才,与国藩为友,著《书传补商》,国藩亟称之。"见(清)赵尔巽等撰:《清史稿》第44册,北京:中华书局,1977年,第13431页。
③ 方宗诚:《戴存庄权厝志》,《柏堂集次编》卷十,清光绪六年(1880)刊本。又方宗诚《柏堂师友言行记》卷一云:"著《书传补商》合汉宋儒者之长,以释《周诰殷盘》,多采予说,是书在国朝经学中最有补于经术,曾节相极称之。"民国十五年(1926)京华印书局铅印本,《续修四库全书》第540册。
④ 见方宗诚:《柏堂师友言行记》卷一,民国十五年(1926)京华印书局铅印本,《续修四库全书》第540册。
⑤ 刘声木撰,徐天祥点校:《桐城文学渊源撰述考》,合肥:黄山书社,1989年,第266页。

十七卷,等等。

(二)方宗诚(1818～1888)

字存之,号毛溪居士、西眉山人、柏堂逸民①、柏堂等,安徽桐城人,诸生。少有大志,清勤刻苦,每日取贾谊疏及唐宋名篇诵读。始受学同里许玉峰,继师族兄方东树,遍览宋元后儒家之言。《清史稿》云:"宗诚能古文,熟于儒家性理之言,欲合文与道为一。咸丰时寇乱,转徙不废学,益留心兵事吏治。著《俟命录》,以究天时人事致乱之原,大要归于植纲常、明正学,志量恢如也。"②因《俟命录》的传播,方宗诚驰名京都,曾国藩慕名而与之相识,后曾氏为直隶总督,推荐其为枣强县令,治枣强十年。李鸿章继曾国藩任总督后,亦与方宗诚交往甚密。

方宗诚与戴钧衡编选《桐城文录》,意在宣扬桐城派的文统。他在姚鼐所说的"义理、考证、文章"基础上,又加入"经济",其为文主张文道合一,所谓"道之显者,谓之文","古无有离道而谓之文者"③。刘声木评其文云:"托意高远,发明程、朱义理,抒写事情,主于修辞立诚,不矜能于字句间。"④方宗诚为学,与方东树一脉相承,论学宗程朱,为清代咸丰、同治时期的理学名家⑤,"日本学者专治其书,号曰:柏堂学"⑥。可以说,方宗诚继承了方东树的思想与学术理路。

宗诚师事东树近十年,参与了方东树多数著作的编辑、整理和校勘,甚至在有机会刊刻他自己的书的时候,他都先刊行

---

① 方宗诚:《柏堂文集自叙》,《柏堂集次编》卷一,清光绪六年(1880)刊本,复旦大学图书馆藏。
② 《清史稿》卷四百八十六,列传二百七十三,文苑三,方宗诚传,见(清)赵尔巽等撰:《清史稿》第44册,北京:中华书局,1977年,第13430页。
③ 方宗诚:《斯文正脉叙》,《柏堂集次编》卷一,清光绪六年(1880)刊本,复旦大学图书馆藏。
④ 刘声木撰,徐天祥点校:《桐城文学渊源撰述考》,合肥:黄山书社,1989年,第266页。
⑤ 史革新《晚清理学研究》:"他(方东树)的主要弟子方宗诚、苏惇元都是咸同时期的理学名家。"北京:商务印书馆,2007年,第18页。
⑥ 慕玄父:《柏堂师友言行记·序》,民国十五年(1926)京华印书局铅印本,《续修四库全书》第540册。

方东树的著作①。《清史稿》云:"东树博极群书,穷老不遇,传其学宗诚。既殁,宗诚刊布其书,名乃大著。"方东树一生正如《清史稿》所言"穷老不遇",方东树自己也多次说自己"乡里鄙生,见闻不出街巷"②,正是方宗诚积极刊行方东树的著作,宣传方东树的思想学说,方东树才名声大振。

方宗诚一生勤勉,著述甚多,"著柏堂经说、笔记、文集百五十余卷"③。他有《柏堂集》九十四卷、《柏堂说经》三十三卷、《俟命录》十卷、《志学录》十一卷、《读书笔记》十三卷、《周子通书讲义》一卷,另撰写、编订书籍数十种。

(三)苏惇元(1801~1857)

字厚子,号钦斋,桐城人,监生,咸丰元年(1851)孝廉方正。年三十好朱子学,名其堂曰"仪宋"。师事方东树。博究先儒之言,矢志为穷理力行之学,凡稍异程朱者皆不取。后笃好张履祥杨园书,其学近之,以张氏为自宋以来得朱子正传者,因纂《张杨园年谱》二卷。经学文章宗方苞,"以为学不足以修己治人,则为无用之学。文不足以明道析理,则为虚浮之文,有行而无学,其行无本,有学行而无文章,则无以载道而行远,宋以后文之合韩欧程朱为一,而纯正动人,有心得之实者惟望溪"④。曾编辑《方望溪年谱》二卷。其诗文主张修辞立诚,不涉旁蹊曲径。苏惇元同方宗诚一样,都是晚清咸丰、同治时期的理学名家,方东树称赞他云:"苏厚子惇元,沉精敏毅,学行深醇。"⑤著《钦斋诗文钞》十二卷、《四礼从宜》四卷、《逊敏录》四卷等。

---

① 方宗诚《大意尊闻序》后补文云:"今年衡阳彭雪琴宫保……赠赀,促予刊行所著书,予执意不可,爰取先生《大意尊闻》付剞劂焉。"见方东树《大意尊闻三卷》附录一卷,清同治五年(1866)刻本,《四库未收书辑刊》第6辑第12册。
② 方东树:《上阮芸台宫保书》,《考槃集文录》卷六,清光绪二十年(1894)刻本,《续四库全书》第1497册。
③ 《清史稿》卷四百八十六,列传二百七十三,文苑三,方宗诚传,见(清)赵尔巽等撰:《清史稿》第44册,北京:中华书局,1977年,第13430页。
④ 方宗诚:《苏厚子先生传》,《柏堂集次编》卷七,清光绪六年(1880)刊本。
⑤ 方东树:《望溪先生年谱序》,《考槃集文录》卷四,清光绪二十年(1894)刻本,《续四库全书》第1497册。

(四)郑福照(1832~1876)

字容甫,号洁园,桐城人,诸生。师事江有兰,江亦为东树弟子。时闻方东树讲授,复师事方东树,受古文法,勤学不懈,"以遭逢之蹇,音多峭苦,尝用鬼语为词,极幽冷之趣"。其"诗戛戛独造,生峭奇创出自山谷"①。其天性聪颖,成童即好为诗歌,方东树见而讶之曰:"何童子出语,竟似黄山谷也!"②福照研读过方氏的《昭昧詹言》,学诗方面时承方氏讲授③。兼通天文算法,善校雠书籍,曾校订缮写桐城前辈诸人的著作,如参与方东树《仪卫轩文集》、《汉学商兑》、《书林扬觯》的编校工作,编纂《方仪卫先生年谱》、《姚惜抱先生年谱》、《姚石甫廉访年谱》等。另著有《洁园诗稿》三卷,杂著三种。

方东树晚年居里,很重视培养后学,"庐江吴兰轩徵君廷香,同里吴子明徵君调甝,马命之三俊,张小嵩茂才勋,皆为先生所奖诱"。"凡后进有一言、一事、一文、一诗之可取,皆诱掖奖借,称叹不去口"④。在他的教导和影响下,其弟子戴钧衡、苏惇元、文汉光、甘玉亭等皆崇实尚学,志行卓然。一时不少好学砥行之士,往来问学。东树谦虚,不受师弟子之称。正如方宗诚的《桐城文录序》指出的那样:"桐城之文,自植之先生后,学者多务为穷理之学;自石甫先生后,学者多务为经济之学。"⑤方东树对桐城派的发展路向产生了一定的影响,在他之后,桐城理学的色彩更加浓厚。

---

① 刘声木撰,徐天祥点校:《桐城文学渊源撰述考》,合肥:黄山书社,1989年,第270页。
② 方宗诚:《郑容甫哀词》,《柏堂集后编》卷十八,清光绪七年(1881)刊本。
③ 郑福照《方仪卫先生年谱》:"福照年十六七时,初学为古今体诗,得读先生《昭昧詹言》,因略辨涂辙,岁庚戌以所作谒先生,过蒙奖誉,遂获时承讲授。"清同治七年(1868)《仪卫轩文集》本。
④ 方宗诚:《大意尊闻附录》,见《大意尊闻》,清同治五年(1866)刻本,《四库未收书辑刊》第6辑第12册。
⑤ 方宗诚:《柏堂集次编》卷一,清光绪六年(1880)刊本。

第三节　方东树的著述与思想

一、方东树的著述概况

方东树一生穷愁潦倒,然著述甚多,约有百余卷。《方植之全集》收录了方氏的数十种著述,其中也包括方东树父祖等人的著作。今据方氏弟子郑福照《方仪卫先生年谱》(以下简称《年谱》)及《方植之全集》等方氏本人的著述,以及其他相关文献,将方氏著述依年代先后为序概述其卷数、版本、馆藏等情况。

(一) 文、诗与诗论著作

1.《考槃集文录》十二卷

方氏所撰《考槃①集文录》共十二卷,收文二百三十九篇。版本有:同治七年(1868)刻本,安徽省图书馆、湖南省图书馆藏;光绪四年(1878)刻本,江西省图书馆藏;光绪二十年(1894)刻本,收入《方植之全集》,上海图书馆、安徽省图书馆、华东师范大学图书馆等藏,此本最为通行,今《续修四库全书》影印华东师范大学图书馆所藏刻本。此外,《考槃集文录》还有光绪二十年十卷刻本,国家图书馆藏;十四卷本,湖南省图书馆藏等。

2.《仪卫轩文集》十二卷、外集一卷、附录一卷

《仪卫轩文集》十二卷,外集骈体文一卷,共收文一百零三

---

① 《诗经》之《卫风·考槃》:"考槃在涧,硕人之宽。独寐寤言,永矢弗谖。考槃在阿,硕人之薖。独寐寤歌,永矢弗过。考槃在陆,硕人之轴。独寐寤宿,永矢弗告。"毛传说:"考,成。槃,乐也。"考槃:盘桓之意,指避世隐居。朱熹《诗集传》引陈傅良的说明:"考,扣也;槃,器名。"《考槃》描写一位在山涧结庐独居的人自得其乐的意趣。

篇,附录方氏门人郑福照辑《方仪卫先生年谱》一卷。《年谱》云道光二十二年(1842),方东树七十一岁时,"十月自定文集十二卷,序之。同治六年从弟宗诚为选刻之"。方宗诚《校刊仪卫轩文集后叙》云:"先生初不欲自存其文,虽门人尝为钞录,得二百四十八首,而未有刻本。"①《仪卫轩文集》卷首方宗诚识文曰:"因发先生遗文,先选录百有三首,与同里友人郑容甫福照、先生孙涛校订缮写。"刘声木《桐城文学渊源撰述考》言方东树"撰《考槃集文录》十二卷,弟子方宗诚选刊本更名《仪卫轩文集》十二卷"②,可知《考槃集文录》十二卷早于《仪卫轩文集》十二卷③。

版本有:同治七年(1868)李鸿章刻本,国家图书馆、上海图书馆、南京图书馆、复旦大学图书馆等藏。

3.《半字集》二卷

古、近体诗各一卷,录四十岁以后诗作一百八十首,于道光十二年(1832),方东树六十一岁时自行编订,次年(1833)由友人广州太守胡晓东为之刊刻(见《年谱》)。方东树在《半字集序录》中谦虚地表明此诗集名的含义:"佛书有半字、满字义,以别小乘、大乘之位,愚取半义,用志力不足也,学未至也。"卷首有管同、梅曾亮、沈钦韩、姚莹、马瑞辰等人的题辞。《仪卫轩诗

---

① 方宗诚:《柏堂集》,《柏堂集续编》卷二,清光绪七年(1881)刊本。
② 刘声木:《桐城文学渊源撰述考》,合肥:黄山书社,1989年,第265页。
③ 刘声木《考槃集外文目录》:"桐城方植之茂才东树,所撰文集有两刊本。光绪甲午(1894),家刊《考槃集》全集本,名《考槃集文录》,十二卷,录文贰百贰拾壹篇,骈文拾捌篇。同治七年,合肥李文忠公鸿章等集资安庆刊本,为其门人从弟存之京卿宗诚所编,名曰《仪卫轩文集》十二卷《外集》一卷,所录之文,仅及《考槃集》之半。予得见其当日《考槃集》原稿本⋯⋯予少时尝以之对勘家刊本《考槃集文录》,仍依茂才原本为多,方戴删节拟议之处未全遵录,然仍有遗文拾捌篇,为《考槃集》所未载。予依其刊文体例,编为《考槃集外文》一卷⋯⋯"见《苌楚斋随笔 续笔 三笔 四笔 五笔》,北京:中华书局,1998年,第711~712页。据此可知刘声木曾见过《考槃集文录》原稿本,并做过仔细的校勘比对,故知《考槃集文录》十二卷早于《仪卫轩文集》十二卷,北京:中华书局,1998年,第711~712页。

集》本《半字集》题辞有所省略。

版本有:清抄本,南京图书馆藏;道光刻本,江苏国学图书馆藏;同治七年(1868)刻本,收入《仪卫轩诗集》,复旦大学图书馆等藏;光绪十五年(1889)刻本,收入《方植之全集》,上海图书馆等藏。

4.《王余集》一卷

凡古今体诗七十一首,有道光十二年(1832)自序。方东树自定《半字集》后,收集原所弃未刻诗为一帙。"王余"取意,指吴王食鲙弃余江中,复得生活,世目为王余。

版本有:光绪十五年(1889)刻本,收入《方植之全集》,上海图书馆等藏。按:此本无方氏自序。

5.《考槃集》三卷

古体(五古)诗两卷,近体(七律)诗一卷,集中所录诗起道光十三年(1833)方氏六十二岁,讫道光二十八年(1848)方氏七十七岁,诗作一百七十首。卷首有梅曾亮、邓廷桢的题辞。

版本有:同治七年(1868)刻本,收入《仪卫轩诗集》,复旦大学图书馆等藏;光绪十五年(1889)刻本,收入《方植之全集》,上海图书馆等藏。另有四卷本,道光刻本,日本京都大学藏;还有不分卷的《考槃集》清刻本,南京图书馆藏。

6.《仪卫轩诗集》五卷

今《仪卫轩诗集》卷首方宗诚识文曰:"植之先生诗曰《半字集》者二卷,曰《考槃集》者三卷,皆先生手定本。附录数首,则哲嗣闻所补遗也。乱后版毁,合肥李少荃伯相既以赀为校刊文集,复命宗诚编次其诗及他遗书任,重为梓行。"《仪卫轩诗集》收前文所述《半字集》两卷、《考槃集》三卷,为方东树本人手定,曾刻行,然版毁,此重为刊行。附录遗诗十四首为方东树子方闻收录,共收诗三百六十多首。此诗集由方宗诚编次,李鸿章出资刊行。

版本有:同治七年(1868)李鸿章刻本,安徽省图书馆、湖南省图书馆、复旦大学图书馆等藏。

7.《仪卫轩遗诗》两卷

不分古今体，除卷一《壬辰八月十五日归舟过韶州曲江江口堕水不死是夕对月遣闷杂书十四首》已见于同治七年（1868）刻《仪卫轩诗集》卷五，即《考槃集》外，余皆所辑佚诗。

版本有：光绪十五年（1889）刻本，收入《方植之全集》，上海图书馆、安徽省图书馆等藏。

8.《昭昧詹言》二十一卷

此为诗论著作，道光十九年（1839），方东树年六十八岁在粤东著。此书是晚年著作，本为课儿孙辈而作，原为方东树批在王士禛《古诗选》、姚鼐《今体诗钞》等家塾读本上的评语，道光中汇编成书，共十卷，然未刊。后方氏又有续作增改。因该书时有删改增易，录出本各有不同，卷数与分卷亦有异同，故此书版本较多。初刊于光绪年间，收在《桐城方植之先生遗书》内。光绪十七年（1891）重刊，收入《方植之全集》，上海图书馆、南京图书馆等藏。《全集》本与《遗书》本分卷相同，都是正十卷、续八卷、续录两卷，今《续修四库全书》影印光绪十七年刻本。宣统元年（1909）安徽官纸印刷局铅印本稍有增益，为正十卷、续录三卷、续八卷。其在续录卷二后增《陶诗附考》、《解招魂》二篇为续录卷三。民国七年（1918）上海亚东图书馆据安徽官纸本重排铅印本，此本基本与安徽官纸本相同，又有增益，搜辑较备。同年（1918）河北武强贺氏又据亚东本刊刻，略有附益，亚东本的正十卷、续录三卷、续八卷共二十一卷，并录有吴汝纶、吴闿生父子评语，此刊本为最全。以上三种版本，复旦大学图书馆有藏。1961年人民文学出版社排印《中国古典文学理论批评专著选辑》，《昭昧詹言》被收入其中。点校者汪绍楹以武强贺氏本为据，删去贺本中吴氏父子的评语，又据亚东本增加方氏二跋，又与北京图书馆所藏一正十卷、续十卷的抄本对比校勘，将抄本与各本不同的地方，择要附录或作为校记，附注当条下，较为完备，最为通行。

《昭昧詹言》另有四卷稿本，方宗诚辑，安庆市图书馆藏；抄本十卷、续三卷，江苏国学图书馆藏，等等。

此外,据刘声木《桐城文学渊源撰述考》,方东树还有《五七言古今体诗钞》四卷、《宋律诗初选》两卷、《历代诗选律诗节本》、《古诗评点》等诗歌选集,均未见。

(二)学术著作

1.《栎社杂篇》无卷数

据《年谱》,嘉庆四年(1799),"先生年二十八岁,授经陈侍郎家。三月自订少作,文名《栎社杂篇》"。方氏《栎社杂篇自序》云:"今余自集其文,不敢自欺,而命之曰杂,取别于古之以一出之者,且毋俾后有作者见而笑余,谓同处于杂,而恶以议人为也。"又按语云:"此己未年(1799)作,时余年二十八岁,于后为学始一正其趋向。"(见《考槃集文录》卷三)此书今未见。

2.《老子章义》两卷

嘉庆四年(1799)四月著成。方氏《老子章义序》曰:"夫老子之言固易知也,但解之者支离牵率,是以其义晦。今吾作解,合儒佛之理而通之,其本义则窃取之朱子。其分章则以吾所私见者断之。"(见《考槃集文录》卷三)今未见。

3.《阴符经解》一卷

《阴符经》,或称《黄帝阴符经》,为道家秘典。方东树七十时有诗云:"观妙同门叩玄牝,发书陈箧汰阴符。"诗句下注云:"少时曾注《道德》、《阴符》二经,老甘息机。《道德》时所研寻,《阴符》为无用矣。"[①]

据方东树子方闻、方戍所撰述的《皇清诰赠中议大夫文学显考仪卫府君行略》(见《方植之全集》本《年谱》后附,以下简称《行略》),撰有《阴符经解》一卷,未刻。今未见。

---

① 方东树:《再读放翁七十诗句》,见《考槃集》,《仪卫轩诗集》卷五,清同治七年(1868)刻本,复旦大学图书馆藏。

4.《考正感应篇畅隐》三卷

嘉庆二十三年(1818),四十七岁时始著。道光辛卯年(1831)作序曰:"嘉庆丁丑(1817)、戊寅(1818)旅困金陵……寓居青溪衹树庵,于僧徒几案偶见此书。嫌其杂乱无伦,则亦仍置之。夜思此书立意立名甚美,毋任其以出于道家见忽于世。遂取为校正,并为作注,未成。旋于五月赴宿州,乃携之行笥而卒就之。"自序又云:"己卯(1819)七月复改为于广东通志局,始脱稿。辛卯(1831)至松滋书院,重取详订,刻而行之。"(见《年谱》)《年谱》按:"是书发明天道、人事、物理极为详尽,又引经义、史事及诸传记以证明之,盖借'感应'二字明圣贤正道,而辨正俗说之诬,极有益于世教,非如世俗善书可比也。"

据《年谱》,此书道光十一年(1831)首刻;道光十四年(1834)夏,佟敬堂方伯再刻于安庆;道光十七年(1837)冬重订增改三刻于粤东;光绪元年(1875)又有重刊本。此书今未见。

5.《汉学商兑》三卷①

道光四年(1824),方东树五十三岁时,授经阮元幕中著。这是方氏最著名、也是最有争议的著作。其时阮元辑刻《皇清经解》,崇尚汉学,方氏著《汉学商兑》上之,力陈汉学之失。

版本有:三卷本,中卷分上下,道光十一年(1831)刻本,复

---

① 《汉学商兑》的卷数有三卷与四卷等几种说法。《年谱》云:"(道光)四年甲申,先生年五十三岁,授经阮文达幕中。著《汉学商兑》四卷。大略谓……时阮文达方辑刻《皇清经解》,以汉学导世,先生以是书上之。"正文后郑福照小字注文云:"按此书刊于辛卯(1831),而创稿实在粤东,文集《上阮宫保书》可证。"方东树《上阮芸台宫保书》云:"尝著有《汉学商兑》三卷。"见《考槃集文录》卷六。又《年谱》:"(道光)十八年戊戌,先生年六十七岁……《汉学商兑》、《书林扬觯》刊行后,先生检其中尚有宜改正者,后观书时有所获,可以补入本条相发明者,随札记于本书之上下方,积久递多,取而叠辑之,成刊误补义二卷,十月序而刊之。"则可知《汉学商兑》又有刊误补义一卷。方东树对《汉学商兑》极为重视,书经几次增改补充,故其卷数有几种说法。笔者以为之所以有三卷、四卷等说法,乃是因中卷又分为卷中之上、卷中之下之故,今以方氏本人所言"三卷"为据。

旦大学图书馆、安庆市图书馆等藏，今《续修四库全书》影印收入复旦大学图书馆所藏刻本；同治十年(1871)望三益斋刻本，复旦大学图书馆等藏；光绪十七年(1891)刊本，收入《方植之全集》，上海图书馆等藏。此书版本较多，另有《西京清麓丛书》续编、《辨学七种》本、《槐庐丛书》五编本，等等。今三联书店1998年版《汉学师承记：外二种》，收有点校本《汉学商兑》①。

6.《待定录》一百余卷

此书为方氏多年累积的学术札记。道光四年(1824)八月，方东树五十三岁时作《待定录序》。其序云《待定录》初名《定命书》，后见古人已有此名，乃改名《撄宁子》，最后定名《待定录》。(见《考槃集文录》卷三)。方氏《答姚石甫书》曰："先时为学亦颇泛滥，老释杂家或为之撰述。近反求之吾身，所见似日益明，有所获辄札记之，名曰《待定录》。岁月既多，积成七十余卷。"(见《考槃集文录》卷六)《年谱》云："先生尝曰：'余所著《待定录》于身心性命之旨，修己接物之方，体验甚悉。'"此书于"天道、治法、物理、人情、修齐之教，格致之方，省察存养之旨，诸儒学术之同异得失，以逮说经考史、诗文小学，无不探赜抉微，析非审是。"据《年谱》，至咸丰元年(1851)，方东树八十岁时，其所著《待定录》已至一百余卷。该书未刊，其稿毁于咸丰年间战火。

7.《书林扬觯》两卷

道光五年(1825)，方东树五十四岁时著。正文前有方氏短序："阮大司马既创建学海堂，落成之明年乙酉初春，首以学者愿著何书策堂中学徒，余慨后世著书太易，而多殆于有孔子所谓不知而作者，因诵往哲遗言及臆见所及，为十有六论。"此时，方氏仍在阮元幕中，著成这部著作，劝诫学者勿轻易著书，实则此书也是方东树批评当时只重考据，不重现实学风的产物。书首管同题辞云："所论虽专为著书而发，实则穷理、格物、行己、立身之道悉贯乎其中。"此外，还有姚莹、张际亮、陆继辂的

---

① 江藩、方东树：《汉学师承记：外二种》，北京：三联书店，1998年。

题辞。

版本有：两卷本有道光十一年（1831）刻本，安庆市图书馆等藏；同治十年（1871）望三益斋刻本，复旦大学图书馆等藏，今《四库未收书辑刊》影印收入；光绪十七年（1891）刊本，收入《方植之全集》，上海图书馆藏；民国十四年中国书店排印本，安庆市图书馆藏。一卷本有苏州文学山房活字本，复旦大学图书馆等藏；江氏聚珍版丛书四集本等。今人严灵峰编《书目类编》丛书，第九十二册为《书林扬觯》[①]，乃据苏州文学山房活字本影印。

8.《未能录》两卷

道光十年（1830）五月，方东树五十九岁时著。此书参照明末大儒刘宗周的《人谱》，以及清乾嘉间学者孟超然的《求复录》二书而作，凡十言，曰："谨独、卫生、修内、慎动、敬事、烛几、尽伦、执义、安命、积德。"（见《未能录序》）所举十义皆昔贤名理名言，方氏目的在于切身检点实践。

版本有：光绪十六年（1890）刊本，收入《方植之全集》，上海图书馆等藏。

9.《进修谱》一卷

道光十一年（1831）五月，六十岁时著。其序曰："进修者，本《易》'君子进德修业，欲及时也'语。君子之学，进德以事天，修业以事人，舍是无所致其力。""谱者，百工技艺皆待规矩、绳墨、法式、模范以成其事。""其谱之类凡八：穷理一、密察二、实三、巽宜四、节五、止六、借所七、恒八。"（见《进修谱序》）此书可为个人处世自律提供参考，原未刊，后收入《方植之全集》，清光绪刊本，上海图书馆等藏。

10.《大意尊闻》三卷

道光二十年（1840），六十九岁时著，教诸孙读书行己、制心处世之要道，即方氏家训。七十九岁时，修改《大意尊闻》，并述

---

① 严灵峰编：《书目类编》，台北：台北成文出版社，1978年。

其旨趣。同治五年(1866),方氏门人三从弟方宗诚《大意尊闻序》云:"《大意尊闻》三卷,屡次校订,以示学徒,是书先生之家训。所言自小学以至大学之事,格致省察、克制存养,以至于成德之功,居身接物齐家训俗教学,以至于治平之业,无不有以探其原而穷其弊。"

版本有:三卷附录一卷本,清同治五年(1866)刻本,附录一卷乃方宗诚撰方东树平日之言行教诲,今《四库未收书辑刊》影印收入;上中下三卷本,清光绪十六年(1890)刊本,收入《方植之全集》,上海图书馆等藏。另有一卷本,诸己斋格言丛书本等等。

11.《猎较正簿》一卷

据《年谱》,道光二十二年(1842)五月,七十一岁时著《猎较正簿》一卷,示诸孙。其序略曰:"科举八比时文为仕进始基,出身起家之切用。功令所昭,举世奔命于此。特其源流得失,求一卓然通达解了者,率不易觏,故今粗为说之。"已刊。(见《年谱》)今未见。

12.《向果微言》三卷

道光二十九年(1849),七十八岁时著,此书主要讨论儒佛两家在心性问题上的异同。

版本有:两卷述旨一卷本,下卷又分上下,清光绪十六年(1890)刊本,收入《方植之全集》,上海图书馆等藏。

13.《山天衣闻》一卷

道光二十四年(1844),方东树七十三岁时,"取古人格言,去其肤付,约其警切,成一卷,以示三孙,四月序而刊之"(见《年谱》)。此刻本今未见。

版本有:光绪十五年(1889)刊本,收入《方植之全集》,上海图书馆等藏。

14.《思适居铃语》四卷

道光二十八年(1848),方东树七十七岁,七月作《思适居铃语序》,凡四卷。"是书取经史所载,古今述传而义未安者,为之辨论"。仅刊首卷(见《年谱》),未见。

15.《跋南雷文定》一卷

《年谱》云方氏著此书意在"砭姚江、山阴抵牾朱子之误"。不知撰述年月。

版本有:光绪十六年(1890)刊本,收入《方植之全集》,上海图书馆等藏;宣统元年(1909)刻本,上海图书馆藏;房山山房丛书本,安庆市图书馆藏。

16.《最后微言》十余卷

据方闻、方戌《行略》,撰有此书十余卷,未刻。《年谱》云"不知撰述年月",今未见。

(三)其他

1.编校他人著作

朱书《杜溪文集》,道光十一年(1831),方东树六十岁时,校订宿松朱书《杜溪文集》并作序。

姚范《援鹑堂笔记》,道光十三年(1833)至十五(1835)年,方东树编校姚莹祖父姚范的《援鹑堂笔记》,校订毕,书其后曰:"每编校一书,所费日力即与自著一书等。"① 可见,方东树编校姚范《援鹑堂笔记》用力不少。"《笔记》中方氏按语,或证明发挥姚氏之说,或揭示补正其错误不足,或旁征博引以推阐己见、驳斥旁异,亦有相当价值"②。

方绩《鹤鸣集》,道光十七年(1837)六月,方东树六十六岁,编校父亲方绩的诗集《鹤鸣集》,同里光律原、方聪谐为之刊行。

管同《七经纪闻》,道光十八年(1838)方东树校勘,时年六

---

① 方东树:《援鹑堂笔记书后》,见《考槃集文录》卷五,清光绪二十年(1894)刻本,《续修四库全书》第 1497 册。
② 周怀文:《姚范及其〈援鹑堂笔记〉研究》,安徽师范大学,2006 年硕士学位论文。

十七岁,十二月序之。

胡虔《柿叶轩笔记》,道光十九年(1839)四月,六十八岁时在粤东校刊。方东树曾撰《先友记》①,叙述同里先辈与方绩尤厚者,内有胡虔行历。

2. 修志、族谱等

《江宁府志》,嘉庆十六年(1811),方东树四十岁时,江宁太守新安吕某修府志,请方东树分纂。

《广东通志》,嘉庆二十四年(1819)三月,四十八岁时赴粤东,当时阮元总督两粤,请方东树修撰。

《粤海关志》,道光十八年(1838)九月,方东树六十七岁时,粤海关监督豫某,请方东树修撰。

编《桐城鲁谼方氏族谱》二十三卷,光绪九年刊本。《考槃集文录》有《族谱序》、《族谱后述上篇》、《族谱后述下篇》。

据刘声木《桐城文学渊源撰述考》,方东树还有著作:《删注人物志》三卷、《恩福堂笔记》两卷、《鬼谷子释义》、《金刚经疏记钩提》、《评点居业堂文集》、《时政策》②,均未见。

二、方东树思想综论

(一)泛览百家,学宗程、朱

马其昶《桐城耆旧传》云方东树"既上秉家学,又师事姚郎中,泛览秦汉以来载籍,自诗文、训诂、义理,以逮浮屠、老子之说,无不综练"③。方东树在写给好友姚莹的信中谈到自己的治

---

① 方东树:《先友记》,见《考槃集文录》卷九,清光绪二十年(1894)刻本,《续四库全书》第1497册。
② 刘声木撰,徐天祥点校:《桐城文学渊源撰述考》,合肥:黄山书社,1989年,第495~496页。
③ 马其昶:《方植之先生传》,《桐城耆旧传》卷十,清宣统三年(1911)刻本,《续修四库全书》第547册。

学经历,云:"先时为学亦颇泛滥,老释杂家或为之撰述。"①方东树因其家学渊源、师门传承及乾嘉学风的影响,思想博杂,儒、道、释兼有,古今兼采。

方东树曾著《老子章义》两卷、《考正感应篇畅隐》三卷,二书皆为阐释道家思想的著作。方氏自己在诗中亦云"万物徒芸芸,吾契老氏说"。"华多木不实,世以儒为病。外累苟不遣,内热与世竞……多言亦何成,要之在委顺"②。其诗《将度岭》又云:"病殆气不属,六时皆可死。历历人理非,益思用庄子。"③这些诗句说明方东树受到老庄道家思想的影响。《清史稿》云方东树"晚耽禅悦"④,皮锡瑞的《经学历史》云其"阳儒阴释"⑤。方东树另一首诗《食贫》云:"食贫几许悲欢并,历历凄凉与目存。每感饥寒伤弟妹。欲将枣栗靳诸孙。百年后死知同尽,终古衔冤总负恩。判把空虚明了义,灰心小乘毕朝昏。"这首诗的最后两句说得很清楚,方氏后来之所以"晚耽禅悦",乃是因为年老了,一生的抱负无法实现了,才"耽佛"。纵观方东树的一生,他其实是一个典型的儒家知识分子,心怀天下、忧国忧民,空有一番抱负却无法实现,终老于一介诸生。其一生主要的活动是游幕和讲学,主要身份是学者和文人,章太炎说他"本以文辞为宗"⑥,没错。

方氏虽博观百家之书,但他又说:"少时亦尝泛滥百家,惟于朱子之言有独契,觉其言言当于人心,无毫发不合,直与孔、

---

① 方东树:《答姚石甫书》,《考槃集文录》卷六,清光绪二十年(1894)刻本,《续修四库全书》第1497册。
② 方东树:《述怀拟张曲江感遇》,《半字集》,《仪卫轩诗集》卷一,清同治七年(1868)刻本,复旦大学图书馆藏。
③ 方东树:《将度岭》,《考槃集》,《仪卫轩诗集》卷三,清同治七年(1868)刻本,复旦大学图书馆藏。
④ 《清史稿》卷四百八十六,列传二百七十三,文苑三。见(清)赵尔巽等撰:《清史稿》第44册,北京:中华书局,1977年,第13430页。
⑤ (清)皮锡瑞著,周予同注释:《经学历史》,北京:中华书局,1959年,第314页。
⑥ 章太炎:《检论·清儒》,《章太炎全集》第三卷,上海:上海人民出版社,1984年,第475页。

曾、思、孟无二,以观他家,则皆不能无疑滞焉。"①方东树门人苏惇元所撰的《仪卫方先生传》云方氏"自少力学,泛览经史诸子百家书,而独契朱子之言"②。方宗诚《仪卫先生行状》亦云:"长学于姚惜抱先生,好为深湛浩博之思。四十以后,不欲以诗文名世,研极义理而最契朱子言。"③其门人郑福照所纂《方仪卫先生年谱》亦云方氏"老年尤服膺《二程遗书》,日夕潜玩"④。可知方东树一生虽"泛览百家",但"学宗程、朱"。王镇远先生在其著作《桐城派·引言》中说:"桐城派文人以他们鲜明的文学主张与创作风格形成一个文学流派,但桐城派文人的学术思想也表现出一个基本一致的特点,这就是他们恪守程、朱理学的立场。"⑤程、朱理学是桐城派文学创作和理论的思想基础,强调以理论指导现实。方东树作为姚鼐的嫡传弟子,在学术思想上,自然以程、朱理学为依归。

方东树十分尊崇程朱理学,颂扬道:"宋代程朱诸子出,始因其文字以求圣人之心,而有以得于其精微之际。语之无疵,行之无弊,然后周公、孔子之真体大用,如拨云雾而睹日月。"⑥又云:"孔孟程朱之道,彻上彻下,不隔古今,天不变道亦不变,所谓庸常不易。"⑦方东树对程朱理学的推崇达到了极点,对当时正大行于世的汉学毫无顾忌地抨击,自然招来不少批评。如清末皮锡瑞的《经学历史》批评云:"方氏纯以私意肆其谩骂,诋及黄震与顾炎武,名为扬宋抑汉,实则归心禅学,与其所著《书

---

① 方东树:《汉学商兑序略》,《书林扬觯》,清同治十年(1871)望三益斋刻本,《四库未收书辑刊》第9辑第15册。
② 苏惇元:《仪卫方先生传》,见《仪卫轩文集》,清同治七年(1868)刻本,复旦大学图书馆藏。
③ 方宗诚:《仪卫先生行状》,《柏堂集前编》卷七,清光绪六年(1880)刻本,复旦大学图书馆藏。
④ 郑福照:《方仪卫先生年谱》,《仪卫轩文集》附录,清同治七年(1868)刻本。
⑤ 王镇远:《桐城派》,上海:上海古籍出版社,1990年,第131页。
⑥ 方东树:《汉学商兑·重序》,《汉学商兑》,清道光十一年(1831)刻本,《续修四库全书》第951册。
⑦ 方东树:《辨志一首赠甘生》,《考槃集文录》卷八,清光绪二十年(1894)刻本。

林扬觯》，皆阳儒阴释，不可为训！"①侯外庐《中国思想通史》论方东树，说他是"提倡腐烂理学的反动思想的人物"，"是最典型的代表"。说他的《汉学商兑》"反抗汉学不是在正途上迈进为思想运动，而是一种逆流"②。

也有肯定方东树者，如梁启超《清代学术概论》云："方东树之《汉学商兑》，却为清代一极有价值之书。其书成于嘉庆间，正值正统派炙手可热之时，奋然与抗，亦一种革命事业也。其书为宋学辩护处，固多迂旧，其针砭汉学家处，却多切中其病，就中指斥言'汉易'者之矫诬，及言典章制度之莫衷一是，尤为知言。"③又如钱穆《中国近三百年学术史》云："其议论所到，实亦颇足为汉学箴砭者。""大抵植之此书，议论骏快……植之肆口无忌……惟以纵横排奡见长。然亦颇为同时学者推重(即其首列诸家题辞可见)"④。

平心而论，方东树对汉学及汉学诸家的批评，如所谓"纷纭百端"、"言人人殊"，以及汉学"反之身己心行，推之民人家国，了无益处，徒使人狂惑失守，不得所用"⑤等确是切中汉学的弊端，"但由于方东树归根结底是出自'卫道'的目的，以及宋学家的门户之见，因而其书颇多强词夺理，谩骂中伤之处，这就使得仅有的一点是处，也淹没在门户之争的污水中去了"⑥。张舜徽先生在其著作《清人文集别录》中说："余早岁读其所著《汉学商兑》，喜其言议骏快，文笔犀利，箴盲起废，足矫乾嘉诸儒之枉。虽持论稍偏，不可谓非雄辩之士……今观集中文字，如……悉

---

① （清）皮锡瑞著，周予同注释：《经学历史》，北京：中华书局，1959年，第314页。
② 侯外庐：《中国思想通史》第五卷，北京：人民文学出版社，1956年，第685页。
③ 梁启超：《清代学术概论》，上海：上海古籍出版社，1998年，第69页。
④ 钱穆：《中国近三百年学术史》，北京：商务印书馆，1997年，第574、576页。
⑤ 《汉学商兑》卷中之上，清道光十一年（1831）刻本，《续修四库全书》第951册。
⑥ 黄爱平：《〈汉学师承记〉与〈汉学商兑〉——兼论清中叶的汉宋之争》，《中国文化研究》，1996年冬之卷（总第14期）。

能道其源流得失,洞见底蕴,是岂于问学一道,全未问津者乎? 惟其文骏快有余,含蓄不足,有时肆口诋诃,以气陵人,而不能以理服人,虽欲补偏救弊,夫谁与受之? 适足以招致嫉忌而已,斯又东树一生病痛所在也。"①张先生的评论可谓中肯与客观。

(二)崇实尚用,经世济民

方东树曾说:"士不能经世济民,著书维挽道教,或亦补不耕织而衣食之咎也。"又有诗云:"平生功用不经世,垂老下帷亦何益。"②其门人苏惇元亦云:"先生少究经世学而老于诸生,未能一试,其所著书多有功于道教,是流泽孔长矣。"③方氏青年和中年期间曾在陈用光、邓廷桢等处做幕僚,这使他能够间接"参政、议政",他的很多言论体现出他关注现实、崇实尚用的思想。姚门诸子中事功业绩最著者首推姚莹,方东树在其诗文中提到最多的也是姚莹。方东树曾撰《化民正俗对》、《病榻罪言》等文参与现实,间接经世济民。姚莹曾说:"夷务军兴以来,智虑之士纷纷陈策,友人方植之东树……皆以书生建议……植之所言尤得其本。"④赞扬方氏虽为一介布衣,却心怀天下,积极为国家、民族出谋划策,不遗余力。

方东树曾撰文讨论"立德"、"立功"、"立言",说:"君子立德立功立言,欲以觉世救世明道,期有益于人而已。"⑤又说:"人第供当时驱役,而不能为法于后世,耻也;钻故纸著书作文冀传后世,而不足膺世之用,亦耻也;必也才当世用,卓乎实能济世,不幸不用,而修身立言,足为天下后世法,古之君子未有不如此厉

---

① 张舜徽:《清人文集别录》卷三十,北京:中华书局,1963年,第358页。
② 方东树:《海门书院春晚读书》,《半字集》,《仪卫轩诗集》卷一,清同治七年(1868)刻本,复旦大学图书馆藏。
③ 苏惇元:《仪卫方先生传》,见《仪卫轩文集》,清同治七年(1868)刻本,复旦大学图书馆藏。
④ 姚莹:《康輶纪行》卷十四,清同治刻本,《四库未收书辑刊》第5辑第14册。
⑤ 方东树:《跋二》,《昭昧詹言》,北京:人民文学出版社,1961年,第538页。

志力学,而能成德者也。"①他认为君子应该学以致用,"救时"、"济世",应该通晓世务、建功立业,有一番大作为:"立身为学,固以修德制行,内全天理为要,而于世间一切事理,必须讲明通贯以待用,不可作不晓事之弃才也。"②如果"不幸不用",就"修身立言","为天下后世法"。那就是说,有机会的话,要先"立功",若"立功"不成,"立言"也应该要能经世致用:"文不能经世者,皆无用之言,大雅君子所弗为也。"③为文的目的,在于致用,若不能致用,则无用。此言虽偏激,但颇能说明方东树积极用世、崇实尚用的思想。

方东树著《汉学商兑》,虽激烈批评近世汉学诸家,但他并没有否定汉学,而是肯定了汉儒的贡献,他说:"汉儒之功,万世不可没矣!"④他也认为"训诂名物制度,实为学者所不可阙之学"。他之所以能够指出汉学的谬误之处,就是因为他也懂音韵、训诂、考证之学。他以是否能经世济民,有利于国计民生为出发点批评汉学:"此等明之固佳,即未能明,亦无关于身心性命,国计民生。"⑤

方东树及姚门诸子等主要活动于鸦片战争前后,当时的清王朝已经处于内忧外患、风雨飘摇之中。方东树虽一生未入仕途,但他有着传统士大夫经世济民、心忧天下的情怀。正如黄霖先生所言,面对社会的急剧变革,方东树感受到"时代的进步气息,并未空谈性命而闭门修养,而是在理论上、行动上都比较崇实尚用,应变救世,顺应了当时历史的进步潮流"⑥。

---

① 方东树:《大意尊闻》卷一,清同治五年(1866)刻本,《四库未收书辑刊》第6辑第12册。
② 方东树:《大意尊闻》卷二,清同治五年(1866)刻本,《四库未收书辑刊》第6辑第12册。
③ 方东树:《复罗月川太守书》,《考槃集文录》卷六,清光绪二十年(1894)刻本,《续修四库全书》第1497册。
④ 方东树:《汉学商兑·重序》,《汉学商兑》,清道光十一年(1831)刻本,《续修四库全书》第951册。
⑤ 方东树:《汉学商兑》卷下,清道光十一年(1831)刻本,《续修四库全书》第951册。
⑥ 黄霖:《论姚门四杰》,《江淮论坛》,1985年第2期,第60页。

(三)务本笃行,求为真人

方东树少时曾著《栎社杂篇》,其序批评"后世之士,专欲工文章而不务本道术",①强调欲"工文章",须先"务本"、积"道术"。他晚年家居,教导后进,"凡呈诗文请诲者,必告之以务本笃行之道"②。强调作诗文先"立本","务本"贯穿了他的一生。那么他所说的"本"是什么呢?

他曾在《徐荔庵诗集序》中说:"古今学问之途,至于文辞末矣。与文辞之中而独称为诗人,又其末之中一端而已。然而诗以言志,古之立言以蕲不朽者,必以德为之本,故曰:'有德者必有言'。""夫立言,非德无以为之"③。由此可知,方东树所谓的"务本"就是要加强道德修养。如何加强道德修养呢?那就是要"用功心性之学",把"本"与程朱理学联系起来。

方东树在给姚莹的一封信中谈到自己的学术选择,说:"十八九时,读孟子书,怃然悟学之更有其大者、切者,遂屏文章不为,性喜庄、老及程、朱、陆、王诸贤书,读之若其言皆如吾心之所发者。"④可知其少时即对于义理、心性之学很感兴趣。方氏二十八岁授经陈用光家时,致书姚鼐,言己"近大用功心性之学"⑤。"四十以后,不欲以诗文名世,研极义理而最契朱子言"⑥。纵观方东树一生,自少至老以性理之学、特别是程朱之学作为自己的为学目标,终身未变。虽然他在理学方面成就并不突出,但他终身为之努力不辍。

---

① 方东树:《栎社杂篇自序》,《考槃集文录》卷三,清光绪二十年(1894)刻本。
② 方宗诚:《大意尊闻附录》,《大意尊闻》,清同治五年(1866)刻本,《四库未收书辑刊》第6辑第12册。
③ 方东树:《徐荔庵诗集序》,《考槃集文录》卷三,清光绪二十年(1894)刻本。
④ 方东树:《答姚石甫书》,《考槃集文录》卷六,清光绪二十年(1894)刻本。
⑤ 郑福照:《方仪卫先生年谱》,"清嘉庆四年",《仪卫轩文集》附录,清同治七年(1868)刻本,复旦大学图书馆藏。
⑥ 方宗诚:《仪卫先生行状》,《柏堂集前编》卷七,清光绪六年(1880)刻本,复旦大学图书馆藏。

方氏晚年的几部著作,如《大意尊闻》、《向果微言》、《山天衣闻》,或探讨心性之学,或论述省察克制之道。他不只对理学进行理论上的探讨,而且终身实践之。方宗诚说:"先生自少至老必有日记,家居十年,用功尤密,专一穷理、体道、省察、克制,随时笔记之。每日夜或数十条,丧归祁门,予检其笔记,盖至病前半日,始绝笔也。"①

方宗诚跟从方东树学习近十年,在东树去世后,曾撰文记录老师的教诲之言,其中有:"先生常谓宗诚曰:王塘南云:'今人只在世俗耳目上做个无大破绽之人而已。'此语诵之令人惊惕。夏田夫曰:'人须求为真人,无为假人。'二语不可不时自警省也。""咸丰辛亥,先生主讲祁门东山书院……五月十二日讲至半夜,忽以杖击地,曰:'汝辈为人贵存诚,不可用其巧。总要于心中人所不知之处时时检点,倘有毫末问不过,即当用力克之。'"②方东树论人论学都讲"真",他贵"真"黜"巧"。他认为做人要做"真人",不要做"假人"。他去世之前,还嘱咐门人甘玉亭转告方宗诚:"要守真字一诀"。

方东树一生以"文辞为末事",认为性理之学才是"学之大者、切者",终身重"穷理、体道、省察、克制",是程朱理学克己复礼、修身进德的实践者。他虔诚地相信个人若能学宗程、朱,务本笃行,则自然能进德修业、经世济民,使天下太平、百姓安居乐业。方东树其实是一个非常典型的儒家学者。

---

① 方宗诚:《大意尊闻附录》,《大意尊闻》,清同治五年(1866)刻本,《四库未收书辑刊》第6辑第12册。
② 方宗诚:《大意尊闻附录》,《大意尊闻》,清同治五年(1866)刻本,《四库未收书辑刊》第6辑第12册。

第二章

方东树的诗学活动与诗学取向

第一节 方东树诗学活动概况

方东树一生勤勉,著述不辍,文学著作、学术著作兼而有之,其一生虽致力于捍卫程朱理学,成就却是多方面的。他的诗学活动主要是诗歌创作及诗学批评等相关活动。

一、诗歌创作[①]:《半字集》、《王余集》、《考槃集》、《仪卫轩遗诗》

方氏虽多次表示作诗乃是"余事",但是其诗数量不少,古今体诗作皆有。《半字集》、《王余集》、《考槃集》、《仪卫轩遗诗》几部诗集的诗作,加起来约有七百八十首。这些还不是其全部创作,大体是其四十岁以后的作品。方东树的友人胡晓东为东树诗集题辞说:"吾乡诗学自海峰先生振起于前,惜抱先生辉映于后,于是英才蔚起,各随其性情、才力以自成一家之诗,而皆得乎诗学之正,故海内言诗者推吾乡为极盛,非私语也。植之师事惜抱先生最久,独以孤高之怀,发抑塞之气,沉郁奇伟,不

[①] 方东树诗集版本等情况,见本书第一章第三节 方东树的著述概况。

以声色为工,与同学、诸子特异焉。"①指出方东树在刘大櫆、姚鼐之后,在继承桐城诗学传统的基础上,形成自己"沉郁奇伟"的独特诗歌创作特色。

东树的弟子方宗诚言"(方东树)四十以后,不欲以诗文名世,研极义理而最契朱子言"②。方氏曾自云:"余年十一,尝效范云作《慎火树诗》,为乡先辈所赏,由是人咸以能诗目余,余亦时时喜为之。丙子遭忧,灰心文字,兼悔少作,遂尽取而焚焉。自后酬应感寄,间有谣咏,多不满意,辄弃去。故匣中留稿十不能一二。今年友人广州太守胡君晓东书来征余诗,将谋为代刊。乃衷录四十以后作,复加删汰……"③嘉庆二十一年(1816),其父方绩卒,方东树此年四十五岁,时随胡克家中丞在江苏,不及视含敛。东树一生"学宗程朱",尊师重道,孝亲守礼,父亲亡故不能在旁,非常自责,加之对己要求甚高,故烧掉四十岁以前的诗作。因而,今天我们可以见到的方氏诗作大体上都是他四十岁以后、经过删汰的作品。马其昶云:"其为文浩博,无不尽之意,诗则用力尤至。"④可见,方东树中年以后虽主观上以研究程朱理学为重点,但还是写了不少诗,可见其对诗歌还是很热爱的。方宗诚《仪卫先生行状》又说方东树的诗"穷源尽委而沉雄坚实,卓然自成一家,宝山毛生甫岳生、上元梅伯言曾亮、建宁张亨甫际亮,咸推为不及。诸君皆以诗文著海内者也"⑤。这些赞语可能有溢美之处,但也在一定程度上说明其诗的风格和成就。

---

① 方东树:《半字集题辞》,《半字集》,清光绪十五年(1889)刻本,收入《方植之全集》,上海图书馆藏。
② 方宗诚:《仪卫先生行状》,《柏堂集前编》卷七,清光绪六年(1880)刻本。
③ 方东树:《半字集序录》,《半字集》,《仪卫轩诗集》,清同治七年(1868)刻本,复旦大学图书馆藏。
④ 马其昶:《桐城耆旧传》,清宣统三年(1911)刻本,《续修四库全书》第547册。
⑤ 方宗诚:《仪卫先生行状》,《柏堂集前编》卷七,清光绪六年(1880)刻本。

二、诗学理论与诗歌批评著作：
《昭昧詹言》及其他

至于诗学方面成就，那当属《昭昧詹言》了。除了《昭昧詹言》这部诗论著作外，方氏其他关于诗论方面的著述，主要是其文集中的一小部分序跋类的文章，如《徐荔庵诗集序》、《古桐乡诗选序》等。

（一）今本《昭昧詹言》的内容

《昭昧詹言》原为方东树批在王士禛《古诗笺》[①]、姚鼐《今体诗钞》[②]等家塾读本上的评点与批注，后过录才独立成书。总体来看，方东树的《昭昧詹言》是一部有具体的诗歌批评、亦有理论概括的诗学著作。

王士禛是清初文坛的盟主，其《古诗选》选录汉魏至元代的名家古体诗作，分为五言、七言两类。此书刊行后，流传较广，影响甚巨。桐城大师姚鼐"惜其论止古体而不及今体"，"为补渔洋之阙编，因取唐以来诗人之作采录论之，分为二集十八卷"[③]，编选了《今体诗钞》，又名《五七言今体诗钞》，所选皆为唐宋律诗。方东树评析的大多是王士禛所选的名家之作的五七言古诗，至于姚鼐所选的诗人诗作，方东树只评析了七律，五律则没有评析。从《昭昧詹言》文本来看，方东树并不推崇王士禛的诗学，他是为了祖述其业师姚鼐的事业，取这两部书来论述自己的诗学诗法。

今所见人民文学出版社1961年版的《昭昧詹言》，全书二十一卷，分体评析，分为五言古诗、七言古诗、七言律诗三大部

---

① （清）王士禛选，闻人倓笺：《古诗笺》，上海：上海古籍出版社，1980年。以下文中提到的《古诗选》及诗作以此本为据。
② （清）姚鼐编选，曹光甫标点：《今体诗钞》，上海：上海古籍出版社，1986年。以下文中提到的《今体诗钞》及诗作以此本为据。
③ 《五七言今体诗钞序目》，（清）姚鼐编选，曹光甫标点：《今体诗钞》，上海：上海古籍出版社，1986年。

分,然后以时代先后为序,诗人分系于下,依次论析。先总论某一诗体,总评数则,然后依次论析此诗体下的诗人、诗作。

全书框架是书首为"述旨",其余依次为:

第一大部分:卷一通论五古;卷二汉魏;卷三阮籍、补遗;卷四陶渊明;卷五谢灵运,附谢惠连、颜延之;卷六鲍明远;卷七谢朓,附张九龄、李白、柳宗元;卷八杜甫;卷九韩愈;卷十黄庭坚,附陈师道。此十卷论析《古诗选》所选五言古诗,不取王士禛原选之陈子昂、韦应物,而补出杜甫、韩愈、黄庭坚、陈师道。

第二大部分:卷十一总论七古;卷十二王维、李颀、高适、岑参、李白、杜甫、韩愈、欧阳修、王安石、苏轼,附苏辙、黄庭坚、晁冲之、晁补之、陆游、元好问,附刘迎、虞集、吴莱;卷十三附解招魂,附补遗,附陶诗附考。卷十三的内容本为独立著述,经后人补辑增入,原不属于《昭昧詹言》。此三卷论析《古诗选》所选七言古诗,不取王士禛原选之汉魏六朝及初唐部分。

第三大部分:卷十四通论七律;卷十五初唐诸家;卷十六盛唐诸家;卷十七杜公(甫);卷十八中唐诸家;卷十九李义山(商隐);卷二十苏(轼)黄(庭坚)补遗陆务观(游)。此八卷论析《今体诗钞》所选七言律诗,未取姚鼐原选之晚唐、宋初诸家。

书末为:卷二十一附论诸家诗话;之后有方氏之《跋一》、《跋二》。

全书除末卷,即第二十一卷附论诸家诗话外,大体是先总评,后分述,先总体评价某一诗体、作家,然后分别评论此诗体下的作家、作品。书中有总论,有分论;有理论阐释,有作品分析。全书论析的诗人诗作以汉、魏、晋、唐、宋为主,间有金元诗人,如元好问。全书总体来看,不同于某些注重诗学理论建构的诗话,更像是从汉魏至唐宋元这一时间段的中国古代诗歌史加古代诗歌作品赏析与评论。

《昭昧詹言》讨论的诗人诗作的底本,除了王、姚二人的诗选外,方东树还参酌了刘大櫆的《历朝诗约选》、《盛唐诗选》、《唐诗正宗》等。

(二)《昭昧詹言》的成书时间

今参酌《方植之全集》本之《昭昧詹言》,将《昭昧詹言》分为以下几部分来讨论其成书经过：

第一大部分为正编十卷《昭昧詹言》专论五言古诗，于道光十九年(1839)八月撰成①，时年方氏六十八岁。

第二大部分为续录两卷《昭昧詹言续录》专论七言古诗②。此部分大约撰成于道光二十年(1840)五月以前，大概在方氏六十九岁前后著成。人民文学出版社1961年版《昭昧詹言》的卷十三为《解招魂》及其补遗、《陶诗附考》。此部分原为方东树独立撰述，后来才合并到《昭昧詹言》中③。卷十三《陶诗附考》后方氏署有时间"道光庚子年(1840)十月十八日续书"，则此卷大约于此时撰成。

第三大部分为续编八卷《续昭昧詹言》专论七言律诗，附论诸家诗话④，于道光二十一年(1841)六月撰成⑤，时方氏七十岁。

由上文可知，方东树大约于道光十九年(1839)至道光二十

---

① 郑福照《年谱》云："(道光)十九年己亥，先生年六十八岁，在粤东……著《昭昧詹言》十卷论诗学旨要……卷一通论，二卷以下专论五言古诗，汉魏一卷，阮、陶、谢、鲍、小谢、杜、韩、黄各一卷，八月序之，未刊。"又今人民文学出版社，汪绍楹1961年点校本，书首方东树《述旨》署签为："道光己亥八月副墨子。"

② 《方植之全集》本《昭昧詹言》之《续昭昧詹言》的序言云："曩余为《昭昧詹言》十卷，论五言古诗……又尝有论七古若干卷，未经写出。今复论七律及评录昔人诗话……辛丑(1841)六月朔日书付虎福寿三孙。"则可知论七言古诗的若干卷未单独抄录出来，应该已经在家塾选本上的原文，撰写在道光二十一年(1841)六月朔日以前。又《昭昧詹言》之《跋一》写作时间为"庚子(1840)五月初二日"，则此部分写作时间应在道光二十年(1840)五月以前。

③ 据人民文学出版社1961年版《昭昧詹言》汪绍楹《校点后记》注释[八三]云："《昭昧詹言》初刊于光绪间，收《桐城方植之先生遗书》内，分卷同光绪十七年重刊本，见清华大学编《丛书子目索引》及吴氏《测海楼书目》。"清光绪十七年(1891)刊本《方植之全集》本之《昭昧詹言》无今本卷十三《解招魂》及其补遗、《陶诗附考》这些内容。

④ 《昭昧詹言》之"附论诸家诗话"第二二二则云："……余年七十，始分明见得如此……"见汪绍楹校点本《昭昧詹言》，北京：人民文学出版社，1961年，第533页。

⑤ 郑福照《年谱》云："(道光)二十一年辛丑，先生年七十岁，著《续昭昧詹言》，专论七言律诗，六月朔序之，未刊。"

一年(1841)之间,在其六十八岁至七十岁时著成《昭昧詹言》这部著作。

今本《昭昧詹言》书前有方氏作于道光十九年(1839)之《述旨》,相当于此书的自序;后有作于道光二十年(1840)之《跋一》,道光二十二年(1842)之《跋二》,可知《昭昧詹言》于道光二十年(1840)前后成书。在方氏生前此书未曾刊刻。

(三)《昭昧詹言》的命名旨趣与作者的著述态度

方东树的诗文中多处提到庄子,或用庄子典故,可知他对《庄子》文本非常熟悉。《昭昧詹言》中,其评论谢灵运诗时,曾言:

> 谢公每一篇,经营章法,措注虚实,高下浅深,其文法至深,颇不易识。其造句天然浑成,兴象不可思议执著,均非他家所及。此所以能成一大宗硕师,百世不祧也。今学谢诗,且当求观此等处。然余之阅之也,恒昔昭而今昧,故今一一记之。(卷五·二〇,第131页)①

这里的"昔昭而今昧"出典《庄子·知北游》"昔日吾昭然,今日吾昧然"②,即《庄子集释疏》之谓"前明后暗"。显然,方东

---

① 方东树著,汪绍楹校点:《昭昧詹言》,北京:人民文学出版社,1961年。以下凡引文出自该书者,随引文在括号中注明卷数、则数与页码,不再专门出注。

② 《庄子·知北游》:冉求问于仲尼曰:"未有天地可知邪?"仲尼曰:"可。古犹今也。"冉求失问而退,明日复见,曰:"昔者吾问'未有天地可知乎?'夫子曰:'可。古犹今也。'昔日吾昭然,今日吾昧然。敢问何谓也?"《疏》:"昔日初咨,心中昭然明察;今时后闻,情虑昧然暗晦。敢问前明后暗,意谓何如?"仲尼曰:"昔之昭然也,神者先受之;今之昧然也,且又为不神者求邪!无古无今,无始无终。未有子孙而有孙子可乎?"冉求未对。《注》:"虚心以待命,斯神受也。"《疏》:"先来未悟,锐彼精神,用心求受,故昭然明白也。后时领解,不复运用精神,直置任真,无所求请,故昧然暗塞也。求邪者,言不求也。"《注》:"思求更致不了。"参见郭庆藩撰:《庄子集释·齐物论》,北京:中华书局,1961年,第762页。又王先谦《庄子集解》:"不神者,迹象也。滞于迹象,故复求解悟。"见《庄子集解·庄子集解内篇补正》,北京:中华书局,1987年,第193页。

树想要讲明学诗过程中"有明"、"有暗",有时明白,有时却又糊涂,需要"用心求受",才能"昭然明白",找到正确的学诗途径与作诗方法。

《昭昧詹言》没有采用传统的某某诗话之名,而为现名,其中颇有一番意味。昭者,明也。昧者,暗也。昭昧者,昭明蒙昧也。詹言①者,小辩之言也。整个书名意为讲明学诗过程中的蒙昧之处,所言琐碎,无甚大用。书名当然是方东树用庄子的典故表自谦之意。东树晚年居乡,教导后进学诗,因而书名又有为后学讲明学诗过程中的蒙昧的意思。

方东树在《昭昧詹言》的书首,相当于全书总序之《述旨》中云:

> 性喜文字,亦好深思,利害之际,信古求真,商榷前藻,证之不远;虽百家爽籁,吹万自己,古之人与其不可传者死矣,求得与不得,曷益损乎?顾念朝华已谢,夕秀方衰,凿椒矫蕙,以为春日之糇粮焉;勤恁微明,庶彼炳烛;且令昭昧之情,无间今昔云尔。②

方东树少年早慧,家学深厚。年二十余,师从姚鼐,有志于研析心性之学,不欲以诗文名世,形成其求真的精神。方东树本着"信古求真"的基本态度论诗,用"求真"的精神来著书,要"勤恁微明,庶彼炳烛",希望能够以自己的微薄之力昭明学诗过程中的茫昧。这表明方东树著述的态度相当严肃和认真。在《昭昧詹言》中,他又一次表明自己严谨的著述态度:

> 圣人论学曰:"博学审问,慎思明辨。"辨之不明,则已无由识真。古人不感其知己,后人不享其教思。愚无所知,而于论学论文,好刻酷求真,语无隐剩。偶出示人,皆

---

① 《庄子·齐物论》:"大言炎炎,小言詹詹"。《疏》:詹詹,词费也。夫诠理大言,犹猛火炎燎原野,清荡无遗。儒墨小言,滞于竞辩,徒有词费,无益教方。《释文》:"詹詹,音占。李颐云:小辩之貌。"参见郭庆藩撰:《庄子集释·齐物论》,北京:中华书局,1961年,第51~52页。

② 方东树:《昭昧詹言·述旨》,上海亚东图书馆本,复旦大学图书馆藏,第1页。

嫌憎之，以为不当诋讦前贤。或又以为词气激直，不能渊雅，失儒者气象。是皆药石矣。然思惟求保一己美善之名，而无公天下开来学之切意，含胡颟顸，使至理不明，历观孔、孟、程、朱之言无是也，韩、欧、苏、黄之言无是也。君子取人贵恕，及论学术，则不得不严。大声疾呼，人犹不应，况于骑墙两可，轻行浮弹以掣鲸鱼，褒衣博带以赴敌场，菖阳甘草以救沈寒火热之疾乎？（卷一·一五六，第50页）

在这里，方东树再次强调了他的基本论诗态度："求真"。在他看来，论诗和论学是一回事："愚无所知，而于论学论文，好刻酷求真，语无隐剩。""君子取人贵恕，及论学术，则不得不严。"方东树曾说："取人宜宽，论道宜严。"①方东树论诗的态度，几乎等同于其论学术的态度。这些都说明方东树写作《昭昧詹言》的态度非常严谨，非常认真。

第二节　方东树的诗歌创作

如前文所述，方东树一生诗作的总数约有七百八十首，诗集有《考槃集》、《半字集》等。方东树的同学友人对其诗作很是推崇，这从他们对其诗集的题辞可见。方东树弟子郑福照总结方氏诗文成就时，曾云："好为深湛浩博之思，不专于文字。故其文醇茂昌明，言必有本，随事阐发，皆关世教。诗则沉雄坚实，深得谢、杜、韩、黄之胜，而卓然自成一家。"②另一弟子苏惇元云其诗"沉著坚劲，卓然成家"。"尤近少陵、昌黎、山谷"③。方宗诚亦说方东树的诗"上元梅伯言曾亮，宝山毛生甫岳生，建

---

① 方宗诚：《大意尊闻附录》，《大意尊闻》，清同治五年（1866）刻本，《四库未收书辑刊》第6辑第12册。
② 郑福照：《方仪卫先生年谱》，《仪卫轩文集》附录，清同治七年（1868）刻本，复旦大学图书馆藏。
③ 苏惇元：《仪卫方先生传》，《仪卫轩文集》，清同治七年（1868）刻本，复旦大学图书馆藏。

宁张亨甫际亮,皆推崇之,以为不可及。"方东树本人"生平自信其诗特深,以为逾于文"①。

方东树诗作被清谢堃撰的《春草堂诗话》②、清孙雄辑的《道咸同光四朝诗史》③等几种较重要的著作选录。民国徐世昌辑的《晚晴簃诗汇》,未选方氏诗歌,但其诗话论桐城刘大櫆、姚鼐、方东树等人"虽所造各有深浅,皆传作斐然"④。虽未选方氏诗作,但一定程度上肯定了方诗的成就。本节就方东树的诗歌创作情况展开论述。

一、方东树诗歌的内容

方东树的诗歌题材广泛,今按其诗之内容,将方诗大致分为以下几类:山水与行旅之作、咏物与言志之作、赠答与送别之作、遣兴与述怀之作、怀古与咏史之作、读诗与题画之作、讽事与纪实之作等七大类⑤。

(一)山水与行旅之作

方东树曾有诗言己"二十迫贫婆,衣食事远游"⑥。可知其从二十多岁起就为了生计各处奔走,到过不少地方,他的不少诗作标明了具体的时间、地点、事件、人物等,这些诗作记载了他奔波的行旅历程,根据他的诗作我们可以知道他的行迹。如

---

① 见《仪卫轩诗集》目录后方宗诚识语,清同治七年(1868)刻本,复旦大学图书馆藏。
② (清)谢堃:《春草堂诗话》卷七,清道光间刻本,复旦大学图书馆藏。
③ (清)孙雄辑:《道咸同光四朝诗史》乙集卷一,清宣统二年(1910)刻本,《续修四库全书》第1628册。
④ 徐世昌辑:《晚晴簃诗汇》卷五十七,民国十八年(1929)退耕堂刻本,《续修四库全书》第1629~1633册。
⑤ 为便于叙述,此节对方东树诗歌大致分类,若有两可的情况,则依据其诗歌的具体内容归入某一类。
⑥ 方东树:《考槃集》,《仪卫轩诗集》卷三,清同治七年(1868)刻本,复旦大学图书馆藏。

《晚至新河口》①是他到了江苏南京新河口所作,《永济寺》②、《燕子矶绝顶》③也是写南京的诗作,写苏州的有《沧浪亭二首》④。《晚抵临安》⑤是到了浙江杭州后所作,写杭州的诗作还有《净慈寺》⑥、《小有天园》⑦等。《大庾岭》⑧写的是位于江西、广东两省边境的大庾岭山。行旅途中又有《将至广州舟中遣怀寄故乡诸友》⑨。到了广东又作诗《浈阳峡》⑩、《清远峡》⑪、《暮抵珠江》⑫、《光孝寺》⑬,等等。又如《回首》:"回首羊城我旧行,物华人杰赛都京。东西寺直三司署,表里星罗上将营。"⑭方氏

---

① 方东树:《壬殇》,《仪卫轩遗诗》卷一,清光绪十五年(1889)刻本,收入《方植之全集》,上海图书馆藏。
② 方东树:《仪卫轩遗诗》卷一,清光绪十五年(1889)刻本,收入《方植之全集》,上海图书馆藏。
③ 方东树:《仪卫轩遗诗》卷一,清光绪十五年(1889)刻本,收入《方植之全集》,上海图书馆藏。
④ 方东树:《考槃集》,《仪卫轩诗集》卷三,清光绪十五年(1889)刻本,收入《方植之全集》,上海图书馆藏。
⑤ 方东树:《半字集》,《仪卫轩诗集》卷二,清同治七年(1868)刻本,复旦大学图书馆藏。
⑥ 方东树:《半字集》,《仪卫轩诗集》卷二,清同治七年(1868)刻本,复旦大学图书馆藏。
⑦ 方东树:《半字集》,《仪卫轩诗集》卷二,清同治七年(1868)刻本,复旦大学图书馆藏。
⑧ 方东树:《考槃集》,《仪卫轩诗集》卷三,清同治七年(1868)刻本,复旦大学图书馆藏。
⑨ 方东树:《考槃集》,《仪卫轩诗集》卷三,清同治七年(1868)刻本,复旦大学图书馆藏。
⑩ 方东树:《考槃集》,《仪卫轩诗集》卷三,清同治七年(1868)刻本,复旦大学图书馆藏。
⑪ 方东树:《考槃集》,《仪卫轩诗集》卷三,清同治七年(1868)刻本,复旦大学图书馆藏。
⑫ 方东树:《考槃集》,《仪卫轩诗集》卷三,清同治七年(1868)刻本,复旦大学图书馆藏。
⑬ 方东树:《考槃集》,《仪卫轩诗集》卷三,清同治七年(1868)刻本,复旦大学图书馆藏。
⑭ 方东树:《考槃集》,《仪卫轩诗集》卷五,清同治七年(1868)刻本,复旦大学图书馆藏。

在诗中回忆自己曾呆过多年的广州的繁盛景象,赞颂广州"物华人杰赛都京"。阅读方东树的诗作就可以知道他一生的行旅历程。

方东树的一部分山水与行旅诗作写得比较清淡、自然,如《丹阳口号》:"篷窗拥被橹声迟,四月轻寒梦不知。一夜丹阳来急雨,暗潮生渚草平坻。"①《惠泉》:"夜雨篷窗殢酒眠,晓来渔艇起炊烟。轻云笼树琉璃碧,指点青山过惠泉。"②又《暮春》:"楝花开遍尚轻寒,三月春衣未试单。鸿雁不知征客恨,带将乡泪到江关。"③这几首诗应是方东树早期的诗作,表现出来的远离家乡、亲人的愁绪还比较淡。

又如《乙亥秋月夜泛舟江行自池口达皖口》:"独夜一舟樯挂斗,江心有月波不受。舟人击汰光复碎,浑流东奔西月走。坐对翻成被月恼,凉露满衣一挥肘。何用执此报人间,万户千门正蒙首。君不见从来鲁国贱东家,路人共指丧家狗。"④从诗题可知此诗所写是嘉庆乙亥年(1815)秋天的事,方东树在一个月夜乘船沿着长江前行,从池口到达皖口的情况。诗人所乘一叶孤舟停泊在江边,船桨击碎了江水中的月亮,激起的阵阵涟漪波光闪闪,此情此景激起诗人强烈的情绪,于是引发一番牢骚与抱怨之语,最后用孔子落魄被指为丧家狗的典故表达自己郁郁不得志的激愤。

描摹安徽宿松小孤山的诗《小孤》:"小孤四面插江水,天下无此奇峭比。有如贤豪勇致身,青云不藉阶梯起。危崖铁锁涌楼殿,虽有去路目先死。"⑤结句夸张,出人意料。《孤城》:"孤城

---

① 方东树:《王余集》卷一,清光绪十五年(1889)刻本,收入《方植之全集》,上海图书馆藏。
② 方东树:《王余集》卷一,清光绪十五年(1889)刻本,收入《方植之全集》,上海图书馆藏。
③ 方东树:《王余集》卷一,清光绪十五年(1889)刻本,收入《方植之全集》,上海图书馆藏。
④ 方东树:《王余集》卷一,清光绪十五年(1889)刻本,收入《方植之全集》,上海图书馆藏。
⑤ 方东树:《半字集》,《仪卫轩诗集》卷一,清同治七年(1868)刻本,复旦大学图书馆藏。

夜早闻吹角,幕府居闲客思重。石砌苍苔移冷月,霜池红粉老秋蓉……强忆十年栖息地,又随征雁此留踪。"①方东树家中生计全靠他支撑,故而他多年为幕府幕僚,但这种生活并不稳定,很多时候得像大雁般到处迁徙。这首诗就写出了他客游生活的无奈。诗中如"孤城"、"冷月"等意象的使用使得全诗笼罩着一种清冷、感伤的气氛。

(二)咏物与言志之作

方东树的不少传记资料都提到他十一岁时作《咏慎火树效范云》,其诗云:"秦皇斡天运,种瓜冬生荄。若种慎火树,不教咸阳灰。"②东树此诗一出,惊动乡中长老。综览方氏诗集,其一生创作的咏物之作亦不在少数。

方氏一生郁郁不得志,生活在社会的下层,其诗多寒士之词。他喜欢花卉,曾有诗云:"平生郁郁无欢事,老见幽花暂解颜。"③他一生贫困,忧虑生计,见到喜爱的花卉聊以带来一点快乐。方诗中有不少吟咏花卉、水果的诗作,如咏梅花、咏牡丹、咏荔枝等,尤其是咏梅花的诗作最多,如《半字集》中的《庭前红梅花三首》其一云:

  红梅一树短可援,攒星万点缀鲜繁。
  眼明翻讶看者少,孤士忭俗难与伦。
  忆昔丰城道中见,枯枝冻折雪压根。
  颇伤失所得憔悴,心悲耿耿今犹存。
  此树繁花植深院,寂寞无异依荒园。
  乃知生意天力与,区区托地谁复论。
  盛衰开谢两自得,真赏岂必待朱门。

此诗既是咏梅,亦是咏己,咏梅花往日虽曾"枯枝冻折雪压

---

① 方东树:《半字集》,《仪卫轩诗集》卷二,清同治七年(1868)刻本,复旦大学图书馆藏。
② 方东树:《咏慎火树效范云》,《半字集》,《仪卫轩诗集》卷二,清同治七年(1868)刻本,复旦大学图书馆藏。
③ 方东树:《庭前无宿根忽生萱草三本开花甚茂感赋》,《考槃集》,《仪卫轩诗集》卷五,清同治七年(1868)刻本,复旦大学图书馆藏。

根",今日却能"攒星万点缀鲜繁",赞颂红梅生命力顽强。把红梅比作孤士,洁身自好,不同流俗。结尾两句云"盛衰开谢两自得,真赏岂必待朱门",赞颂红梅具有冰清玉洁的独立品格,不随波逐流,不攀附权贵。此诗其三又云:"前日半开逢冻雪,颇忧漂泊摧冰痕。清晨循阶急侦视,星星宿火埋灰盆。岂料繁花今尚许,欲保性命凭贞元。"①诗人为半开在冰天雪地的红梅担心,一大清早就去探看,然而梅花根本无恙,反而繁花朵朵。诗人爱花、忧花之形象如在目前,其对红梅花的喜爱溢于言表。

吟咏梅花之作还有《赠别梅花》:"为怜标格每矜持,未肯临风折一枝。他日相思何处说,半窗残月五更时。"②《真州准提院返魂梅传是宋本》:"谁遣江梅劫后魂,又从人代阅朝昏。也知未忍忘香界,淡月归来掩寺门。"③还有诗题即为《咏梅》④之作。这些吟咏梅花的诗歌,都是对梅花品格的赞美,其中也寄寓了作者的思想感情。又如《陈氏西水园古梅一株横卧水上》:"信美园林即吾土,莫将零落为咨嗟。"⑤诗末这两句说美丽的园林就是自己的家乡,不要再讲远离家乡、在外飘零的话了。这两句显然是方氏的自我安慰,自己应该随遇而安。

吟咏牡丹之作有《家馨谷饯予徐氏园看牡丹》:"可爱花光间烛光,新醅如蚁月如霜。不因谢朓伤离夜,醉倒层台高树旁。"⑥《酬某见示牡丹诗》:"故人与我共心期,每见名花辄入

---

① 方东树:《半字集》,《仪卫轩诗集》卷一,清同治七年(1868)刻本,复旦大学图书馆藏。
② 方东树:《半字集》,《仪卫轩诗集》卷二,清同治七年(1868)刻本,复旦大学图书馆藏。
③ 方东树:《半字集》,《仪卫轩诗集》卷四,清同治七年(1868)刻本,复旦大学图书馆藏。
④ 方东树:《半字集》,《仪卫轩诗集》卷二,清同治七年(1868)刻本,复旦大学图书馆藏。
⑤ 方东树:《仪卫轩遗诗》卷一,清光绪十五年(1889)刻本,收入《方植之全集》,上海图书馆藏。
⑥ 方东树:《半字集》,《仪卫轩诗集》卷四,清同治七年(1868)刻本,复旦大学图书馆藏。

诗。"①又如《吊牡丹并序》，由此诗序可知，诗中所吊牡丹乃方东树妻孙氏所植，其妻去世后，不暇顾及，后开花甚小，摇曳风中，方氏伤之，乃有此诗。其诗云："卅年踪迹滞天涯，每值春风苦忆家。生死若忘无聚散，强陶嘉月对名花。""与君半世浮生梦，富贵神仙两不知。何事陈根将宿草，尚贪生意斗奇姿。""半生半死同憔悴，明日天涯益断肠。"②方东树将所吊之牡丹与自己的人生境遇相联系，牡丹与己"同憔悴"，虽遭遇困苦，仍顽强求存。同时，诗中亦表达了他丧妻的哀痛之情。

方氏还有吟咏其他花卉之作，如《扶桑花》③、《咏木芙蓉》④、《咏黄佛桑花》⑤等，这一类诗写得都比较自然、清淡。

又如吟咏水果之作《荔枝》："古称荔枝如仙子，我生初食在南纪。徒观枝蔓已先异，凡口安敢论旨否？青玉刻佩缀明珠，横陈解袂弛罗襦。一生宋玉能好色，不忍爱此白玉肤。朝来有馈盈倾筐，未曾沾齿齿欲香。却愁欲报价难称，高格未许千金偿……至味从来少真赏，尤物要待倾城咍。""此品何由拔流俗，有如佳士不囿地……先生一见叹未有，日啖三百殊未足。岂有至味甘如醴，潸然徒被凡口辱？""吾尝览观园圃植，萄桃酸小楂梨粗，若与荔枝共盘荐，高格岂止质味殊。决是天公怜穷士，乞与俾之安海隅。又思胡不偕士遇，自致流落守不渝……中原无人知尔味，南士啖与常果俱。身虽不藏美终晦，孰云所见不可诬？丹宫玉壶任狼籍，哀哉此是命也夫？"⑥作者对荔枝极尽赞美，云其"青玉刻佩缀明珠"，称赞其"高格"，为"至味"、能"拔流

---

① 方东树：《仪卫轩遗诗》卷一，清光绪十五年(1889)刻本，收入《方植之全集》，上海图书馆藏。
② 方东树：《仪卫轩遗诗》卷一，清光绪十五年(1889)刻本，收入《方植之全集》，上海图书馆藏。
③ 方东树：《半字集》，《仪卫轩诗集》卷一，清同治七年(1868)刻本，复旦大学图书馆藏。
④ 方东树：《考槃集》，《仪卫轩诗集》卷四，清同治七年(1868)刻本，复旦大学图书馆藏。
⑤ 方东树：《考槃集》，《仪卫轩诗集》卷四，清同治七年(1868)刻本，复旦大学图书馆藏。
⑥ 方东树：《半字集》，《仪卫轩诗集》卷一，清同治七年(1868)刻本，复旦大学图书馆藏。

俗",却"少真赏",被当作"常果",与酸小的葡萄,粗糙的山楂、梨这样的水果放在一起,他为荔枝的"境遇"鸣不平。诗人除了歌咏荔枝外,其中亦寄寓了穷士伤己、叹命之感慨。

方东树一生穷困,其诗多悲苦、穷愁之音,只有少数诗作写得比较轻快,如《戏和邓峨筠中丞八箴六首》①。这六首诗分别咏饭单、茶船、一品锅、八仙棹、昭文袋、惜字篓六种物品。如诗题所示乃是方东树和邓廷桢之作,此时方在邓幕府中,宾主相处甚融洽。据梅曾亮《双砚斋诗钞序》云,当时在邓廷桢幕中的方东树"时来和章联句,诙谐间作"②。这六首诗便写得比较"诙谐"。如第一首咏饭单:

> 一幅方巾类五铢,衣裓本自戒沾濡。
> 拼从浪饮号都护,却挂偏衫异释徒。
> 质贱愿同莞蒻蔽,制工争拟锦霞铺。
> 四厢忽奏杯盘舞,恋恋绨袍我亦须。

这里的饭单就是吃饭时围在胸前的餐巾,目的是防止弄脏衣服。方东树抓住了饭单的特点,进行拟人化写作,诗写得很有趣。又如第四首咏八仙棹:

> 人间每恨蓬山远,隐几仙班迹宛然。
> 紫府列曹争座位,绛宵同下秋宾筵。
> 淮南草木通灵气,杜老诗歌借饮传。
> 欲向公输问遗制,可曾密记汉唐年。

这里的八仙棹即我们平常说的八仙桌,方氏联系传说中的八仙来吟咏,还用了淮南王刘安、杜甫等典故,写得比较轻松、贴切。其他四首风格也类似,都写得生动、风趣。

方诗吟咏的对象非常广泛,还有咏柳、萤火虫、池塘等诗歌,例如《秋柳》、《萤》、《河池》等。

---

① 方东树:《仪卫轩遗诗》卷一,清光绪十五年(1889)刻本,收入《方植之全集》,上海图书馆藏。
② 梅曾亮:《双砚斋诗钞序》,见邓廷桢《双砚斋诗钞》,清末刻本,《续修四库全书》第1499册。

(三)赠答与送别之作

方东树隶籍桐城,又是姚鼐弟子,一生在外奔走多年,亲朋故旧众多,故其诗集中酬唱赠答、送往迎来之作甚多。

方东树写给同门诸友的诗最多,如方东树二十六岁时,将要离开江宁的钟山书院回乡,其《将去金陵留别诸子》道:"瓦棺阁外放归船,说著还乡喜欲颠。无那故情抛未得,濒行回首紫金山。""意气平生尽未群,论文且喜得诸君。三年陈迹明相忆,萧寺钟声蒋阜云。"①既有即将回乡的喜悦,又有临别时对曾一起读书学习"诸子"的赞颂,还有将与师友分别的恋恋不舍。具体赠答某人的有写给梅曾亮的《寄梅伯言》②,写给管同的有《酬异之》③、《赠管异之同》④,等等。写给姚莹的最多,如《寄石甫》⑤、《赠姚石甫莹》⑥,其《答寄石甫》云:"故人书札到经年,念我能将心事传。"⑦可知二人关系甚密。其《寄饯石甫》云:"威名海外詟鲸鲵,岂谓论功亦数奇。抗疏盈廷无耿育,抚筝双泪感桓伊。敌情知喜长城坏,民志虚殷卧辙思。独恨遥途艰出饯,待寻初服话归期。"⑧由诗序可知当时姚莹任台彭道,招募义勇之士三万余人,因挫败英夷,英人忌恨姚莹,诬讦他,致使姚莹入狱。

方氏在诗中用李广、桓伊的典故为姚莹抱屈鸣不平,肯定姚莹在台湾抗击英军的功绩,指出姚莹受台民拥戴,亦为赞扬

---

① 方东树:《半字集》,《仪卫轩诗集》卷二,清同治七年(1868)刻本,复旦大学图书馆藏。
② 方东树:《考槃集》,《仪卫轩诗集》卷三,清同治七年(1868)刻本,复旦大学图书馆藏。
③ 方东树:《半字集》,《仪卫轩诗集》卷一,清同治七年(1868)刻本,复旦大学图书馆藏。
④ 方东树:《王余集》卷一,清同治七年(1868)刻本,复旦大学图书馆藏。
⑤ 方东树:《考槃集》,《仪卫轩诗集》卷三,清同治七年(1868)刻本,复旦大学图书馆藏。
⑥ 方东树:《王余集》卷一,清同治七年(1868)刻本,复旦大学图书馆藏。
⑦ 方东树:《考槃集》,《仪卫轩诗集》卷五,清同治七年(1868)刻本,复旦大学图书馆藏。
⑧ 方东树:《考槃集》,《仪卫轩诗集》卷五,清同治七年(1868)刻本,复旦大学图书馆藏。

之意。又《寄石甫观察台湾》①:"经济榘榘仰大才,天心笃倚障台彭。"赞扬姚莹有才干,在台湾道任上政绩卓著。又如《重送石甫即用其留别诗韵》②、《壬辰九月二十八日归自岭外穷乏不敢抵家复于闰月初九日由郡城赴常州途中漫兴杂书先寄姚石甫》③,这两首写给姚莹的诗中,后一首诗有句云:"身世苔华黯自凄,难将一物荷天慈。累人闵贡烦言说,愧煞袁安高卧时。"方东树在诗中又感叹了一番自己的命运,用东汉贤士闵贡和袁安的典故表达了自己的惭愧之意。后听闻姚莹出狱,他又写诗表达喜悦之情,其《喜闻石甫释罪出狱用东坡西台诗句示伯符》云:"天公大笑本三时,丹槛雷霆倏忽移。竹杖芒鞵欣得意,红泉碧涧助忘机。交无鲍叔囚终脱,爱有桐乡死不辞。况复苏家好兄弟,千秋留诵柏台诗。"④方氏听闻姚莹被释可谓喜极,全诗洋溢着欢快的气息。

《丁亥正月十四日上元汪平甫管异之马湘帆合肥徐荔庵同里马元伯同燕集大观亭作诗一篇上邓嶰筠》,是其参加集会后写给邓廷桢的诗作,云:"我资章甫行入越,梦里思归不可得。道长天远岁月遒,十年始一返故国……功名富贵若常在,江波不复流东海……达既不能令人贵,穷又不能令人哀。文章虚誉不足慕,世人遇我真凡才……君不见原、尝、春、陵四公子,堂前结客三千士,狗盗鸡鸣解报恩,人生缓急那无恃。又不见梁园昔日称爱才,枚马纷纷国士来。诸公倘欲迎郭隗,兹亭便作黄金台。"⑤方东树在诗中云自己为了生计,长年在外奔波,有乡难归。诗中表达了他怀念故乡,轻视功名富贵的思想,还用了"战

---

① 方东树:《考槃集》,《仪卫轩诗集》卷五,清同治七年(1868)刻本,复旦大学图书馆藏。
② 方东树:《考槃集》,《仪卫轩诗集》卷五,清同治七年(1868)刻本,复旦大学图书馆藏。
③ 方东树:《仪卫轩遗诗》卷一,清光绪十五年(1889)刻本,收入《方植之全集》,上海图书馆藏。
④ 方东树:《考槃集》,《仪卫轩诗集》卷五,清同治七年(1868)刻本,复旦大学图书馆藏。
⑤ 方东树:《仪卫轩遗诗》卷一,清光绪十五年(1889)刻本,收入《方植之全集》,上海图书馆藏。

国四公子"、西汉梁孝王刘武、燕太子丹招募人才的典故,实则是赞颂邓廷桢爱才、惜才。

又有赠别朋友之作,如《壬辰夏将赴岭南途中寄里门诸友》:"白发余生顾影惭,百年身强老江潭。若言志不因人热,六月冲炎向岭南。"①诗中方氏言己纵然已经年老,头发都白了,为了生计,顾不得六月岭南的炎热依然外出谋生。《送孟经国赴闽寻吴方伯》:"老病客他州,游衍无与适。迹孤只自卑,性僻益慵剧。常恐集尤悔,邂逅见违失。争名我岂然,恫疑空相吓。孟公今狂狷,一见心悦怿。若与长周旋,使我慰平昔。才俊纷满眼,若人独尚德……十年寄粤地,一日赴闽国。闽粤地岂异,生事有所迫……登顿逾岭峤,攀援多险僻。朝行触瘴雾,暮宿忧虺蜮。虽云旧所经,为事终感激。不畏道途远,还虑赍粮绝。临歧意颇悽,因悲发同白。后会知无时,天长永相隔。何云乐新知,吞声作生别。"②除了赞颂友人孟经国外,言己寒士贫病,为了生计,不畏瘴疠,不畏路险,奔波闽、粤两地,结尾几句"后会知无时,天长永相隔。何云乐新知,吞声作生别",读之令人心酸、感喟。

方东树诗集中赠答、送别之诗最多,此外还有一些追悼故人之作,如《姚庚甫挽词》③、《悼汤海秋》④,姚庚甫即姚景衡,姚鼐之子,亦是方东树父亲方绩的学生;汤海秋者,即汤鹏,嘉道间名诗人,这两首诗都写得深情哀婉。又如《左匡叔下第来金陵却送其归里》:"升沉有命谁能料,且尽尊前浊酒杯。""正逢秋气亦悲哉。""……青眼论交泪满衣。等是客怀金尽叹,江头偏羡尔能归。"⑤方氏向来自伤自叹,左匡叔下第也是伤心事一件,

---

① 方东树:《仪卫轩遗诗》卷一,清光绪十五年(1889)刻本,收入《方植之全集》,上海图书馆藏。
② 方东树:《考槃集》,《仪卫轩诗集》卷三,清同治七年(1868)刻本,复旦大学图书馆藏。
③ 方东树:《考槃集》,《仪卫轩诗集》卷五,清同治七年(1868)刻本,复旦大学图书馆藏。
④ 方东树:《考槃集》,《仪卫轩诗集》卷五,清同治七年(1868)刻本,复旦大学图书馆藏。
⑤ 方东树:《仪卫轩遗诗》卷一,清光绪十五年(1889)刻本,收入《方植之全集》,上海图书馆藏。

打起精神劝慰道:"能归乡多好啊,我想回都回不得!"这样更增一层伤感。

还有写给儿子的诗,《甲午三月将赴吴门别亡室灵筵兼示儿辈》:"行年六十已衰翁,满眼忧危只自攻。今日辞家重别汝,死生从此各西东。""曾闻健妇胜男子,辛苦持家属阿谁。蝴蝶生涯原是梦,蓼虫身世不知痴。"①方东树六十二岁时,他的妻子孙氏病故。道光甲午年(1834),方氏六十三岁,又要离开家乡,外出谋生,此诗就作于离家之时。诗中除表达年老别子的伤感外,还赞颂了昔日辛苦持家的妻子,又用庄周化蝶的典故表达了人生的虚幻。

梅曾亮评价方东树这一类诗云:"见寄诗垂念甚殷,知落落故交,星散天壤间,无日不往来于怀抱,不以存殁贵贱有所轻重,殊可感也。吾辈数人正不可无足下数诗作收拾云云。"②梅曾亮所言甚是。方东树赠答、送别之诗极多,不论对方尊卑存亡,他写给对方的诗都情真意切,读之令人动容。

(四)遣兴与述怀之作

方氏有不少诗,直接命名为"遣兴"或"述怀",如《遣兴七首》③、《遣兴五首》④、《遣兴六首》⑤、《述怀》⑥,这些诗即兴写来,主要抒发作者的各种思想感情。东树的友人马瑞辰评云:"述

---

① 方东树:《仪卫轩遗诗》卷二,清光绪十五年(1889)刻本,收入《方植之全集》,上海图书馆藏。
② 方东树:《考槃集古体题辞》,见《仪卫轩诗集》卷首,清同治七年(1868)刻本,复旦大学图书馆藏。
③ 方东树:《考槃集》,《仪卫轩诗集》卷三,清同治七年(1868)刻本,复旦大学图书馆藏。
④ 方东树:《考槃集》,《仪卫轩诗集》卷三,清同治七年(1868)刻本,复旦大学图书馆藏。
⑤ 方东树:《考槃集》,《仪卫轩诗集》卷三。今所据《仪卫轩诗集》,为同治七年(1868)刻本,复旦大学图书馆藏本,此刻本《遣兴五首》原文为《遗兴五首》,《遣兴六首》为《遗兴六首》,疑"遗"当作"遣"。
⑥ 方东树:《考槃集》,《仪卫轩诗集》卷三,清同治七年(1868)刻本,复旦大学图书馆藏。

怀诸篇,尤为寓意深而托兴远。"①如《遣兴五首》其四:"父祖有志事,各愿付儿孙。不能敬承继,殄绝故同论。火传虽无尽,岂足慰灵魂。移山计诚愚,顺性亦何悖。渊明责其子,为教尚谆谆。咄哉杜陵老,毋乃绝仁恩。"对子孙是否要继承父祖志事表达了一些看法。《遣兴六首》其五云:"请征平生疚,内省恶中肠……关键无城府,气轻语多狂。况怀疾恶心,力争激揎攘。虽云近刚毅,实自寡周防。中岁历多难,地窄欢笑场。邂逅作悔吝,顿触心兵铓。岂必尽我罪,迹孤林难芳……好恶我不争,猜嫌终未忘。吾闻他山石,能攻白玉良。相益终相损,器成质已亡。不如完我素,抱璞老崑冈。"此首诗方氏云己之性格刚毅、疾恶如仇,实则并无城府,也不想与人相争,却招来嫉恨,最后表达了自己洁身自好的愿望。又如《述怀》诸首诗作所言亦是亲老儿孙等家常之事。

《思疚二首》:"期前岁月短,伤往人代速。炯炯余思疚,深痛在骨肉。命薄遭贫窭,恩谊苦难笃。敝衣燠不均,粮食饱不足。各各归黄土,应知不瞑目。终伤力未竭,敢谓天独酷。摧肠永悲负,已已何由赎。""日月不相待,生人死相续。平生诸亲友,大半在鬼录……岂知老无成,白首混流俗。譬如种稂稗,五谷同未熟。终知无以报,哀至时一哭。"②此诗中所描绘的方东树贫寒的状态可谓达到了极致,此诗还把一个处于社会下层的知识分子、衣食短缺、贫困交加的情状淋漓尽致地描绘出来。不止如此,诗中还表达了一个读书人很想有所作为,报答亲老却不得,终生生活困乏,内心十分酸楚的情感。

方东树的这一类诗作,有的表达了他长年在外不得归家,思亲怀乡的伤痛之情,如《丁丑除夕》:"惨澹精庐逼岁阑,金容慈像也无欢。悲风雀鼠同尘榻,僧火盐齑共菜盘。瘃足已忘行

---

① 方东树:《半字集题辞》,《半字集》,清光绪十五年(1889)刻本,收入《方植之全集》,上海图书馆藏。
② 方东树:《考槃集》,《仪卫轩诗集》卷三,清同治七年(1868)刻本,复旦大学图书馆藏。

路苦,拔心重痛返乡难。高堂此夕肠应断,双拥麻衣泪不干。"①诗中写的是嘉庆二十二年丁丑(1817),方东树四十六岁时事。时方氏旅困金陵,赁居青溪祇树僧舍,自春至冬。十一月赴扬州无所遇,复返金陵,闻祖母胡孺人去世,掷书悲号,欲归不得。之前其父方绩去世,他因在胡克家幕中,未能回去料理后事。此诗即写其为生活所迫到处奔波,亲人去世仍不能回家奔丧。不但不能回家,除夕的时候,只能靠典当被子充当房租,吃饭都成问题。方东树可谓是写愁苦之情的高手,因为他的幽怨,其诗中庙里的佛像似乎也愁容满面,寒风中的雀鼠也沉浸在悲伤之中,他还想象自己的母亲此刻定是丧服在身,流泪不止。又如《老客》②,从诗题就可以看出诗中描摹的应是长年在外客游的人。

方东树一生大多数时间都漂泊在外,生计艰难,几乎日日忧愁,如其《壬辰八月十五日归舟过韶州曲江江口堕水不死是夕对月遣闷杂书十四首》云:"倦游北去上泷流,身谒龙宫龙不留,应见归装陋如洗,怕招穷士赋羁愁。""奇文要道一身肩,英气灵光尚烛天。投与蛟龙渠不识,六丁收拾待他年。""尚把生前酒一杯,虚名身后等蒿莱。只愁饮罢无归处,翻悔乘涛去复回。"③此诗写于方东树不幸落水又遇救之后,诗中除了抒发个人的穷愁外,还用一种幽默的方式调侃自己的落水不死,特别是其中几句"投与蛟龙渠不识,六丁收拾待他年。""只愁饮罢无归处,翻悔乘涛去复回",写出了诗人不为世赏的愤懑。还有《戊申至日咏怀》:"命衰不用包牺问,一任穷愁共日长。""又见穷愁随一线,强持暗醻作悲翁。"④诗题下自注云:"余年近八旬,老而益困寒……"方东树的诗可谓是把一个书生一生的穷困潦倒写了个够。

---

① 方东树:《半字集》,《仪卫轩诗集》卷二,清同治七年(1868)刻本,复旦大学图书馆藏。
② 方东树:《考槃集》,《仪卫轩诗集》卷三,清同治七年(1868)刻本,复旦大学图书馆藏。
③ 方东树:《考槃集》,《仪卫轩诗集》卷五,清同治七年(1868)刻本,复旦大学图书馆藏。
④ 方东树:《考槃集》,《仪卫轩诗集》卷五,清同治七年(1868)刻本,复旦大学图书馆藏。

方东树除了直接抒怀外,亦有间接抒发,如《月》:"平生他乡月,何止千番见。每见作凄凉,从来少欢䜩。窥床光愈寂,泫露景难恋。沉沉官街鼓,声声与悲饯。丧怀此相对,不寐坐忘倦。只益心孤明,无复情缱绻。佳夜不屡逢,流光莫浪遣。余生期还复,日旦及游衍。"①此诗虽以"月"命名,主题却不在"月"上,作者抒发的是因思念家乡亲人而郁郁寡欢的情怀。还有《己未冬旅寓章门述怀》:"腊雪江梅首路长,岁时荆楚感年光。珠帘画栋唐藩阁,布袜青鞋下走装。童仆解怜萧颖士,主人谁惜骆宾王。三年奔走空弹铗,乞食饥词尚激昂。"②这应该是方东树早期的诗作,即使在到处奔走所获甚微的情况下,他的态度仍比较积极。《赠燕》:"宛转朱门问主人,掠泥频见换巢新。乌衣只在斜阳里,何日归来画阁春。"③此诗化用刘禹锡《乌衣巷》诗句,也是寄有深意,作者采用拟人化手法写燕子,表达了对世事变换的感叹。

方东树的故友毛岳生去世,又听闻旧幕主邓廷桢亦殁,他感事伤怀,写诗《即事》:"岭外归来鬓已霜,感怀身世特兼常。郢质故交俄宿草(去岁毛生甫没),邓林遗杖竟连冈(传闻嶰筠尚书卒于贬所)……脆促百年劳起伏,梦回抚枕独凄凉。"④诗中怀念逝去友人,伤己岭南归来鬓发已白,感叹人生匆促而多难。后听说邓廷桢还活着,欣喜异常,作诗《喜闻嶰筠先生赐环感而赋此》,曰:"闻道先生生入关,喜心翻到剧思患。黄河恶浪何嗟及,沧海横流讵等闲。圣主殷忧崇北极,名流令望阔东山。遥知携手河梁际,对泣羁人惨别颜。"⑤表达了他听闻故主还健在

---

① 方东树:《考槃集》,《仪卫轩诗集》卷三,清同治七年(1868)刻本,复旦大学图书馆藏。
② 方东树:《仪卫轩遗诗》卷一,清光绪十五年(1889)刻本,收入《方植之全集》,上海图书馆藏。
③ 方东树:《仪卫轩遗诗》卷一,清光绪十五年(1889)刻本,收入《方植之全集》,上海图书馆藏。
④ 方东树:《考槃集》,《仪卫轩诗集》卷五,清同治七年(1868)刻本,复旦大学图书馆藏。
⑤ 方东树:《考槃集》,《仪卫轩诗集》卷五,清同治七年(1868)刻本,复旦大学图书馆藏。

的极其喜悦之情。

又有《愁绝》诗云:"屈平杜甫并王臣,蹇蹇由来事亦均。百代英灵虽共尽,千秋诗赋自常新。难求深隐招魂意,正值苍茫斗将辰。凭语老夫怀抱恶,不知愁绝为何因。"①诗中说不知为何忧愁,然而我们知道他是像屈原、杜甫那样忧国忧民才愁绪满腹的。

方东树的诗作,除了写山水行旅,还缅怀与此景有关的古代名人,抒发了他的一些感慨,如《庐陵》:"庐陵山水我旧闻,山著丹青水篆文。眼底清风满六一,不觉楚越吟奏均。公昔仕宦违乡里,四方山水搜偏勤……公今不在乡里在,寂寞千载空遗民。愧无佳句继公作,太息山水聊心存。龙眠山深有佳处,半生我亦忘乡枌。堂前白发悲游子,江上青山谢远人。问君不归志何鄙,人生由命安逃贫,饱死饿死风中云。"②方东树在此诗中除了写景外,还提到庐陵名人欧阳修,诗末还感叹自己命运不济,生活艰难。方氏一生贫困,其诗中多牢骚、抱怨之句。其《度鬼门关》亦是此类:"南纪山川禹不到;千幽万秘藏神澳。山灵振策走东海,火云连天向东倒。祝融稽首请列藩,苍梧左右相追奔。神官不肯更南去,截断人迹开鬼门。君知鬼门是何状……行人一望增惆怅。李白当年流夜郎……东坡白首海外归。想见余年增慨伤,古人行役非得已,我行胡为忽至此……故园葵外日正夕,陟屺瞻望泪如水。"③诗中用夸张的语言描绘神话人物故事,还提到李白、苏轼的人生挫折,方氏又写自己的无奈,为了生活到处奔波,"鬼门关"也得闯,结尾用《诗经·陟岵》的典故,表达了对家乡亲人的思念。

(五)怀古与咏史之作

方东树常年在外奔走,去过很多地方。他一生又勤于读

---

① 方东树:《考槃集》,《仪卫轩诗集》卷五,清同治七年(1868)刻本,复旦大学图书馆藏。
② 方东树:《半字集》,《仪卫轩诗集》卷一,清同治七年(1868)刻本,复旦大学图书馆藏。
③ 方东树:《半字集》,《仪卫轩诗集》卷一,清同治七年(1868)刻本,复旦大学图书馆藏。

书,对文史故事非常熟悉,因而他的怀古、咏史之诗作亦不在少数。方东树诗中吟咏古迹的有《岳坟》:"突兀孤坟伫劫灰,沧桑阅尽倍兴衰。当时遗恨黄龙捣,异日宁知白雁来。铸像铁难成字错,撼山军竟共身摧。西湖尚有南枝树,恸哭冬青何处栽。"①诗中吟咏我们熟悉的历史人物岳飞的坟墓,虽说新意不多,但还是比较有感染力,诗中分明蕴含着作者对岳飞不公平遭遇的愤懑之情。吟咏历史人物的有《祢衡》:"北海能荐士,魏武本怜才。如何渔阳掺,自激鼓音哀。"②祢衡也是大家比较熟悉的历史人物。祢衡年少多才,好友孔融把他举荐给曹操,然祢衡狂放傲慢,当众羞辱曹操,被罚作鼓吏,后来遂有祢衡"击鼓骂曹"的典故。祢衡后被黄祖所杀。方东树这首绝句后二句意谓祢衡"击鼓骂曹"已埋下后来被杀的祸根,故而他说"鼓音哀"。从此诗可知方东树对一些历史人物和事件有着清醒的认识。又如《杜甫》:"杜陵激忠愤,许身希稷契。一事不若人,共笑谋生拙。"③从方东树的诗歌创作来看,无论是风格,还是内容,多有学习杜诗之处,方东树对杜甫的忧国忧民情怀也很是推崇。但是诗的末二句,诗意却一转,对杜甫进行了调侃,当然是善意的调侃。此外,还有不少吟咏历史人物的诗作,如《庄周》④、《王羲之》⑤、《管宁》⑥、《池阳吊李白》⑦,等等。

又如《登北固远望》:

---

① 方东树:《半字集》,《仪卫轩诗集》卷二,清同治七年(1868)刻本,复旦大学图书馆藏。
② 方东树:《半字集》,《仪卫轩诗集》卷二,清同治七年(1868)刻本,复旦大学图书馆藏。
③ 方东树:《半字集》,《仪卫轩诗集》卷二,清同治七年(1868)刻本,复旦大学图书馆藏。
④ 方东树:《半字集》,《仪卫轩诗集》卷二,清同治七年(1868)刻本,复旦大学图书馆藏。
⑤ 方东树:《半字集》,《仪卫轩诗集》卷二,清同治七年(1868)刻本,复旦大学图书馆藏。
⑥ 方东树:《半字集》,《仪卫轩诗集》卷二,清同治七年(1868)刻本,复旦大学图书馆藏。
⑦ 方东树:《半字集》,《仪卫轩诗集》卷二,清同治七年(1868)刻本,复旦大学图书馆藏。

>   回岭悬江入望遥,广陵城阙在青宵。
>   帆回水鹤飞争起,日暮灵蛙舞更骄。
>   一自萧公来北固,始知天险限南朝。
>   不须重忆孙卢事,海国楼船铁骑销。①

江苏镇江的北固山闻名遐迩,梁武帝萧衍登临北固山,面对雄伟壮观的景色,曾挥毫写下"天下第一江山"六个大字,三国时孙权、刘备亦在此留下故事,流传至今。历来歌咏北固山的诗作甚多,方东树这首诗亦属于登临怀古之作。方氏在诗中对北固山进行一番赞颂,典故也用得很恰当,全诗写得比较有气势,表达出咏史、咏怀之作特有的历史兴亡之感。

又《宣城北楼历守以居更役客至无坐地怅然成句》:"北楼芜废不堪攀,谢朓风流付等闲。料得游人无敢说,只因惭杀敬亭山。"②《庚寅重至宣州再题北楼》:"谢李遗踪两寂寥,北楼空在草萧萧。我来携得惊人句,欲问青天首重搔。""众鸟高飞气夕佳,暮云如绮散余霞。好官不少羊元保,独把青山属谢家。"③这几首诗是方东树登临安徽宣城北楼所作。北楼也叫谢朓楼,或谢公楼,南齐诗人谢朓任宣城太守时所建。李白曾有名作《宣州谢朓楼饯别校书叔云》。方东树游历了北楼,看到北楼已经芜废,被更役所居住,心情惆怅,有感而发,于是写了第一首诗。后重至北楼,同题下又写了两首诗,诗中再次提到谢朓、李白,感怀历史更替,人事变迁,谢、李踪迹不见,只有北楼空在,草木萧萧……第二首诗的写景之句"众鸟高飞气夕佳",化用李白《独坐敬亭山》中的诗句"众鸟高飞尽"与陶渊明《饮酒》中的诗句"山气日夕佳";第二句"暮云如绮散余霞"显然是化用了谢朓《晚登三山还望京邑》中的名句"余霞散成绮";第三句还用了羊元保与宋文帝下棋,以宣城太守的官职为赌注,羊元保赢到宣城太守之位的典故。方东树在诗中既用与宣城相关的典故,

---

① 方东树:《王余集》卷一,清同治七年(1868)刻本,复旦大学图书馆藏。
② 方东树:《半字集》,《仪卫轩诗集》卷二,清同治七年(1868)刻本,复旦大学图书馆藏。
③ 方东树:《半字集》,《仪卫轩诗集》卷二,清同治七年(1868)刻本,复旦大学图书馆藏。

又化用谢、李等人的诗句,抒发了变迁、盛衰的沧桑之感。

《题燕子矶》:"王谢朱门黯落晖,枉抛双剪望乌衣。千帆过尽江声疾,倘有天风会亦飞。"①方东树到江苏南京燕子矶所作,诗中就南朝王、谢大族展开议论。还有《扬州》:"雨歇官河碧一弯,数声《水调》泪潜潜。十年一梦青衫在,惟有寒潮识旅颜。"②方东树此诗既用了杜牧在扬州的典故,也化用了其《遣怀》中的诗句"十年一觉扬州梦"。不同于杜牧贵公子的放浪形骸,方东树表达的是自己沉沦落魄的羁旅之愁。

又有《惶恐滩》:

> 望到万安县,未涉惶恐滩。
> 此滩未云险,顾名使心寒。
> 丞相死殉国,子瞻生贬官。
> 两贤传苦语,千载为辛酸。
> 我无家国恨,大患何由干。
> 衰疾困行旅,所惜为生难。
> 童仆知我病,强言劝加餐。
> 顾谓汝童仆,尔言何其谩。
> 不见馈置个,何曾徹虚盘。
> 身非叔孙子,不为饥渴叹。
> 付汝一柄锸,死便为埋棺。③

方氏先从惶恐滩本身谈起,然后联想到与惶恐滩有关的文天祥与苏轼,然后用一种激愤的情绪谈到自己:"我无家国恨,大患何由干。"方东树一生讲经世致用、心忧天下,此处自然是反语。实则方东树在这里表达了因遭际穷困个人理想无法实现,抱负无法施展,于是发出愤愤之语,死在哪里就挖坑葬在哪里,表达出一个处于社会下层的知识分子的怨愤。

---

① 方东树:《半字集》,《仪卫轩诗集》卷二,清同治七年(1868)刻本,复旦大学图书馆藏。

② 方东树:《半字集》,《仪卫轩诗集》卷二,清同治七年(1868)刻本,复旦大学图书馆藏。

③ 方东树:《考槃集》,《仪卫轩诗集》卷三,清同治七年(1868)刻本,复旦大学图书馆藏。

《五人墓》①歌颂了明朝五位反抗阉党的义士,其中的两句"自古国亡多宦寺,可怜输尔负山蚊",总结了封建王朝多因宦官专权覆亡的历史教训。《钓台谒严先生祠》②赞颂了在富春江畔垂钓、过隐居生活的汉代名士严子陵。

还有《元祐党籍碑》③,是一首篇幅很长的诗。《元祐党籍碑》乃北宋刻石,又称《元祐党人碑》、《元祐奸党碑》。宋徽宗即位后,听从奸臣蔡京之言,将元祐年间反对王安石新法的司马光、文彦博等数百人斥为"元祐奸党",下令在全国刻碑立石,以示后世,这就是有名的《元祐党籍碑》。方氏在诗中表达了对这一历史事件的看法,观点中肯而客观。

又有《池阳杂诗》④,分别吟咏"文选阁"、"昭明墓"、"李白读书堂"、"杜牧祠堂"等名胜。

(六)读诗与题画之作

方东树诗集中还有一部分评诗、题画之作,特别是题画诗数量相当大。评诗之作如《读孟诗》:"千古畸人总中贫,鹿门山色孟家邻。生当天宝怜才主,争遣江湖有逐臣。"⑤方东树在此诗中评论唐代诗人孟浩然,称赞其为"畸人",同时就盛世仍有被逐之臣抒发了感慨。又《读孟郊诗》:"我读孟郊诗,咏老何酸辛。老非贫病客,莫悟写言真。我若授郊口,郊如受我身。相距千载下,宛若在一晨。哀虫吟草根,岂不音动人。文章与蹒蹰,天地共呻吟。自古有失职,谁能鸣云云。讥评让苏子,后生

---

① 方东树:《仪卫轩遗诗》卷一,清光绪十五年(1889)刻本,收入《方植之全集》,上海图书馆藏。
② 方东树:《仪卫轩遗诗》卷一,清光绪十五年(1889)刻本,收入《方植之全集》,上海图书馆藏。
③ 方东树:《考槃集》,《仪卫轩诗集》卷三,清同治七年(1868)刻本,复旦大学图书馆藏。
④ 方东树:《半字集》,《仪卫轩诗集》卷二,清同治七年(1868)刻本,复旦大学图书馆藏。
⑤ 方东树:《半字集》,《仪卫轩诗集》卷二,清同治七年(1868)刻本,复旦大学图书馆藏。

慎无因。"①孟郊诗多寒苦之言,方东树诗中也多愁苦之语,孟诗引起了方氏的共鸣,故而他对孟郊深表同情。方东树诗中言己,若不是也年老贫病、遭遇坎坷,是不能体会出孟郊诗中的穷寒困苦的。故而他说:"我若授郊口,郊如受我身。相距千载下,宛若在一晨。"方与孟相距千载,而方对孟的穷困感同身受。苏轼在《祭柳子玉文》曾云:"郊寒岛瘦",又有诗云:"我憎孟郊诗,复作孟郊语。"(《读孟郊诗二首》)千百年来对孟郊的穷寒之诗虽有讥评之语,然如苏轼那样,众人对孟郊是既憎又爱,因为后人也会碰到孟郊的人生境遇,这样孟郊的诗就超越时代而具有更宽广的意义。方东树这首诗就表达了这个意思。又《读放翁七十诗曰七十残年百念枯桑榆原不补东隅有感因用其语自贻》②、《再读放翁七十诗句》③:"七十残年百念枯,那关时任竞英图。却看南海兵戈气,未闻西窗翰墨娱。观妙同门叩玄牝,发书陈箧汰《阴符》。常时故友如相问,寡过虚随卫大夫。"这两首诗是方东树读陆游诗《七十》之后,对其诗句"七十残年百念枯,桑榆元不补东隅"有感而作,是因为第一首诗末二句"古人既耄犹思过,莫放残年判死休",意谓即使年老亦应积极努力,实则是反用陆游诗原意。方之第二首诗《再读放翁七十诗句》延续了第一首诗的诗意,他关注现实,积极著书,诗末还表现了自己的谦逊。诗末方氏自比春秋末卫之贤大夫蘧伯玉,点出自己号"仪卫"的缘由。

又《书玉溪诗句后》:"夕阳虽好忌黄昏,况复登原好莫存。空道凭虚夸侈忕,惨劳牵系不堪论。"④对李商隐的《登乐游原》诗句抒发了一番感慨。《庚戌人日拣读杜集有感作寄姚石甫并兼邑侯唐鲁泉兼示马元伯公实光律原》:"人日题诗寄草堂,拾

---

① 方东树:《考槃集》,《仪卫轩诗集》卷三,清同治七年(1868)刻本,复旦大学图书馆藏。
② 方东树:《考槃集》,《仪卫轩诗集》卷四,清同治七年(1868)刻本,复旦大学图书馆藏。
③ 方东树:《考槃集》,《仪卫轩诗集》卷五,清同治七年(1868)刻本,复旦大学图书馆藏。
④ 方东树:《仪卫轩遗诗》卷二,清光绪十五年(1889)刻本,收入《方植之全集》,上海图书馆藏。

遗常侍有篇章。"①赞颂杜甫和高适。又有《读楚辞》②等。

上述评诗之作评论的是清代以前的古人诗作,以下是评论清代或方氏所处同时代的诗人诗作。如《书龚合肥诗》③,龚合肥即龚鼎孳,他祖籍江西临川,后迁安徽合肥,故称龚合肥,为明末清初诗人,与吴伟业、钱谦益并称为"江左三大家"。龚鼎孳有《定山堂诗集》四十三卷传世,在其诗中方东树给予龚鼎孳诗作以较高评价,赞颂其为"丝纶宿望"。

又有一部分"题诗"之作,如《亳州题许生诗卷长昭》:"大雅嗟难作,吾衰感未平。彼都感令望,之子负时名。地有临涡胜,门高月旦评。奇才谁可拔,英物我方惊。少日新诗满,他年宿德成。因悲杜陵叟,青眼望人情。"④此诗开头两句显然化用了李白《古风》的"大雅久不作,吾衰竟谁陈?"之后的诗句则是对许生的赞许和鼓励,结尾借杜甫的经历感叹人生。东树友人沈钦韩评此诗道:"此首抑塞悲慨,逼真少陵。"⑤此外,还有《题光栗园方伯游山诗卷》⑥、《题赵子鹤大令诗卷》⑦、《丙戌余自粤中归里时元伯家居日过从相与论诗因重题其树萱堂集》⑧、《三题马元伯树萱堂诗集三十三卷兼酬喜拙著汉学商兑刻成之

---

① 方东树:《仪卫轩遗诗》卷二,清光绪十五年(1889)刻本,收入《方植之全集》,上海图书馆藏。
② 方东树:《考槃集》,《仪卫轩诗集》卷四,清同治七年(1868)刻本,复旦大学图书馆藏。
③ 方东树:《半字集》,《仪卫轩诗集》卷二,清同治七年(1868)刻本,复旦大学图书馆藏。
④ 方东树:《半字集》,《仪卫轩诗集》卷二,清同治七年(1868)刻本,复旦大学图书馆藏。
⑤ 方东树:《半字集题辞》,《半字集》,清光绪十五年(1889)刻本,收入《方植之全集》,上海图书馆藏。
⑥ 方东树:《考槃集》,《仪卫轩诗集》卷四,清同治七年(1868)刻本,复旦大学图书馆藏。
⑦ 方东树:《仪卫轩遗诗》卷二,清光绪十五年(1889)刻本,收入《方植之全集》,上海图书馆藏。
⑧ 方东树:《半字集》,《仪卫轩诗集》卷二,清同治七年(1868)刻本,复旦大学图书馆藏。

什》①、《四题树萱堂诗集》②,等等。

方东树诗集中的题画诗作非常多,如《诸葛武侯隆中抱膝图》:"三分事业出隆中,遗像千年画里逢……不是炎刘基末命,谁能于此识真龙。"③方东树这首诗高度评价了诸葛亮。又《韩干拟王济洗马图》:"王郎爱马解马性,韩生画马得马神。连钱障泥尚欲惜,五花骢毛肯污尘。脱手神完性复足,迥立地上行麒麟。千年墨宝诧眼福,一时齐见晋唐人。"④此诗第一联讲西晋王济爱马解马性,唐代韩干画马很传神;第二、三联讲画中的马的外形、神态;第四联画龙点睛,点出观画的感受。这首只有八句的律诗浑然一体,每一句诗都恰到好处。

《马韦伯湘帆图》⑤是一首律诗,此诗的前六句方东树都在描述与马湘帆十多年未见,现在重见的情景。末尾两句"展图示我意安在,坐令两目生江湖",才点出这是一首题画诗。又《再题湘帆诗卷》⑥,这首诗是前一首诗的继作,方东树对马湘帆评价甚高,又向马氏倾诉自己的穷困,表达了十多年来对马之思念。

还有《赵野航冀北送春图》⑦、《题郑板桥画卷》⑧、《戏题胡

---

① 方东树:《仪卫轩遗诗》卷二,清光绪十五年(1889)刻本,收入《方植之全集》,上海图书馆藏。
② 方东树:《仪卫轩遗诗》卷二,清光绪十五年(1889)刻本,收入《方植之全集》,上海图书馆藏。
③ 方东树:《考槃集》,《仪卫轩诗集》卷五,清同治七年(1868)刻本,复旦大学图书馆藏。
④ 方东树:《仪卫轩遗诗》卷二,清光绪十五年(1889)刻本,收入《方植之全集》,上海图书馆藏。
⑤ 方东树:《半字集》,《仪卫轩诗集》卷一,清同治七年(1868)刻本,复旦大学图书馆藏。
⑥ 方东树:《半字集》,《仪卫轩诗集》卷二,清同治七年(1868)刻本,复旦大学图书馆藏。
⑦ 方东树:《半字集》,《仪卫轩诗集》卷二,清同治七年(1868)刻本,复旦大学图书馆藏。
⑧ 方东树:《仪卫轩遗诗》卷二,清光绪十五年(1889)刻本,收入《方植之全集》,上海图书馆藏。

晓东太守左右修竹图》①、《自题寒岩独往图》②、《再题寒岩独往图》③、《代姚石甫题寒岩独往图》④,等等。

(七)讽事与纪实之作

方东树一生崇实尚用,讲经世济民,有强烈的用世之心。虽然他自己生活穷困,但有时也能跳出自我悲叹的圈子,心忧国家民族,关注民生疾苦,写了一些反映民生艰难的诗。如《忧旱》云:"东南三年水,流尸惨入目。无论田园坏,村荒半无屋。贫者死固宜,富者生以蹙……烧蕴不行水,我稰曷以蓄。况闻邻州县,蝗虫各蕃族……我无半亩地,心忧万家哭。稷契谟朝堂,小人思果腹。"⑤方氏在诗中描绘了水灾后的凄惨景象,其中的一句"贫者死固宜",很明显是反语,全诗表达了他心忧天下的情怀。又《有自中州回者言黑冈决口灾甚巨悯然赋此》:"洛阳形势交和会,惟有黄河患可嗟。传道滔天高雉堞,顿令安堵化虫沙。绘图难写千家哭,湛玉来歌万福遐。"⑥这首诗写河水决口造成水灾的情景,方东树的忧虑显然可见。又《淮水》:"淮黄交流湖岸颓,城门不启水门开。汉家沟洫传三策,使者旌旄动上台。转饷并殷经国计,朝宗真赖济川才。莫言淇竹无多下,一塞宣房万福徕。"⑦也是写河水决堤造成水灾,方氏有感而作。

---

① 方东树:《半字集》,《仪卫轩诗集》卷二,清同治七年(1868)刻本,复旦大学图书馆藏。
② 方东树:《仪卫轩遗诗》卷二,清光绪十五年(1889)刻本,收入《方植之全集》,上海图书馆藏。
③ 方东树:《仪卫轩遗诗》卷二,清光绪十五年(1889)刻本,收入《方植之全集》,上海图书馆藏。
④ 方东树:《仪卫轩遗诗》卷二,清光绪十五年(1889)刻本,收入《方植之全集》,上海图书馆藏。
⑤ 方东树:《考槃集》,《仪卫轩诗集》卷三,清同治七年(1868)刻本,复旦大学图书馆藏。
⑥ 方东树:《考槃集》,《仪卫轩诗集》卷五,清同治七年(1868)刻本,复旦大学图书馆藏。
⑦ 方东树:《仪卫轩遗诗》卷一,清光绪十五年(1889)刻本,收入《方植之全集》,上海图书馆藏。

1840年夏,方东树从广东回到桐城,此时正值鸦片战争前夕,《闭户》就作于此时,云:"几岁鲸波鼓怒蛙,南风不竞一长嗟。高牙城塞翩熊鸟,上国居民荐豕蛇。白简气消天亦远,黄金心竭士争哗。新诗吟罢同书愤,孤士忧时意转赊。"①诗中方氏用"鲸波"、"怒蛙"、"熊鸟"、"豕蛇"等意象来描绘当时紧张的形势,表现出他对时局的关注和忧虑。又《越警》诗:"南征三载顿天戈,望捷军书喜又讹。竟掷泰山人莫赎(经略裕公谦殉师死),比鸣越甲海重波(去岁又失守定海,今又失宁波)……"诗中写敌我双方已经打了三年,诗人极想听到前线传来捷报,然而又一次证实消息传错了。事实是浙江战场失利,定海、宁波皆失守,两江总督裕谦自尽,诗人的失望可想而知。又《传闻》:"传闻夷舶震洋中,重碇危樯浪打空。须信海神无暴横,果然天道自明聪。殷宗不待三年克,诸将难争一战功。砚北老生欣握管,新诗喜播捷书同。"②方氏此诗第四句自注云其为反用,言英夷"必被雷震风溺",表现了方东树急切盼望我国海战能传捷报,自己好写新诗传诵。《壬寅五月撰〈病榻罪言〉毕因题一诗》:"鲸鲵京观未封尸,海水群飞似不支。丹漆有皮争弃甲,金汤折柳谢藩篱。敢将微贱忧天意,漫托虚空饷远思。老死端无陈事日,新书始见属辞时。"③方东树曾撰文《病榻罪言》论制夷之策,上书给当时的决策者,此诗即作于此文之后。方氏在诗中表达了自己虽微贱但心忧天下之情,可惜的是他的《病榻罪言》终未被采纳,他的理想和抱负也没有机会实现。

道光二十一年(1841),桐乡书院开课后,群贤聚首,学子云集。方东树作诗《辛丑九月桐乡书院落成偕戴生钧衡文生聚奎留此信宿作兼示刘元佐陈莘民》赞之:"郊庢欻起汉桐乡,淳朴山川自一方。峻宇遥峰通一气,秋阴暝色暖周堂。今来偶共壶

---

① 方东树:《考槃集》,《仪卫轩诗集》卷五,清同治七年(1868)刻本,复旦大学图书馆藏。
② 方东树:《考槃集》,《仪卫轩诗集》卷五,清同治七年(1868)刻本,复旦大学图书馆藏。
③ 方东树:《考槃集》,《仪卫轩诗集》卷五,清同治七年(1868)刻本,复旦大学图书馆藏。

觞聚,后会难凭筋力强。信识斯人多俊杰,不因兴没待文王。"①可以说,方东树诗歌的很多内容都是他本人生活的记录,阅读其诗作可以帮助我们更加全面地了解他,此诗也不例外。

在这里我们对方东树的诗进行初步、大致的分类,他还另有如《隐仙庵看桂花因听道士王朴山弹琴》②、《观棋》③、《西湖竹枝词》④等描摹音乐、观棋等其他类别的诗歌。

二、方东树诗歌之艺术特色

方东树诗歌之艺术特点,有以下几个方面:

第一,学习、借鉴汉魏、唐宋诗歌。如《瞻园杂诗》:"皎皎疑粉白,灼灼共霞鲜。向夕来翔鸟,当晚听鸣蝉。""阴霞夕菲菲,皓月夜漠漠……媚此景澄清,邈尔心寂寞。抱素独闲谣,余怀良可托。""磊磊涧中石,积之成奇峰。""云鹤千里翮,徘徊独无依。"⑤《送孟经国赴闽寻吴方伯》:"皓皓白石姿,黯黯青松色。"⑥汉代的《古诗十九首》多用叠字,方东树这两首诗中共有七对叠字,除此以外,方氏这两首诗的意象、风格等皆有汉魏南北朝五言古诗的神韵,这自然是他有意学习的结果。

又《京口》:"芙蓉西北有高楼,铁锁穿云俯润州。黄鹤不来虚宋寺,赭衣空厌悯秦囚。十千正买兰陵酒,一宿聊停水国秋。滚滚江声作悲壮,海门直下古今流。"⑦方氏此诗中的"西北有高楼"来自《古诗十九首·西北有高楼》,其他意象如"铁锁"、"黄

---

① 方东树:《考槃集》,《仪卫轩诗集》卷五,清同治七年(1868)刻本,复旦大学图书馆藏。
② 方东树:《王余集》卷一,清同治七年(1868)刻本,复旦大学图书馆藏。
③ 方东树:《王余集》卷一,清同治七年(1868)刻本,复旦大学图书馆藏。
④ 方东树:《半字集》,《仪卫轩诗集》卷二,清同治七年(1868)刻本,复旦大学图书馆藏。
⑤ 方东树:《王余集》卷一,清同治七年(1868)刻本,复旦大学图书馆藏。
⑥ 方东树:《考槃集》,《仪卫轩诗集》卷三,清同治七年(1868)刻本,复旦大学图书馆藏。
⑦ 方东树:《仪卫轩遗诗》卷一,清光绪十五年(1889)刻本,收入《方植之全集》,上海图书馆藏。

鹤"、"兰陵酒"、"滚滚江声"皆出自我们耳熟能详的诗歌。《答姚籀君追述金陵旧游兼简令兄庚甫》:"君既飘零来乞食,我亦天地少知音……天寒肉手惜袖短,拔剑出门心怅然……昨夜西风吹海月……早知达人贵达命,况历艰虞饱羞侮。试看古来辱士辱,几许纷纭还自取……君居城北我市南,相期归去作宾主。"①方东树此诗的"拔剑出门心怅然"显然化用李白诗《行路难》的"拔剑四顾心茫然","君居城北我市南"化用黄庭坚诗《寄黄几复》之"我居北海君南海"。《扶桑花》:"呜呼!何时决能归去见吾庐,独置奇葩阶下植。"②这个很明显是取自杜甫《茅屋为秋风所破歌》的结尾几句的化用:"呜呼!何时眼前突兀见此屋,吾庐独破受冻死亦足。"化用杜甫诗歌的还有《壬辰八月十五日归舟过韶州曲江江口堕水不死是夕对月遣闷杂书十四首》"我曹身与名俱灭"③、《桂林先生以重游泮宫诗四章见示依韵奉和》"只道前贤畏后生"④。方氏化用的这两句出自杜甫《论诗六绝句》中的"尔曹身与名俱灭"与"不觉前贤畏后生",只改动了个别字词。方东树化用的这些诗句符合他表达的特定情境,增加了诗歌的典雅与韵味。

还有《寄刘孟涂》:"路难天地双鸿爪,岁暮江湖一客灯。"⑤后句来自黄庭坚《寄黄几复》中的诗句"江湖夜雨十年灯"。《癸巳九月初八日》:"迢迢云水隔苏台(用介甫句),强说还家泪自揩。竟日栏杆回绕过,不应前后尽徘徊。"⑥此诗中方氏自注"用介甫句",即借用王安石诗句。方东树在很多诗中自注云"用某

---

① 方东树:《半字集》,《仪卫轩诗集》卷一,清同治七年(1868)刻本,复旦大学图书馆藏。
② 方东树:《半字集》,《仪卫轩诗集》卷一,清同治七年(1868)刻本,复旦大学图书馆藏。
③ 方东树:《仪卫轩遗诗》卷一,或《考槃集》,《仪卫轩诗集》卷五。
④ 方东树:《仪卫轩遗诗》卷二,清光绪十五年(1889)刻本,收入《方植之全集》,上海图书馆藏。
⑤ 方东树:《仪卫轩遗诗》卷一,清光绪十五年(1889)刻本,收入《方植之全集》,上海图书馆藏。
⑥ 方东树:《仪卫轩遗诗》卷二,清光绪十五年(1889)刻本,收入《方植之全集》,上海图书馆藏。

某句",标明是学习某人的诗句。

除了以上提到的这些诗人,方东树还学习、借用过的诗人有唐王维、白居易、杜牧,宋朱熹等人。方东树在诗论方面提倡学古而自见面目,他对古人诗作的借鉴大体也能够达到这个要求。

方氏诗集中还有一部分拟古人诗作,即"拟江文通(江淹)杂体"诗多首,他的友人马瑞辰评云:"研精覃思,神于模拟。"①如《游六榕寺拟韩退之山石》②:"古寺跬步睹榜颜,人境不远异寂喧。当阶口传榕叶暗,阴壁翻动天影圆。人寻碑碣认苏字,点画剥落无一全。升堂啜茗共僧话,哝语亦足当谈元。物外日月绝幽静,鸟声闲暇花余妍。日暮欲去意未厌,照井绕树重流连。须臾隔巷寺门隐,回望宝塔凌苍烟。归来冥想尘纷剥,但觉耳目非从前。嗟余流落寡游赏,每闻胜境常欷然。况更摧折气难横,那复强句追杜韩。"《山石》是韩愈的名作,按照游历的时间顺序,叙写从"黄昏到寺"、"夜深静卧"到"天明独去"的所见、所闻和所感,是一篇诗体的山水游记。方东树的拟作记录了他游览六榕寺的情景,诗中虽不似韩诗明确点明时间,但从诗中"日暮"、"归来"等词语也可以看出游历的先后次序。此诗详细记录了整个游历的过程,写出了方氏的所遇、所思,颇有韩愈《山石》诗的神韵,又不失其诗作的特色。

方东树的拟作模仿的诗人,南朝有范云,唐代有张九龄、王维、孟浩然、李白、高适、韩愈、李贺、柳宗元,宋代有欧阳修、苏轼、黄庭坚、陆游,金元之际的元好问,元代的虞集,明代的高启,等等。

第二,用典频繁,多为文史名典。方东树一生读书不辍,对文史典故非常熟悉。他的诗中用典的地方甚多,经常信手拈来,与其诗恰切地融合在一起。如《庚子九月二十四日马元伯三集真率会七人邀余与座成八作诗索和依韵奉呈》:"分供盐厨

---

① 方东树:《半字集题辞》,《半字集》,清光绪十五年(1889)刻本,收入《方植之全集》,上海图书馆藏。
② 方东树:《半字集》,《仪卫轩诗集》卷一,清同治七年(1868)刻本,复旦大学图书馆藏。

兼请客,未堪宰肉效陈平。"①这里用到了西汉名臣陈平分肉的典故。《七十》:"七十衰翁何所求,中流日莫独乘舟。强持知命安天学,莫遣当年切近忧(用列子)。"②方氏的很多诗作,他都会自注标明用典何人何书,如这首诗方东树点明"用列子"。

又如《张仲岳以种药图属题侑之以酒醉后率成四绝句亦觉酒气拂拂从十指出也》其二:"淮海风流七百年,尚将春药句争传。人间又见张三影,花月妍词更可怜。"③方东树由种药图联想到秦观的"春药句",即秦观《春日》中诗句"有情芍药含春泪,无力蔷薇卧晓枝"又联系到有美称"张三影"的张先"云破月来花弄影"的出色描写。

《自信》:"坚白从来不自疑,铄金有口说磷缁。三期乍甚王尊佞,千载难逢鲍叔知……不辞踏海徇吾志,只愧平原刮目时。"④在这一首共八句的诗中有六句用典,用的典故依次为:《论语·阳货》:"不曰坚乎? 磨而不磷;不曰白乎? 涅而不缁。"《史记·张仪列传》:"众口铄金,积销毁骨。"西汉王尊、春秋时齐国大夫鲍叔牙、战国四公子平原君。

第三,以文为诗,且诗多有序,诗中多自注。如《荔枝》:"身虽不藏美终晦,孰云所见不可诬? 丹宫玉壶任狼籍,哀哉此是命也夫?"⑤此诗中的"孰云所见不可诬"、"哀哉此是命也夫"两句,很明显是将散文的句式借用到诗句中。又如《自南昌入舟肺病益剧至赣州气喘逆甚不食旬日小舟待尽作寄马元伯公实兄弟》:"甚矣吾衰也。"⑥《遣兴五首》:"移山计诚愚,顺性亦何

---

① 方东树:《仪卫轩遗诗》卷二,清光绪十五年(1889)刻本,收入《方植之全集》,上海图书馆藏。
② 方东树:《仪卫轩遗诗》卷二,清光绪十五年(1889)刻本,收入《方植之全集》,上海图书馆藏。
③ 方东树:《仪卫轩遗诗》卷一,清光绪十五年(1889)刻本,收入《方植之全集》,上海图书馆藏。
④ 方东树:《王余集》卷一,清同治七年(1868)刻本,复旦大学图书馆藏。
⑤ 方东树:《半字集》,《仪卫轩诗集》卷一,清同治七年(1868)刻本,复旦大学图书馆藏。
⑥ 方东树:《考槃集》,《仪卫轩诗集》卷三,清同治七年(1868)刻本,复旦大学图书馆藏。

惇。渊明责其子,为教尚谆谆。咄哉杜陵老,毋乃绝仁恩。"①这些诗多叙述的语句,中间夹杂着虚词和语气词。

以上这些是"以文为诗"具体的诗句例子。此外,整首诗方东树也讲"以文为诗",如《儒林乡渔庄图拟虞道园渔村图》,梅曾亮评曰:"伯生(虞集)觉太近人,植之诗字句承接,固无一步滑也。"②指出东树诗的起承转合重视章法、文法。虞集《题渔村图》诗为:

> 黄叶江南何处村,渔翁三两坐槐根。
> 隔溪相就一烟榇,老妪具炊双瓦盆。
> 霜前渔官未竭泽,蟹中抱黄鲤肪白。
> 已烹甘瓠当晨餐,更撷寒蔬共荏席。
> 垂竿何人无意来,晚风落叶何琶琶!
> 了无得失动微念,况有兴亡生远哀。
> 忆昔采芝有园绮,犹被留侯迫之起。
> 莫将名姓落人间,随此横图卷秋水。③

虞集此诗先从画作本身描绘的内容写起,江南秋天的渔村中,两三个渔翁闲坐在槐树根下,隔溪老妪正忙着炊事,这样一个平静祥和的小渔村,使人没有得失、兴亡之感,作者笔锋一转,写到当年四皓隐居商山,仍旧被张良请出山,可知人生多故,最好不要将名姓落入人间,诗末表达了出世的情怀。

方东树在其诗论著作《昭昧詹言》中评析过此诗,他说:

> 有议论开合段落,则起接承转自易……若此等无事可叙,无波澜可生,说一句其下句不知当作何接,其机易窒,其势难振,较大篇更难。此却宛转关生,衔接一片。于无可转身处,偏转出妙境,而真精熔铸,极浑成,又极转换展

---

① 方东树:《考槃集》,《仪卫轩诗集》卷三,清同治七年(1868)刻本,复旦大学图书馆藏。
② 方东树:《半字集题辞》,《半字集》,清光绪十五年(1889)刻本,收入《方植之全集》,上海图书馆藏。
③ 虞集:《题渔村图》,(清)王士禛选,闻人倓笺:《古诗笺》,上海:上海古籍出版社,1980年,第1166页。

拓；使不能转换展拓，便一览易尽，如小沼寒潭，了无灵境奇势，尚何足贵。千年以来大篇，人犹易学易知，此种竟无人能到。①

方东树对虞集这首《题渔村图》评价甚高，指出此诗在章法衔接上"于无可转身处，偏转出妙境"，"极浑成，又极转换展拓"，称赞虞集能把一首本不易腾挪转换的题画诗写得波澜起伏，极有章法。方东树的诗作多七古长篇，他说："七言长篇，不过一叙、一议、一写三法耳。"②"其能处，只在将叙题、写景、议论三者，颠倒夹杂，使人迷离不测，只是避直、避平、避顺。"③这里，方东树从理论上总结了七古的创作方法，要创作者主观上避免平直，避免太顺，要变化，要"颠倒夹杂，使人迷离不测"。因此，他的《儒林乡渔庄图拟虞道园渔村图》就有意学习虞集《题渔村图》的章法，其诗如下：

> 往时江头见渔榜，落日青山当画想。
> 画图今日见渔庄，神在扁舟身欲往。
> 蒹葭苍苍是何处？江天满眼心如素。
> 七里泷中富春郭，九江城外青枫路。
> 每嗟奔走困尘埃，亦拟垂竿伴钓人。
> 那知柳陌菱塘景，又向蛮烟瘴雨亲。
> 丈夫不仕即当卷，溪山到处不用选。
> 古来几似谢东山，姓名难为苍生免。

诗作首先从以往所见的江头渔榜写起，面对落日青山，遐想美景如画。当见到渔庄图后，感到这幅画画得太好了，被画景完全吸引，欲化身其中，因而引发感慨，联想的翅膀甚至飞到七里泷中的富春郭、九江城外的青枫路，由此美景想到自己生

---

① 方东树：《昭昧詹言》卷十二，第四〇七则，北京：人民文学出版社，1961年，第341页。
② 方东树著，汪绍楹校点：《昭昧詹言》卷十一，第四则，北京：人民文学出版社，1961年，第233页。
③ 方东树著，汪绍楹校点：《昭昧詹言》卷十一，第九则，北京：人民文学出版社，1961年，第234页。

活得潦倒,生出想追随图中垂钓之人的念头,然而,自己终究还是要为生计奔波,去往那蛮烟瘴雨之处。大丈夫不入仕途,想要隐居不须选择地点,哪里都可以。自古以来有几人与谢安相似,能有幸为天下苍生出力。

将方东树的拟作与虞集的原作相比:虞集的诗是作者看到渔村图之后,先描摹图画,然后展开由此及彼的联想,按照先后顺序展开叙述;而方东树的诗由现实中所见江头渔榜写起,以为美景如画,后见到渔村图中的渔庄,于是展开联想,嗟叹自己为生活四处奔走,也想过隐居垂钓的生活。然而,这也只限于想想罢了,自己还得为生活奔波。结尾抒发感叹,大丈夫不能做官就随便选个地方隐居算了。方氏的诗几次转换跳跃,在学习虞集诗的基础上,更加注重"颠倒夹杂",让人难以预测。全诗思路几次转换,富于变化,是方氏自己所谓"章法"的实践之作。对于七古这种诗体,方东树说:"诗莫难于七古。七古以才气为主,纵横变化,雄奇浑灏,亦由天授,不可强能。""其次,则须解古文者,而后能之。"①因而,方东树的创作亦努力做到纵横变化,注重章法、文法,格局布置和起承转合之法。

第四,诗宗杜甫、韩愈、黄庭坚,风格沉着坚劲,古质瘦硬。

方东树部分诗中夹杂了一些生僻的字词,显得佶屈聱牙,如《述怀》:"百端搅我肠,精眊骨干髓。"②又如《客有作钟馗凭几画菖蒲花旁侍二奇鬼巏篍中丞命题》:"一史傫然盘礴臝,碧罗在眼发鬖髿。惊心宜笑仍含睇,菖叶森森拂剑花。"③虽然从创新的角度讲有一种"崎岖"的美,但从可读性的角度来看,正如黄庭坚的诗,真正被大家传诵的还是比较朗朗上口、用典较少、意象更为鲜明的诗和诗句,毕竟诗歌是语言的艺术,太佶屈聱牙就很难被很好地传诵和流传。

《中丞南阳公寄示送管异之入都赴礼部试用惜抱轩集柬王

---

① 方东树著,汪绍楹校点:《昭昧詹言》卷十一,第一则,北京:人民文学出版社,1961年,第232页。
② 方东树:《考槃集》,《仪卫轩诗集》卷三,清同治七年(1868)刻本,复旦大学图书馆藏。
③ 方东树:《王余集》卷一,清同治七年(1868)刻本,复旦大学图书馆藏。

禹卿韵并命和作即赠异之》①是方东树的一首七古长篇和诗，其友人沈钦韩评曰："和韵诗俱有韵味，炙而愈出，如山谷之次东坡韵，已是强对，面目却殊。"②指出方氏诗作有自己的特色，风格近黄庭坚诗。沈钦韩又评东树《寄罗月川诗》："满纸奇纵之气，弥复章法井然。"③方东树的《喜闻罗月川太守解广州任观察山东兖沂曹济道作此奉寄代别》④是一首七古长篇，如下：

> 罗侯作守凡几年，嗣皇继圣首登贤。
> 诏把使节济河间，雨露毋任南方偏。
> ……
> 我闻其言谅由然，炎州际海岭横天。
> 都会饶富产珠玑，生犀文甲玳瑁斑。
> 流离翡翠杂赤珊，沉香细葛载赪肩。
> 籝筐百万堆金钱，蕉邪龙眼味新鲜。
> 充仞宝物难可殚，大帆高桅联商船。
> 中朝贵仕夸美铨，姻党相贺奴仆欢。
> ……
> 尔来屈指年逾千，始见使君出南滇。
> 共惊堂宇白雀翻，良吏德应留云孙。
> 恋公抵死怨公迁，子美一去谁嗣游。
> 我谓民言何缠绵，昔公有愿化蜿蜒。
> 祁祁兴雨润枯干，德洋施普惠无边。
> ……
> 荐达陆允有名言，况今天子辟四门。
> 历选仁明安黎元，龚黄接迹来蹁跹。

---

① 方东树：《半字集》，《仪卫轩诗集》卷一，清同治七年（1868）刻本，复旦大学图书馆藏。
② 方东树：《半字集题辞》，《半字集》，清光绪十五年（1889）刻本，收入《方植之全集》，上海图书馆藏。
③ 方东树：《半字集题辞》，《半字集》，清光绪十五年（1889）刻本，收入《方植之全集》，上海图书馆藏。
④ 方东树：《半字集》，《仪卫轩诗集》卷一，清同治七年（1868）刻本，复旦大学图书馆藏。

绥边抚裔如几筵,不须太守侯龙编。

此诗开始四句从罗月川太守调任山东说起,紧紧扣住诗题,中间铺排岭南物产之丰,之后赞美罗月川在广州任上"德洋施普惠无边",为官有政绩,恩泽普施,最后点出因有圣明天子"历选仁明",使得百姓安居。全诗起承转合次序井然,正如其友人沈钦韩所言。方东树甚为自得,"自谓东坡《寄刘孝叔》后七百年不多有"①,自视甚高。此诗"满纸奇纵之气",也是有意学习杜、韩之作。

方东树友人对方氏七言古诗评价甚高,其同门管同曰:"七言古诗缔情如韩、杜,隶事如苏、黄,深博无涯,变化莫测。"②同门姚莹评曰:"七言诸作横空盘硬,合韩、欧、苏、黄为一手。"③友人沈钦韩评曰:"七言古诗抉昌黎之髓,闯少陵之室。世俗但见其横空盘硬,以为生硬而嫌之,而未识其气韵沈酣先贤,妥贴排奡,良工心苦也。"④友人马瑞辰评其七言古诗云:"杜诗沉郁李清新,苏海韩潮总轶伦。学到古人齐入化,不存面目但存神。"⑤友人张际亮曰:"植之先生诗,古近体皆出以深思厚力,余尤爱其七言古体,佳处殆非近人所能窥见。"⑥可见诸人对方氏的七言古诗评价甚高,认为东树于七古用力甚多,成就最著,其七古风格近杜、韩、苏、黄,有横空盘硬、"妥贴排奡"等特点。

就诗体而言,方东树的古体诗成就最大,特别是七言古诗。除此之外,他的五言古诗也有一定的成就。方东树的《半字集》

---

① 方东树:《半字集题辞》,《半字集》,清光绪十五年(1889)刻本,收入《方植之全集》,上海图书馆藏。
② 方东树:《半字集题辞》,《半字集》,《仪卫轩诗集》,清同治七年(1868)刻本,复旦大学图书馆藏。
③ 方东树:《半字集题辞》,《半字集》,《仪卫轩诗集》,清同治七年(1868)刻本,复旦大学图书馆藏。
④ 方东树:《半字集题辞》,《半字集》,《仪卫轩诗集》,清同治七年(1868)刻本,复旦大学图书馆藏。
⑤ 方东树:《半字集题辞》,《半字集》,清光绪十五年(1889)刻本,收入《方植之全集》,上海图书馆藏。
⑥ 方东树:《半字集题辞》,《半字集》,清光绪十五年(1889)刻本,收入《方植之全集》,上海图书馆藏。

中多为七古之作,《考槃集》中则多为五古之作。梅曾亮题《考槃集》古体云:"以子美之老气,押韩、苏之强韵,直写当境,无所雕饰,而艰难危苦之境脱手即是。尝论杜五古,以行役诸诗及《寻崔戢李封》、《羌村》诸什,为古今不经人道,足下直有其妙处、真处,非如是之境,必不能为如是之诗。是造物者之有以相吾子也。"①可知方东树的五言、七言古体诗皆学杜、韩、苏、黄等人,有着古质瘦硬风格。

钱基博先生评方东树诗道:"至诗则横空盘硬,好作生语。""由黄庭坚教韩愈以窥杜甫,力避俗熟,自是姚门师法,惜其词句排奡而未臻妥帖,意境兀傲而未及华妙!而五七言绝,独缘情绮靡,出以清丽,不为拗体。"②钱先生的评价较为恰切,也指出了方诗的主要特点。总的说来,方东树的部分诗给人以滞重、生涩之感,其诗歌创作不如诗歌理论有影响。方东树在诗歌创作上受"以文法通诗法"的影响,喜欢"以文为诗",常用写古文的方法来写诗。他的诗写得比较沉重,多寒士困穷之语,缺少诗情画意,比较板实。其诗用典很多,有着学者之诗的特点,又生造词汇,显得凝而不化。

总的来看,方东树诗意象不够鲜明,缺少灵动。虽然风格沉着坚劲,但由于过于追求创新,反而显得板实,倒是他的那些语言平易流畅、感情真挚的诗歌更能打动人,这一类诗的成就超过了那些佶屈聱牙的诗句。可以说他的诗歌实践,也就是方东树所说的"自创"(诗歌创作)远不如其理论主张(诗歌理论)成就高。

---

① 梅曾亮:《考槃集古体题辞》,《考槃集》,《仪卫轩诗集》,清同治七年(1868)刻本,复旦大学图书馆藏。
② 钱基博:《中国文学史》(下册),上海:东方出版中心,2008年,第829页。

第三节　方东树的诗学取向

一、基本价值立场：正统儒家价值观

方东树是正统儒家思想坚定的拥护者和支持者，他坚守儒家文化的基本立场，其诗论中经常出现传统儒家诗论所谓"言志"、"明道"、"知人论世"、"以意逆志"、"兴观群怨"等字眼，仍旧讲"温柔敦厚，怨而不怒"，往往以对"世教"、"名教"、"诗教"是否有益为诗歌价值评判标准。

他说："立言必关世教"，"皆不诡乎正道，方不悖于兴观群怨，事父事君之教"；"其归宿必有劝戒之意，言方有得"（卷二十一·一一八，502页）。要求诗人写作的诗歌要关乎"世教"，以"兴观群怨、事父事君"为内容，诗歌最终的归宿要有"劝戒之意"。还说："苟用力于六经，兼取秦、汉人之文，求通其意，求通其词，何患不独有千古。"（卷一·九，4页）"六经"是经过孔子整理而传授的六部儒家经典，即《诗经》、《尚书》、《礼记》、《周易》、《乐经》、《春秋》。在《昭昧詹言》中，方氏经常将诗人诗作与"六经"相联系，说："惟有得于经，则自臻其胜。"（卷九·一六，222页）要求诗人作诗以六经为法则，说"杜集、韩集皆可当一部经书读"（卷八·一八，216页）。认为杜甫、韩愈的诗符合他提出的关乎"世教"的标准和要求，可以和经书相提并论。方氏在《昭昧詹言》中多次强调自己的观点：

> 夫论诗之教，以兴、观、群、怨为用。言中有物，故闻之足感，味之弥旨，传之愈久而常新。臣子之于君父、夫妇、兄弟、朋友、天时、物理、人事之感，无古今一也。故曰："诗之为学，性情而已。"（卷一·一，1页）

> 孟子曰："诵其诗，读其书，不知其人可乎？是以论其世也。"此为学诗最初之本事，即以意逆志之教也。若王阮亭论诗，止于掇章称咏而已，徒赏其一二佳篇佳句，不论其

人为何如,又安问其志为何如也?此何与于诗教也。(卷一·一六,6页)

尝论蜀士如相如、扬雄、谯周,名教之罪人,虽有文字,何足算也。(卷一·六,3页)

昔人谓正人不宜作艳诗,此说甚正。贺裳驳之,非也。如渊明《闲情赋》可以不作。后世循之,直是轻薄淫亵,最误子弟。如王次回、朱竹垞,名教罪人。岂可托之周公东山之咏邪?李空同效义山作《无题》,想见其胸中无识。(卷二十一·三九,482页)

古人作诗各有其本领,心志所结,动辄及之不自觉,所谓雅言也。如阮公之痛心府朝,忧生虑患;杜公之系心君国,哀时悯人;韩公修业明道,语关世教,言言有物。太白胸中蓄理至多,逐事而发,无不有兴、观、群、怨之旨。是皆于《三百篇》、骚人未远也。谢公功力学问天分,皆可谓登峰造极,虽道思本领未深,不如陶,而其痼疾烟霞,亦实自胸中流出。不似后人客气假象,自己道不得,却向他人借口也。(卷五·一八,130页)

在以上几则诗论中,方东树批评了王士禛(号阮亭)、司马相如、扬雄、谯周、王彦泓(字次回)、朱彝尊(号竹垞)、李梦阳(号空同)等诗人、文人。清代的王士禛以神韵论诗,诗作清丽淡雅,与现实生活有一定距离。方氏以正统的诗论观"知人论世"、"以意逆志"来衡量王士禛的诗歌,认为他的诗与"诗教"没有意义,实则是指责王士禛的诗与现实无涉。他批评汉代的司马相如、扬雄,三国时代的谯周,说他们是"名教之罪人",认为他们所作的根本算不上是诗作。又批评明代写作过艳诗的诗人王彦泓、清代写过艳词的朱彝尊,说他们也是"名教罪人",还连带批评明代诗人李梦阳。他认为阮籍、杜甫、韩愈等人能够"忧生虑患"、"系心君国"、"修业明道,语关世教,言言有物",只有这样的"无不有兴、观、群、怨之旨"的诗作,才是"道思本领"高深的诗歌。由这些言论可知,方东树是儒家伦理道德坚定的支持者和捍卫者。

正如前文我们分析方东树的思想时所言,方东树学宗程、朱,崇实尚用,务本笃行,重"穷理、体道、省察、克制",是程朱理学克己复礼、修身进德的实践者。他说:"文章者,道之器;体与词者,文章之质,范其质,使肥瘠修短合度,欲有妍而无媸也。"①实际上表达的仍是"文以明道"的观点,"道"是内容,"文"是形式。东树不仅在理论上高唱"文以载道",而且在实践层面要求文学承担起载道、尚用的功能。具体到诗歌这种体裁,方东树要求诗歌承担起对"世教"、"名教"、"诗教"的价值功利意义。他判断诗歌的价值所在也是以是否有益于世、是否有益于现实为诗歌的价值评判标准。而且,方东树对诗人、文人的批评还涉及这些人的个人道德品行。

又如其文《徐荔庵诗集序》云:

> 吾尝论古今学问之途,至于文辞末矣。于文辞之中而独称为诗人,又其末之中一端而已。然而诗以言志,古之立言以蕲不朽者,必以德为之本,故曰:"有德者必有言。"……夫三百篇为诗之祖,而风不同于雅,雅不同于颂,小雅之材不同于大雅,而无邪之旨、兴观群怨之教无不同焉者。岂不以言诗自有其本在邪!亦曷尝置一人一诗于前,用一律以仿佛抚肖之哉!
>
> 合肥徐子荔庵尝举孝廉方正特科……乃犹不废辞章之末事……故为本其素行,与诗教之大旨以为言。②

方东树少时即以义理心性之学为治学祈向,虽也写诗作文却比较看轻诗文,以为"诗为文章末事"(卷二十一·九八,197页),赞同韩愈的"余事作诗人"(卷一·一五七,50页)之言。他给自己定位更多是学者,而不是文人;是一个理学家,而不是文学家。他对很多诗人、诗歌的价值判断来自儒家诗教,来自儒家经世致用之说。他用学者的思维来判断诗人、诗作。虽然他也说"诗之为学,性情而已"(卷一·一,1页),然其所说的

---

① 方东树:《书惜抱先生墓志后》,《考槃集文录》卷五,清光绪二十年(1894)刻本,《续修四库全书》第 1497 册。
② 方东树:《考槃集文录》卷三,清光绪二十年(1894)刻本,《续四库全书》第 1497 册。

"性情",是符合儒家正统价值观的"性情",是"载道"的性情。

方东树一生以程朱理学为宗尚,程朱理学家们重道轻文、尚用轻文,如他最推崇的朱熹主张"文皆是从道中流出",程颐甚至认为"作文害道"。方东树也经常表示看不起诗文,在这篇诗序中,称文辞为"末事",诗人"又其末之中一端",不太看得起诗文和诗人。方东树曾多次表示"诗文为末事",如其有诗云:"只道鸿才经世务,更教余事作诗人。"①"文章一小道,于学非本务。所恨知者少,遂觉涩难遇。"②他在诗里表示鸿才应该经世务,作诗不过是"鸿才"的余事;文章也是小道,对于治学来说不是本务。他虽有诗文、诗学理论等著作问世,但他的大部分精力都用在对理学等学问的探究方面。显然,方东树的这些观点受到了理学家们的影响。

中国古代的士人以经世致用、建功立业为急务,方东树是尤为突出的例子。由于命运遭际等原因,他一生未能"立功",但其内心深处还是以实现儒家的社会政治之道为人生的最高理想,希望在现实世界有一番作为。但是,由于生存环境和政治地位的限制,他的这种理想成为空想,"立功"对方东树来说愈来愈不可能,我们知道他的《昭昧詹言》作于晚年。"立德"、"立言"于他还比较切实,他晚年的几部著作,如《大意尊闻》、《山天衣闻》都是讲如何处世修身的,从其弟子方宗诚等人对其评价也可知他非常注重个人修为,这也属于"立德"的一面。再者,方东树所属的桐城派毕竟是一个以创作散文而著称的文学流派,方氏本人也创作了不少的散文和诗歌。

由于方东树持有这种矛盾和功利的文学价值观,所以他的诗学价值观也很功利,如在《徐荔庵诗集序》中所说的,如果实在要作诗,要"诗以言志",也就是说要"文以载道"。他所说的"志"是什么呢?那就是"无邪之旨、兴观群怨之教",他在这篇诗序的结尾再次强调友人徐荔庵"不废辞章之末事",其诗与

---

① 方东树:《题赵子鹤大令诗卷》,《仪卫轩遗诗》卷二,清光绪十五年(1889)刻本,收入《方植之全集》,上海图书馆藏。
② 方东树:《梦昪之》,《考槃集》,《仪卫轩诗集》卷三,清同治七年(1868)刻本,复旦大学图书馆藏。

"诗教之大旨"相合。很显然,这篇诗序充分反映了方东树的基本价值立场是非常正统的、非常坚决的儒家伦理道德价值观。

又如方东树在《昭昧詹言》中说:

> 有德者必有言,诗虽吟咏短章,足当著书,可以觇其人之德性、学识、操持之本末,古今不过数人而已,阮公、陶公、杜、韩也。(卷四·一,97页)

> 阮公、陶公,自尔深人无浅语,不当以诗人求之。(卷四·七,98页)

> 读陶公诗,须知其直书即目,直书胸臆,逼真而皆道腴,乃得之。质之六经、孔、孟,义理词旨,皆无倍焉,斯与之同流矣;否则,止不过诗人文士之流。(卷四·三,97页)

> 陶公诗,于圣人所言诗教皆得,然无经制大篇,则于《雅》、《颂》之义为缺,故不及杜、韩之为备体,奄有六艺之全也。(卷四·八,99页)

方东树虽然认为"诗文为末事",但又想努力提升诗文的价值,所以他说:"诗虽吟咏短章,足当著书,可以觇其人之德性、学识、操持之本末。"也就是说"诗可以言志",由诗歌可以看出作诗人的品行、学问等诸多方面,阮籍、陶渊明、杜甫、韩愈就是这样"古今"不多的几个人,不能仅仅把他们当作诗人。特别是陶渊明的诗,方东树称赞其"逼真而皆道腴",认为和六经、孔、孟"同流","于圣人所言诗教皆得"。如果不是这样,那么"止不过诗人文士之流"。方东树认为"道"高于"文",但他又割舍不下"文",于是他努力去寻找"文"中蕴含的"道",极力去寻找陶、阮等人诗作中蕴含的"德性、学识、操持之本末",使"文"能够贯"道"。他认为这样的诗文才是好的诗文,在他心目中最符合这个要求的是杜、韩的诗文。虽然方东树对陶诗评价很高,但若和他心中最推崇的杜甫、韩愈相比,陶诗还是有不足的,因而他说陶诗"无经制大篇","于《雅》、《颂》之义为缺"。方东树之所以这样,是因为他对文与道关系的认识存在着矛盾,而这矛盾源于他既是"理学家",又是文学家、诗学家、诗文爱好与创作者。这在他评价陶渊明的《形》、《影》、《神》这几首诗时尤为明显：

> 《形》、《影》、《神》三诗，用庄子之理，见人生贤愚贵贱，穷通寿夭，莫非天定。人当委运任化，无为欣戚喜惧于其中，以作庸人无益之扰。即有意于醉酒、立善，皆非达道之自然。后来佛学，实地如是。此诚足解拘牵役形之累，然似不如屈子《九歌·司命》之有下落。至于康乐，见亦如此，而一归之于寄情山水，尤为没下梢。于圣人大中至正尽人理之学，皆未有达。此洛、闽以前人，其学识到此而止。由今观之，杜公悲天悯人，忠君爱国，而不责子之贤愚，其识抱较陶公更笃实正大也。记此与后之知道者详之。（卷四·一七，101～102页）

这段话开始几句方氏对陶渊明这三首诗的评论很准确、精当。但是，联系到谢灵运"寄情山水"，批评其"尤为没下梢"，于"尽人理之学"，"皆未有达"。实则是批评谢灵运的诗歌于现实社会、于君、于国都没有多大意义，不能如杜甫那样"悲天悯人，忠君爱国"。为什么谢灵运不能如杜甫呢？方东树的解释是"此洛、闽以前人"，也就是说谢灵运是程、朱以前之人，故而没有程、朱的"学识"，没有程、朱这样的修为和境界。

对于文与道关系的认识，方东树要求"文以明道"、"文以载道"，诗歌要承担起宣扬儒家的社会政治之道，要有理性内涵，乃至道德教化的内容；否则，就不是好的诗歌。他批评司马相如、扬雄、谢灵运等人的诗文以审美意蕴为内容。实际上，方东树对具有审美意蕴的诗歌有着很好的鉴赏能力和价值判断。只是由于他多年受程朱理学的浸染，对儒家经世致用之说的笃信，兼之他身处清代社会由盛转衰的时代，想有所作为，想"立功"而不得，只能希求在"立德"、"立言"方面有所作为，他多次说过"有德者必有言"这样的话。他的"言"就是他的诗歌和文章，他想"立功"的急切心情的体现就是非常功利的诗文价值观。对他而言，这就是他"立言"的部分内容。

方东树的卫道守教、求为真人、务本笃行等思想决定其在诗学思想方面努力宣扬儒家正统思想，其在《昭昧詹言》及其他诗论、文论中也以坚守儒家正统思想为主，鲜有越出儒家正统价值观之处。其对个别诗人、诗作的评判虽有折中,但也是不违背儒家正统思想的。

纵观方东树一生,虽然他所读的书、撰写的著作,儒、释、道皆有,但从根本上说,他仍然是以儒家的伦理道德为自己的指导思想。方东树于鸦片战争后十多年才去世,此时中国已进入近代社会,即使方氏一生未曾做官,但其知识结构仍然是封建时代士大夫的知识结构。近代中国内忧外患的社会现实刺激了方东树,于是他从思想武库里重新取出儒家的经世致用思想,重新拈出"文以载道",以期达到对现实的某种干预,或许这也是儒家所谓的"明知不可为而为之"。

二、学诗须涵养本原:要多读书、多穷理

方东树的弟子马三俊作诗好为理语,方氏说:"古人皆是胸中道理充足,随在流露,出于不觉,如水满自然触着便溢,乃为佳耳。若立意要以诗说道理,便不自然,反觉竭力,无意味也。故学当知涵养本原。"①这里是说,以诗说理,应该是自然流露,如同水满自然溢出,如果刻意为理语,反而不自然,缺少了诗的韵味。他说:"屈子、杜公时出见道语、经济语,然惟于旁见侧出,忽然露出乃妙;若实用于正面,则似传注语录而腐矣。"(卷一·三四,12~13页)方氏以诗人屈原、杜甫为例,表明以诗说理要巧妙;强调学诗要多读书、穷理,但又认为要把握好度:

> 诗不可堕理趣,固也。然使非义丰理富,随事得理,灼然见作诗之意,何以合于兴、观、群、怨,足以感人,而使千载下诵者流连讽咏而不置也。此如容光观澜,随处触发,而测之益深,自可窥其蕴蓄。惟多读书有本者如是,非即此诗语句而作讲义也。若乃无所欲语而强为之词,盗袭剽窃,雷同百家,客意易杂,支离泛演,意既无真,词复陈熟,何取也!(卷十四·一八,381页)

---

① 方宗诚:《大意尊闻附录》,《大意尊闻》,清同治五年(1866)刻本,《四库未收书辑刊》第6辑第12册。

为防止偏颇,方东树说"诗不可堕理趣",但若"非义丰理富,随事得理",则不能"合于兴、观、群、怨",所以"惟多读书有本者如是"。还是要求诗人通过多读古圣贤之书培养本源,然后水满自溢,写出好诗。如果作"强为之词",或者"盗袭剿窃,雷同百家",这样的诗既不"真",词语又"陈熟",就毫无可取之处了。

要想诗写得好,先要涵养本原。他又引用朱熹的言论,道:"文章要有本领,此存乎识与道理。有源头则自然著实,否则没要紧。"(卷一·三,2 页)方东树又要求诗人要"淹贯坟籍"(卷一·二一,8 页)、要"读书博",如果"读书不博,纵欲择之而无可择。如窭人居室,什器无多,不得不将就用故物矣"(卷九·一四,221 页)。

方东树也崇古,他说:"古人读书深,胸襟高,皆各有自家英旨。"(卷一·三三,12 页)"杜、韩之真气脉作用,在读圣贤古人书、义理志气胸襟源头本领上。"(卷八·六,211 页)"杜、韩尽读万卷书,其志气以稷、契、周、孔为心,又于古人诗文变态万方,无不融会于胸中,而以其不世出之笔力,变化出之。"(卷八·七,212 页)方氏最崇敬杜甫、韩愈,往往以杜、韩为例讲论诗学。他认为杜、韩之所以能够成为名家,一是因为能够"读圣贤古人书",在"义理志气胸襟源头本领上"下工夫,以提高思想道德修养,增长学识;二是因为能"尽读万卷书","于古人诗文变态万方",努力学习前人诗文的艺术表现手法,加以融会变化。他说:"杜、韩始极其挥斥;固是其胸襟高,本领高;实由读书多,笔力强,文法高古。"(卷九·二,218 页)"李、杜、韩、苏,非但才气笔力雄肆,直缘胸中畜得道理多,触手而发,左右逢源,皆有归宿,使人心目了然餍足,足以感触发悟心意。"(卷十一·二九,239 页)总而言之,方东树认为如果想写好诗,就要多读书,胸中多蓄道理,再使用文法等艺术技巧,作诗就可以左右逢源、游刃有余。方东树的这些论述都意在表明写诗作文的重要性。他说:

> 诗文与行己,非有二事。以此为学道格物中之一功,则求通其词,求通其意,自不容己。天不假《易》,岂轻心以

掉,旦夕速化之所能也。《大学传》曰:"君子无所不用其极。"(卷一·四,2页)

非淹贯坟籍,不能取词。非深思格物,体道躬行,不能陈理。若徒向他人借口,纵说得端的,亦只剿说常谈。强哀者无涕,强笑者无欢,不能动物也。非数十年深究古人,精思妙悟,不解义法。(卷一·二一,8页)

要在好学深思,心知其意,多读多见,多识前人论义,而又具有超拔之悟。积数十年苦心研揣探讨之功,领略古法而生新奇。(卷一·二三,9页)

方东树在这里表达的其实是要学诗者多读书、多穷理。学诗者应该"数十年深究古人",要"多读多见",还要"好学深思"、"学道格物"、"深思格物,体道躬行"。他要求学诗者多读书不是一般意义上多读典籍,而是要求学诗者能够像理学家那样"穷理"、"体道"。他说"诗文与行己,非有二事",认为写诗作文与做人是一回事,这实际上都是理学家体察、克制修养理论对诗文理论的渗透。总之,要多读书、多穷理,"积数十年苦心研揣探讨之功",这样就可以"领略古法而生新奇",也就是学古而能生新,在学习古人的基础上创新。

三、以文论诗的审美取向

郭绍虞先生在其著作《中国文学批评史》中说"方东树代表文人之诗论","他是桐城的古文学者,故书中亦常兼论及文,而又本论文的见解以论诗"[①]。桐城派本为散文流派,方东树作为桐城派的嫡传弟子,自然也擅长作文。方东树在《昭昧詹言》中论诗的时候会自觉、不自觉地把散文的理论与作法迁移到诗歌中。

方东树曾有一句诗曰:"诗律文澜水共源。"[②]他认为诗歌和

---

① 郭绍虞:《中国文学批评史》下卷,天津:百花文艺出版社,2009年,第552页。

② 《题姚丈问漪诗集》,《仪卫轩遗诗》卷二,清光绪十五年(1889)刻本,收入《方植之全集》,上海图书馆藏。

散文同源共流,可以放在一起讨论。郭绍虞先生又说《昭昧詹言》"其关键所在,即在本论文的见解以论诗而已。本论文的见解以论诗,故其所取者在文法方面"①。《昭昧詹言》的校点者汪绍楹先生亦说,在这本论诗著作中方东树"是以'桐城文派'的眼光来评诗"②。诗歌与散文本来就有相通的地方,故而方东树在《昭昧詹言》中论诗的时候,把文论向诗论转移,或者以论文的方式来论诗,甚至把诗和文混同,认为文和诗没什么不同,二者是一回事。

大致说来,方东树的"以文论诗",即以文法评诗,"本论文的见解论诗",如文中经常会出现"诗亦然"③、"通之于诗"④、"移之论诗"⑤、"移之于诗"⑥等语,由这样的提法可知,方东树由论文延伸到论诗。又如:

> 朱子曰:"行文要紧健,有气势,锋刃快利,忌软弱宽缓。"按此宋欧、苏、曾、王皆能之,然嫌太流易,不如汉、唐人厚重,然却又非炼局减字法,真知文者自解之。以诗言之,东坡则是气势紧健,锋刃快利,但失之流易不厚重,以此不及杜、韩。在彼自得超妙,而陋才崑士,以猥庸才识学之,则但得其流易之失矣。(卷一·六八,24页)

方氏在这则诗话中,先引朱熹论"行文"的话,然后用"以诗言之"自然过渡到"论诗",要求写诗也要像作文一样,要"气势紧健"、"厚重",不要"流易"。

---

① 郭绍虞:《中国文学批评史》下卷,天津:百花文艺出版社,2009年,第554页。
② 方东树著,汪绍楹校点:《昭昧詹言》,北京:人民文学出版社,1961年,第539页。
③ 方东树著,汪绍楹校点:《昭昧詹言》卷一,第三、四、八则,北京:人民文学出版社,1961年,第2~3页。
④ 方东树著,汪绍楹校点:《昭昧詹言》卷一,第二九则,北京:人民文学出版社,1961年,第11页。又见卷一,第一五〇则,第48页。
⑤ 方东树著,汪绍楹校点:《昭昧詹言》卷一,第一五二则,北京:人民文学出版社,1961年,第49页。
⑥ 方东树著,汪绍楹校点:《昭昧詹言》卷一,第六一则,北京:人民文学出版社,1961年,第22页。

方氏还引用桐城前辈姚范的言论来进一步阐发自己的观点：

> 姜坞先生曰："文字最忌低头说话。"余谓大抵有一两行五六句平衍骏说，即非古。如贾生文，句句逆接横接，杜诗亦然。韩公诗间有顺叙者，文则无一挨笔。（卷一·七七，26页）

以上这则诗话中，方东树先引用姚范论作文的话，然后发挥一番，联系到贾谊的文章，言其文"句句逆接横接"，用一句"杜诗亦然"过渡到论杜甫的诗、韩愈的诗文，由论文转到论诗。

再如方东树评析杜甫的诗歌《暮归》，说："起四句，情景交融，清新真至，后四句叙情，一气顿折，曲盘瘦硬。而笔势回旋顿挫阔达，纵横如意，不流于直致，一往易尽。是乃所以为古文妙境，百炼钢化为绕指柔矣。"（卷十七·五六，415页）在这里方氏不像是在解读诗歌，而像是在讲解一篇优秀的、符合他审美要求的散文。他自己亦说："是乃所以为古文妙境。"一语点出他的解读思路是"以文论诗"，以古文批评方法评诗。又如评论韩愈诗歌《八月十五夜赠张功曹》："一篇古文章法。前叙，中间以正意苦语重语作宾，避实法也。一线言中秋，中间以实为虚，亦一法也。收应起，笔力转换。"（卷十二·一○九，271页）评王维《桃源图》云"抵一篇游记"（卷十二·一○八，270页）。方东树用评点散文的手法来评析诗歌，常用作文的"起承转合"来论诗，注重诗歌的格局布置、虚实详略，似乎是为了迎合文章作法的所谓"文似看山喜不平"，方氏关注的往往是诗歌的结构如何"曲折不平"等问题，努力去寻找诗和文的相通之处。他说陶、杜、韩、苏的诗"从肺腑中流出，故其措注用意，语势浩然，而又出之以文从字顺，与《经》、《骚》、古文通源"（卷十九·七，435页）。认为诗和文可以"通源"，有相同之处。他又说：

> 子建、阮公，皆雄浑高古，而阮公精神文法，蟠空恣肆，神化无方，尤奇。子建庄重，直似六经。阮公似史迁、庄子。（卷一·一○○，34页）

方东树说，阮籍的精神文法"蟠空恣肆，神化无方"、曹植的

"直似六经",似司马迁、庄子,把曹、阮二位诗人与文章大家相提并论。论阮籍诗,言其文法如何,很明显是以文论诗。

又方氏评陶渊明诗,如《归园田居五首》之"久去山泽游",道:"前半叙事。'一世'四句论叹作收,此章法同一篇文字也。"(卷四·二九,107页)《怅恨独策还》:"此首言还,不特章法完整,直是一幅画图,一篇记序。"(卷四·三〇,107页)《桃花源》:"此诗叙一大事,本末曲折具备,而章法布置抵一篇文字,句法老洁,抵史笔;议论精卓,抵论赞。"(卷四·三五,110页)方东树评析陶渊明的这几首诗亦是以论文的手法评诗,而且在评论的过程中明确指出,"此章法同一篇文字"、是"一篇记序"。评陶之《桃花源》诗云其"章法布置抵一篇文字",用史笔、论赞这类文章体式来比陶渊明的诗,关注的是诗歌的"章法布置"、"开合起承"等问题。这些都是方氏"以文论诗"比较明显的例证。

《昭昧詹言》中多有把诗和文放在一起讨论的,如:"诗文须神气浑涵,不露圭角。"(卷一·一〇八,36页)"诗文以豪宕奇伟有气势为上。"(卷九·一五,221~222页)"凡为诗文不必多。古人无许多也。"(卷二十一·一九二,523页)方东树这样论述,显然是把"诗文"作为一个整体来探讨,讨论的是诗文共同的创作规律和创作要求:

　　诗文贵有雄直之气,但又恐太放,故当深求古法,倒折逆挽,截止横空,断续离合诸势。(卷九·一六,222页)

　　诗文以起为最难,妙处全在此,精神全在此。必要破空而来,不自人间,令读者不测其所开塞方妙。(卷十一·三三,240页)

　　学者须要胸襟高,识趣超,义理宏,笔力强,此皆诗文本领,不可强而能,不从学诗得也。(卷十·七,227页)

以上皆是把诗和文放在一起讨论,其中有总体概括,有具体诗人分析,全书不只是"本论文的见解以论诗",以文法论诗、以文评诗,而是把诗和文混同起来讨论。《昭昧詹言》中多处提到与作文有关的词汇,如"文法"之"逆摄突起"、"章法"之"顿上起下",把诗和文混同起来谈。他还引用姚鼐教导自己的话来论述：

> 姚姬传先生尝教树曰："大凡初学诗文，必先知古人迷闷难似。否则，其人必终于此事无望矣。"先生之教，但言求合之难如此；刿其变也。盖合可言也，变不可言也。（卷一·九八，33页）

方东树的老师姚鼐有"诗之与文，固是一理，而取径不同"①的观点，方东树也以为"诗赋乃文之有韵者耳，亦文也"（卷二十一·一一七，502页），"诗与古文一也，不解文事，必不能当诗家著录"（卷十四·五，376页）。"不解古文，诗亦不妙"（卷十二·二一一，296页）。"不解古文，不能作古诗"（卷十二·一六一，283页）。可知，方氏延续的是其老师的论点。在姚鼐那里，诗和文理论趋于合一，探讨诗和文共同的规律；到方东树这里，不仅诗和文混同、同一，而且他认为不懂古文就不能写诗、不懂古文写不好诗。

大致而言，方东树评判诗歌有两套标准，那就是诗歌的思想内容和艺术特色。二者形成矛盾，甚至有冲突。在方氏心中，诗歌的思想内容为主要标准，但又认为有的诗歌艺术上的成就明显，不能否认。方氏对文辞既喜爱，又贬斥；既看轻，又难以割舍。理性上认为诗文价值不高，没有学术有意义，情感上又难以割舍。故而形成对诗文的矛盾看法。或许这是朱熹等在文学上有较高素养、又对理学有较深厚修养的理学家共同的矛盾之处。

---

① 姚鼐：《与王铁夫书》，见（清）姚鼐著，刘季高校点：《惜抱轩诗文集》，上海：上海古籍出版社，1992年，第290页。

第三章

方东树的诗歌批评实践

方东树的《昭昧詹言》原本是批注在王士禛《古诗选》、姚鼐《今体诗钞》等书上的,后来过录出来,独立成书。此书通过鉴赏进行批评,全书对汉、魏、南北朝、唐、宋、元等时代诗人诗作的评点、批注、鉴赏,在全书中占有相当大比重。《昭昧詹言》注重对诗歌作品的细读分解,在诗歌品评方面总结了一些经验,许多观点也颇有见地。本章就方东树《昭昧詹言》中的具体诗歌批评展开讨论。

第一节 方东树诗歌批评总论

一、评析诗歌体裁的选择

王士禛的《古诗选》所选为五言、七言古诗,姚鼐的《今体诗钞》所选为五言、七言今体。方东树评析诗歌的底本主要是这两部书,但方氏对这两部诗集所选的诗作不是全部评析,而是有所选择。《昭昧詹言》全书评论的诗体依次为五古(一至十卷,共十卷)、七古(十一至十三卷,共三卷)、七律(十四至二十一卷,共八卷),共三大部分。也就是说,就诗体而言,方东树没有评析姚鼐所选的五律与绝句。

就卷数来看,评析五古与七律要多一些。实际上,从具体篇幅来看，《昭昧詹言》论古体诗占了较大比重，评析五古与七古的篇幅约占全书的 70%[1]，而论七律的篇幅相对较少，约占全书的 18%，此外附论诸家诗话等其他部分约占 12%，可知全书评析重点在古体诗。因为古体诗的字法、句法、章法等与散文的艺术原理较为接近，不像近体诗有严格的格律、句数等限制，可发挥的空间小。方东树隶属的桐城派本为散文流派，方东树身为古文家，自然清楚古诗与古文为近，律诗与骈文相类。在《昭昧詹言》中方氏习惯以"文法"评诗，本着论文的见解论诗，喜欢从章法与句法的角度论诗，尤其津津乐道于诗的起承转合与格局布置。这些特点在五言、七言古诗中要明显一些，尤其是篇幅比较长的古诗，而五律与绝句的字句、篇幅都短，不便于方氏发挥。因而他的《昭昧詹言》就没有涉及五律与绝句，而论五古与七古的篇幅较多。

二、评析诗人的选择

《昭昧詹言》本为方东树晚年居里为后辈讲论诗学的汇编，故书中常出现"学者"、"学诗"、"学文学诗"、"学诗文"等字样。为了更好地帮助后学学诗，书中所选择诗人几乎都是各时代的名家，对他们的诗作一一解析。

全书二十一卷，洋洋洒洒共三十八万多字[2]，除了评述汉、魏至唐、宋、元、金的名家诗作，还有少量其他时代的诗人。评论的篇幅相差甚大，有长有短，多者整卷或数卷，评论数十则或数百则，少者几则甚至只有一则，或者仅是连带提及。

由全书目录来看，《昭昧詹言》讨论较多的作家，分布如下：专列杜甫三处，杜甫诗歌之五古、七古、七律皆有论析；专列韩愈二处，韩愈诗歌之五古、七古有论析；专列黄庭坚二处，与苏轼合论一处，共三处，黄庭坚诗歌之五古、七古、七律皆有论析；

---

[1] 方东树著，汪绍楹校点：《昭昧詹言》，北京：人民文学出版社，1961年。除去卷十三"解招魂"等考辨部分。

[2] 方东树著，汪绍楹校点：《昭昧詹言》，北京：人民文学出版社，1961年。本书除特别指明外，凡引用《昭昧詹言》内容皆出自此版本。

专列李白二处,李白诗歌之五古、七古有论析;专列苏轼一处,与黄庭坚合论一处,共二处,苏轼诗歌之七古、七律有论析;专列陆游二处,其中一处为补遗,陆游诗歌之七古、七律有论析。从书中评析的具体作家来看,李、杜、韩、苏、黄评析较多,较少者如元好问、虞集、吴莱等人只有几则,最少的是金代诗人刘迎,只有一则。就《昭昧詹言》全书来看,方东树于历代诗人中比较重视唐、宋诗人,唐、宋诗人中最重杜甫,其次为韩愈、苏轼、黄庭坚等人。

第二节 论汉魏南北朝诗歌

《昭昧詹言》卷一至卷七,集中评析魏晋南北朝诗人诗作,即卷一通论五古;卷二汉魏;卷三阮籍、补遗;卷四陶渊明;卷五谢灵运,附谢惠连、颜延之;卷六鲍照;卷七谢朓,附张九龄、李白、柳宗元,占全书 37%[①]。此外,全书其他卷亦散有论及这些诗人诗作的。书中论及的魏晋南北朝诗人诗作中,篇幅、比重较大的有阮籍、陶渊明、谢灵运、谢朓、鲍照等,此节集中探讨方东树对以上这些诗人诗作的评论。

方东树对汉魏诗歌的总体评价很高,他说:"汉、魏诗陈义古,用心厚,文法高妙浑融,变化奇恣雄俊,用笔离合转换,深不可测。"(卷二·五,52页)"古人用意深微含蓄,文法精严密邃。如十九首,汉、魏、阮公诸贤之作,皆深不可识。"(卷一·一五,6页)"汉、魏、阮公,尤错综变化不见迹,及寻其意绪,又莫不有归宿。"(卷一·六一,22页)"(古诗)十九首及孔北海、曹氏父子、刘、阮、陶公、刘琨,皆魏晋人作,而高古如彼。"(卷一·一〇七,35页)汉魏诗天然浑成,方氏对汉魏诗的此一特点深有体会,故而他云其"深不可测"、"错综变化不见迹":

> 固贵立意,然古人只似带出,似借指点,或借证明,而措语又必新警,从无正衍实说。此当于《十九首》、汉、魏、

---

① 卷七后附有张九龄、李白、柳宗元,此处统计除去这几位唐代诗人。

阮公求之。(卷一·三五,13页)

方氏对汉魏诗极为推重,认为其立意,"只似带出"、"深不可测"、"错综变化不见迹",而又"莫不有归宿",即是他说的"高古"。他还引用《沧浪诗话》以示赞同严羽的评论:"汉、魏古诗,气象混沌,难以句摘。""渊明之诗质而自然耳。""黄初之后,惟阮籍《咏怀》之作,极为高古,有建安风骨。"

他还用中国传统的象喻式批评方法评论道:

用笔之妙,翩若惊鸿,宛若游龙;如百尺游丝宛转;如落花回风,将飞更舞,终不遽落;如庆云在霄,舒展不定。此惟《十九首》、阮公、汉、魏诸贤最妙于此。(卷一·七四,25页)

总之,方氏在这里用各种生动的比喻极力赞颂汉魏诗歌。

一、论阮籍及其诗

(一)对阮籍及其诗的总体评价

方东树论阮籍及其诗多与陶渊明放在一起讨论,说:"汉、魏、阮公、陶公,皆出之自然天成。"(卷一·一二六,41页)"大约陶、阮诸公,皆不自学诗来。"(卷一·一〇四,34~35页)"阮公、陶公托意非常。"(卷二·八四,78~79页)"阮公、陶公,曷尝有意于为诗;内性既充,率其胸臆而发为德音耳。"(卷四·六,98页)"阮公、陶公,自尔深人无浅语,不当以诗人求之。"方氏对陶、阮极尽赞美,云其"自然天成"、"托意非常",无意为诗而诗"发为德音",超越了一般诗人。因为方东树也是理学家,所以他对诗人诗作的考察不只是从其诗作本身来看,还附加了其他的意义。方氏这里评价诗人还带有对诗人本身道德品质的判断,所以他说对陶、阮"不当以诗人求之"。

方东树还采用与其他诗人相比较的方法来突出阮籍诗的特点:

子建、阮公,皆雄浑高古,而阮公精神文法,蟠空恣肆,

神化无方,尤奇。子建庄重,直似六经。阮公似史迁、庄子。(卷一·一〇〇,34页)

子建浑迈,犹是汉人。阮公高迈,亦以去汉未远也。(卷一·一〇九,36页)

太白胸襟超旷,其诗体格宏放,文法高妙,亦与阮公同;但气格不相似,又无阮公之切忧深痛,故其沈至亦若不及之。然古人各有千古,政不必规似前人也。阮公为人志气宏放,其语亦宏放,求之古今,惟太白与之匹,故合论之。(卷三·五,81~82页)

方氏把阮籍与曹植、李白等人相比以突出阮籍的特点。方东树还指出诗学源流,认为"阮公于曹、王另为一派",指出阮籍与曹植、王粲属于不同的流派。又间有考辨,并对前人的看法提出自己的意见:

阮公于曹、王另为一派,其意旨所及,昔贤皆怯言之。休文所解,粗略肤浅,毫无发明。颜延年曰:"阮在晋文代,常虑祸患,故发此咏。"又曰:"身仕乱朝,常恐罹谤遇祸,因兹发咏,故每有忧生之嗟。虽志在刺讥,而文多隐避,百代之下,难以情测。故粗明大意,略其幽旨。"延年之说当矣。而何义门谓颜说为非。岂以其忠悃激发,痛心府朝,而不徒为一己祸福生死也乎?姚姜坞先生讥何不当,一一举其事以实之。夫诵其诗,则必知其人,论其世,求通其词,求通其志,于读阮诗尤切……大约不深解《离骚》,不足以读阮诗。(卷三·一,80页)

何云:"阮公源出于《骚》,而钟记室以为出于《小雅》。"愚谓《骚》与《小雅》,特文体不同耳;其悯时病俗,忧伤之旨,岂有二哉?阮公之时与世,真《小雅》之时与世也,其心则屈子之心也。以为《骚》,以为《小雅》,皆无不可。而其文之宏放高迈,沈痛幽深,则于《骚》、《雅》皆近之。钟、何之论,皆滞见也。(卷三·二,80~81页)

方东树认为,沈约所解的阮籍诗"粗略肤浅",没有新观点,又引述颜延年的话,表示赞同。"又曰"后的文字乃是《文选》中李善注释阮籍《咏怀》第一首"夜中不能寐"的话,不是颜延年说的。方氏虽引述有误,但表示认同颜延年、李善的观点。对于何焯认为颜延年有误的观点,方氏对姚范讥讽何焯不应该过分指实的观点表明了自己的态度。方东树通过考辨,提出应该用"知人论世"的方法解诗,认为"不深解《离骚》,不足以读阮诗",点出《离骚》与阮籍诗都不易解。

关于阮籍《咏怀》诗所受前代文学的影响,有两种具有代表性的看法。一种认为其源出于《小雅》,例如钟嵘《诗品》云:

> 晋步兵阮籍诗,其源出于《小雅》,无雕虫之巧,而《咏怀》之作,可以陶性灵,发幽思,言在耳目之内,情寄八荒之表,洋洋乎会于《风》、《雅》,使人忘其鄙近。①

另一种看法则认为,其源出于《离骚》,例如何焯《义门读书记》认为阮籍诗"其源本诸《离骚》"②。沈德潜《古诗源》也说:"其源自《离骚》来。"③方东树认为"钟、何之论,皆滞见也"。他的观点比较折中,以为《骚》与《小雅》只是"文体不同",其"悯时病俗,忧伤之旨"是一样的,故而,他认为"以为《骚》,以为《小雅》,皆无不可"。

阮籍的《咏怀》诗前人多有论评,除了这里引用的颜延年、沈约的评论,钟嵘云其"厥旨渊放,归趣难求"(《诗品》),刘勰言"阮旨遥深"(《文心雕龙·明诗》),等等,皆表明阮籍的诗难以索解。方东树也认为阮籍"为文,用意深而难明,是以明公皆为寻求意绪脉缕"(卷三·一〇,83页),"意旨所及,昔贤皆怯言之"(卷三·一,80页)。但方东树并不完全赞同他人的说法,如他说沈约所解"粗略肤浅,毫无发明"(卷三·一,80页),云何焯解《平生少年时》:"义门解非。"(卷三·一四,85页),等等,还提出一些自己的看法。

由于方氏持有非常正统的诗学价值观,故而他论诗人往往比较恪守传统的"知人论世"、"以意逆志"之法,把诗人的诗作

---

① (南朝梁)钟嵘著,曹旭笺注:《诗品笺注》,北京:人民文学出版社,2009年,第69页。
② (清)何焯著,崔高维点校:《义门读书记》,北京:中华书局,1987年,第900页。
③ (清)沈德潜选:《古诗源》,北京:中华书局,2006年,第118页。

与其人的言行紧密结合起来：

> 今学汉、魏、阮公,当玩其文法高妙,气体雄放,而避其词意。原本前哲,直书即目,领略古法,而又不蹈袭,凡学古人皆然。且阮公尤不易学。必处阮公之遇,怀阮公之志与事,乃见其沈痛伤心。今既非其人,而于其诗,读之尚未能通其词,达其意,得其旨趣归宿,毫无真得力处,而漫云吾学阮公,亦见其自谩而已。(卷三·四,81页)

> 圣人但恶不义之富贵耳,非乐枯槁也。观阮公《炎光万里》篇,词旨雄杰分明,自谓非庄周言,道其本实如此。非若世士,但学古人,伪为高言夸语,而考其立身,贪污鄙下,言与行违也。读阮公诗,可以窥其立身行意本末表里。陶公、杜公、韩公亦然。其余不过词人而已。(卷三·六,82页)

方东树往往联系诗人的道德品行对其诗作进行评判,联系其"作人立身"、"言与行"对他们进行定位,其实骨子里还是不太看得上"诗人(词人)"。他又道：

> 古人著书,皆自见其心胸面目。圣贤不论矣,如屈子、庄子、史迁、阮公、陶公、杜公、韩公皆然。(卷三·七,82页)

> 有德者必有言,诗虽吟咏短章,足当著书,可以觇其人之德性、学识、操持之本末,古今不过数人而已,阮公、陶公、杜、韩也。(卷四·一,97页)

> 古人处变革之际,其立言皆可觇其志性。如孔北海、阮公,固激发忠愤,情见乎词。陶公淡而忘之,犹有《荆轲》等作。(卷五·一七,130页)

以上方氏所论,皆联系到诗人的品行道德、"心胸面目"及"德性、学识、操持",这些都是方东树浸染理学日久在文学领域的反映。

(二)评析阮籍诗歌

方东树对阮籍诗评价很高,云其"文法高妙"(卷六·二四,

169页),"浑浩流转"(卷六·一〇,166页),赞阮籍作诗"有其本领",能够"痛心府朝,忧生虑患"(卷五·一八,130页)。他在《昭昧詹言》的卷三中论述了阮籍及其诗歌、诗话,共有四十则。

如前文所言,方氏评析诗歌的底本之一是王士禛的《古诗选》,而阮籍的五言古诗自然出自《古诗选》。阮籍是曹魏"正始之音"的代表,其诗以《咏怀诗》八十二首最为著名。王士禛《古诗选》选录了阮籍的《咏怀诗》三十二首,方东树就这三十二首逐一进行评析,大体提出以下几种观点:

第一,阮籍词意已为后人袭用熟滥,几成陈言,若就当时而言,则为雅言。如若学阮籍,则应该"避其词意"、"不蹈袭",如阮籍的《咏怀诗》第一首:

> 夜中不能寐,起坐弹鸣琴。
> 薄帷鉴明月,清风吹我衿。
> 孤鸿号外野,翔鸟鸣北林。
> 徘徊将何见?忧思独伤心。

方氏评析此诗道:

> 此是八十一首发端,不过总言所以咏怀不能已于言之故,而情景融会,含蓄不尽,意味无穷。虽其词意已为后人剽袭熟滥,几成陈言可憎,若代阮公思之,则其兴象如新,未尝损分毫也。起句何以"不能寐",所谓幽旨也。"孤鸿"以下,当此之时,而忽然伤心,然其固有所见而然,故自疑而问之,所谓幽旨也。(卷三·九,83页)

方氏指出这是阮籍《咏怀诗》"八十一首发端",是"总言",相当于诗序,称赞此诗景中有情,情景交融,"含蓄不尽,意味无穷",评价很高。最难能可贵的是,方氏能够"就诗论诗",指出阮籍诗意为后人袭用已经熟滥,"几成陈言可憎"。但就当时的诗坛而言,阮籍此诗则"兴象如新"。其后的解诗也合理、通融。他评《壮士何慷慨》:"按此等语,古人已造极至,不容更拟。"(卷三·三二,91页)指出阮籍此诗已经达到最高水平,后人不宜再学。

又如他评析《朝登洪坡颠》思路也类似:

> 朝登洪坡颠,日夕望西山。
> 荆棘被原野,群鸟飞翩翩。
> 鸳鹭特栖宿,性命有自然。
> 建木谁能近,射干复婵娟。
> 不见林中葛,延蔓相钩连。

言己如鸳凤,尘世无可托足。凡此诸篇,往复一意,皆古人之雅言,而在今日则皆为陈言……据此诸篇,皆非因魏、晋易代而发,只自咏怀耳。(卷三·二八,89页)

方东树指出阮籍《咏怀》诸首诗意类似,于阮籍为"雅言",后人再拟,则为"陈言"。又说阮籍不是"因魏、晋易代而发,只自咏怀",观点比较通达。

第二,指出阮籍诗学的源流。如方氏评阮诗《朝登洪坡颠》:"《古诗十九首》中,亦多此等意旨。"(卷三·二八,89页)王夫之曾言:"步兵《咏怀》,自是旷代绝作,远绍《国风》,近出入于《十九首》。"(《古诗评选》)方东树也指出阮籍学习了《古诗十九首》。《壮士何慷慨》:"原本《九歌·国殇》,词旨雄杰壮阔,自是汉、魏人气格。"(卷三·三二,91页)《炎光延万里》云:"此诗语势壮浪,气体高峻,有包举六合气象,与孔北海相似。"(卷三·三一,90页)点出阮诗源自屈原,与孔融诗相似,高度称赞阮诗。

又评点《天网弥四野》:"即屈子《远游》意。"(卷三·三三,91页)《河上有丈人》曰:"起句已开陶公。"(卷三·三七,92页)点出阮籍学习前代诗人屈原,开启后代诗人陶渊明。

第三,要求诗人创作诗歌要"诗中有人"。方东树对创作主体——诗人的要求很高,要求诗人"修辞立诚",能够通过其诗"考其立身",见其"立身行意本末表里"(卷三·六,82页),如此,才能"显出其真情,发露其真味"(卷三·一一,84页)。他从学诗的角度讲,认为"今学汉、魏、阮公,当玩其文法高妙,气体雄放,而避其词意","阮公尤不易学。必处阮公之遇,怀阮公之志与事。乃见其沈痛伤心"。如果不是处于阮籍那样的情境,而轻易学阮,则为"客气伪诗","见其自谩而已"(卷三·四,81页)。

又如评析《天网弥四野》:

> 天网弥四野,六翮掩不舒。
> 随波纷纶客,泛泛若浮凫。
> 生命无期度,朝夕有不虞。
> 列仙停修龄,养志在冲虚。
> 飘飘云日间,邈与世路殊。
> 荣名非己宝,声色焉足娱。
> 采药无旋返,神仙志不符。
> 逼此良可惑,令我久踌躇。

此篇直书胸臆……此诗章法佳,一起一结,相为呼应。中分两种人,"荣名"二句,承"随波"四句,"采药"二句,承"列仙"四句。收语原本《卜居》,杜公"疑误此二柄",语意不同。阮公贤乎哉!六朝人学识旨趣,陶公外,未有及此者矣。彼康乐、玄晖,皆未尝真发肯心者也,况欲战胜乎?如庄、屈、陶公、阮公,其知道乎!(卷三·三三,91页)

方氏赞颂阮籍,认为六朝除陶渊明外,没有人能够比得上阮籍。以为谢灵运、谢朓皆未能发自真心,对阮籍很是推崇。

二、论陶渊明及其诗

(一)对陶渊明及其诗的总体评价

方东树对"自道己意"(卷一·三一,11~12页),以诗"言志"能够"立诚"(卷一·六,3页)的陶渊明非常推崇,多激赏之语,如他说:"陶公之至性恬淡,怀抱如洗也。"(卷一·一一六,38页)"惟陶公则全是胸臆自流出,不学人而自成,无意为诗而已。"(卷一·一〇五,35页)"陶公别是一种,自然清深,去三百篇未远。"(卷一·一〇二,34页)"大约陶、阮诸公,皆不自学诗来。惟鲍、谢始有意作诗耳。"(卷一·一〇三,35页)方东树对

"出之自然天成"(卷一·一二六,41页)"诗文神气浑涵,不露圭角"(卷一·一〇八,36页)的陶潜极力赞颂。方东树对于符合其"求真与立诚"审美理想的陶渊明极其推举:

> 大抵古诗皆从《骚》出,比兴多而质言少。及建安渐变为质,至陶公乃一洗为白道,此即所谓去陈言也。后来杜、韩遂宗之以立极。其实《三百篇》本体固如是也。(卷二·三七,63页)

方东树论诗有着比较明确的诗歌史意识,总是试图找出诗学发展的脉络。他认为"汉、魏、阮、陶、谢、鲍皆成绝响"(卷一·九七,32页),但他又努力想给自己最为推崇的杜、韩诗学找到源头。故而在这里,他把陶渊明作为他构建的诗学链条上的一环,认为由建安诗风发展到陶渊明,然后由陶到后来的杜、韩。以为陶渊明的"一洗为白道"、"脱口自然"(卷七·一,186页)、"直寄"(卷四·一一,100页),与韩愈提倡的"去陈言"相类。这样就把杜、韩和陶渊明链接在一个诗学系统里。

方东树把唐代的杜、韩与汉、魏的阮、陶等人链接起来,构成一个前后相继的诗学系统:

> 求之唐以前诗,惟有陈思、阮、陶、杜、韩,文义与理兼备,故能嗣《经》、《骚》,得诗教之正。(卷七·一七,191页)

> 学黄必探原于杜、韩,而学杜、韩必以《经》、《骚》、汉、魏、阮、陶、谢、鲍为之源。(卷十·一〇,227页)

> 至于汉、魏、阮、陶、谢、鲍皆成绝响。故后世诗人只可谓之学李、杜、韩、苏、黄而不能变,不可谓能变《选》诗也。(卷一·九七,32页)

> 汉、魏、阮公以及杜、韩混茫浩然一气也。(卷五·三七,135~136页)

> 如曹、阮、陶、谢、鲍、杜、韩、苏、黄诸家,一一用功,实见各开门户,独有千古者,方有得力处。(卷一·二五,9页)

方氏建构的学诗系统,"以《经》、《骚》、汉、魏、阮、陶、谢、鲍为之源"。由于"汉、魏、阮、陶、谢、鲍皆成绝响",所以后世诗人只能"学李、杜、韩、苏、黄"这几位诗人,把他推崇的李、杜、韩、苏、黄这几位唐、宋诗人与汉、魏、陶、阮链接到一个诗学系统中,使之前后相继,成为一体。因而他说:"汉、魏、阮公以及杜、韩混茫浩然一气也。"(卷五·三七,135~136页)认为唐以前的诗人,只有曹植、阮籍、陶渊明、杜甫、韩愈,"文义与理兼备",因而能够接续《诗经》、《离骚》,"得诗教之正"。认为他们"陈义高深"(卷一·九九,33页),都是"全是自道己意,而笔力强,文法妙,言皆有本"(卷一·三一,11~12页),评价很高。

方东树对陶渊明诗学有自己的理解,他说:"前人说陶诗者甚众,然多迹论常解,无关微言胜理,今皆不取。"(卷四·一八,102页)表示不赞同前人的一些看法,如批评钟嵘道:"乃谓陶公出于应璩,又处之以第七品,何其陋哉!宜乎叶石林之辟之也。"(卷四·六,98页)叶石林即叶梦得,字少蕴,号石林居士,其《石林诗话》云:

> 梁钟嵘作《诗品》,皆云某人诗出于某人,亦以此。然论陶渊明乃以为出于应璩,此语不知所据。应璩诗不多见,惟《文选》载其《百一诗》一篇,所谓"下流不可处,君子慎厥初"者,与陶诗了不相类。①

钟嵘《诗品》中品"宋征士陶潜"条曰:"其源出于应璩,又协左思风力。"钟嵘关于陶渊明源流品第的观点,前人多有异议,方东树这里也表示不同意钟嵘的看法,而赞同叶梦得的观点。认为陶诗与应璩诗"了不相类",归为"源流"自然不合适。但他又并不全部否定钟嵘:

> 《诗品》谓陶诗出于应璩,此语固甚陋。然其曰:"文体省静,殆无长语,笃意真古,词兴婉惬。每观其文,想其人德,世叹其质直。如'欢言酌春酒,日暮天无云',风华清靡,岂直为田家语耶?"此论陶最笃,读陶诗者宜绎会之。(卷四·一〇,99页)

---

① (宋)叶少蕴:《石林诗话》卷下,(清)何文焕辑:《历代诗话》本,北京:中华书局,2004年,第433页。

肯定钟嵘其他论陶之语,"最笃",要读陶诗的人仔细体会。对于萧统对陶潜的评价,方东树的评品可谓独特:

> 观昭明选诗及分类,真乃无所知;然其论陶诗,却有见。如云:"人言陶诗篇篇有酒,吾观其意不在酒,亦寄酒为迹者也。"又曰:"其文章不群,词采精拔,跌宕昭彰,独超众类,抑扬爽朗,莫之与京。语事理则指而可想,论怀抱则旷而且真。贞志不休,安道苦节,自非大贤笃志,于道污隆,孰能如此!"读陶诗者,宜绎会此言。(卷四·九,99页)

方东树所引钟嵘、萧统的言论,现在经常被引用来评价陶渊明。方氏能够不局限于人们对陶潜的一般印象,而对陶诗得出比较准确的认识:

> 渊明之学,自经术来:《荣木》之忧,逝水之叹也;《贫士》之咏,箪瓢之乐也;《饮酒》末章,东周可为,充虞路问之意:岂庄、老玄虚之士可望耶?诗中言本志少,说固穷多。夫惟忍饥寒,而后存节义也。食薇、饮水、衔木、填海之喻,至深痛切。悲凉感慨,非无意世事者。遗荣辱,一得丧,有旷达之风,政其怀抱伤心处。(卷四·一六,101页)

在此则诗话中,方东树点出陶潜的"学之源"、"诗之意"。点出陶渊明也有"悲凉感慨",不是无意世事的人。表面看来渊明是旷达的,实则其自是有伤心之处。方氏对陶诗的认识还是很深入的:

> 古人处变革之际,其立言皆可觇其志性。如孔北海、阮公,固激发忠愤,情见乎词。陶公淡而忘之,犹有《荆轲》等作。(卷五·一七,130页)

一般认为陶诗平和、淡远,朱熹有不同观点,方东树曾引用,云:"陶渊明诗,人皆说是平淡。据某看,他自豪放,但豪放得来不觉耳。"(卷二十一·一〇五,499页)在这里方东树就举出陶之《咏荆轲》来证明陶诗中亦有"激发忠愤"之作,不全都是淡远冲和之作。他还引用苏轼论陶的著名论断,曰:"质而实绮,臞而实腴,自曹、刘、沈、谢、李、杜诸人莫能也。"(卷四·一五,101页)表示认同朱熹和苏轼的观点,陶诗不全是质直、平和,还有金刚怒目,还有绮丽和丰腴。

(二)评析陶渊明诗歌

王士禛《古诗选》选录了陶渊明诗七十首,方东树在《昭昧詹言》中就这七十首诗进行评析,有详有略。详析的陶诗有三十首,略析的有三十六首,没有论评的有四首。卷四集中论述了陶渊明及其诗歌,诗话共有八十五则。另在卷十三,附有"陶诗附考"二十二则。可知方东树对陶渊明诗作的重视程度。

方东树虽然认为陶诗"自然天成"(卷一·一二六,41页)、"不烦绳削"(卷五·二一,131页)、"变化入妙,不可执著"(卷一·三八,10页),指出陶诗乃自然浑成,不是有意锻炼而成,但又想努力找到学习陶诗的途径和方法,以供后学参考,故而,他说:"陶公艰在用意用笔。""谢、鲍艰在造语下字。初学人不先从鲍、谢用功,而便学阮、陶,未有不凡近浅率,终身无所知"(卷四·三五,110页)。为后学指出学习陶诗的途径,那就是,先努力揣摩鲍照、谢灵运诗歌,然后再学陶渊明。陶诗很多时候"托意非常"(卷二·八四,78页),如果一开始就学陶渊明,则容易犯"凡近浅率"的毛病。

实际上,方东树的这一学诗思路非常切实。陶诗是陶渊明思想与生活的真实写照,首先有着深厚的思想与现实基础。其次,陶渊明对诗歌语言的把握达到了炉火纯青的地步,能够把自己的思想感情用朴素直白的语言准确地表达出来。而年轻的学诗之人如果一开始就学陶诗的浅切质直,则很可能由于思想和语言基础的不厚实,而导致诗歌浅率凡近,流于空泛和贫乏。如果先从鲍、谢用功,则可以避免语言的平淡。因为谢、鲍注重技巧,讲求语言的锤炼,对于年轻的学诗之人更有参考价值。学过谢、鲍之诗,有了一定的作诗经验和基础,再学陶诗,这样更容易学到陶诗的神韵。大体说来,方东树对陶诗的评析可以归结为以下几个方面:

第一,激赏陶诗之"真"与"直书胸臆",评析陶诗多"知人论世"的考辨。如《游斜川》:"清真自不可及。"(卷四·二〇,104页)《移居》二首:"只是一往清真。"(卷四·三一,107页)《与殷晋安别》:"序则真序,情则真情。""修词立诚,为有道之言也。""情辞芊绵真挚"。方东树论诗讲"面目"、"求真",要求诗人作诗有自己真实的思想感情,呈现自己真实的"面目",故而他很欣赏陶渊明之"任真"与自然。

他还很推崇"直书胸臆",如《赴假还江陵夜行途中作》:"直书胸臆与即目,而清腴有穆如清风之味。"(卷四·二二,104页)《饮酒》二十首:"据序亦是杂诗,直书胸臆,直书即事,借饮酒为题耳,非咏饮酒也。"(卷四·三九,111页)《和郭主簿》:"一味本色真味,直书胸臆。"(卷四·七四,123页)《在昔曾远游》:"直书胸臆,无一字客气。"(卷四·四八,114页)他称赞陶渊明能够"直书胸臆",真味盎然,没有他不喜欢的"客气假象"。

方东树论陶诗多有考辨,根据史书等材料,对陶诗进行"知人论世"、"以意逆志"的解读。如评析《始作镇军参军经曲阿作》(卷四·一九,102~104页)、《癸卯十二月中作与从弟敬远》(卷四·三五,105页)等。

第二,注重诗歌的"章法布置"、"开合起承"、"以文论诗"。如评析《桃花源》:

> 此诗叙一大事,本末曲折具备,而章法布置抵一篇文字,句法老洁,抵史笔;议论精卓,抵论赞。起四句,作一总叙,而笔势笼罩,原委昭明,峥嵘壮浪。"往迹"以下,夹叙夹写。"奇踪"以下又总结。"借问"四句,收入自己,何等神完气足。(卷四·三五,110页)

方东树评析《桃花源》,关注这首诗的"章法布置"和"起承转合",是以论文的手法评诗,云此诗"章法布置抵一篇文字"。其评析《久去山泽游》(卷四·二九,107页)、《怅恨独策还》(卷四·三〇,107页)思路也大抵如此,以论文的模式来评点陶诗。

第三,方氏把陶渊明和其最为推崇的杜甫、韩愈联系起来讨论。如其评析《归田园》五首:"此诗纵横浩荡,汪洋溢满,而元气磅礴,大含细入,精气入而粗秽除,奄有汉、魏,包孕众胜,后来惟杜公有之。韩公较之,犹觉圭角才露,其余不足论矣。"(卷四·二六,106页)《久去山泽游》:"惟杜公《草堂》、《四松》

等,乃与陶继其声耳。韩《城南联句》中有一段,亦同此境。"(卷四·二九,107页)方东树论诗有一个倾向,即论陶诗往往以杜、韩为参照。实际上,杜、韩诗歌与陶诗差别较大,但是,方氏却努力寻找它们之间的共同点。

三、论大小谢等谢氏诗人及鲍照

(一)对谢氏诗人及鲍照的总体评价

方东树对谢灵运尤为关注,对其评析之语甚多,如:"谢公气韵沈酣,精严法律,力透纸背,似颜鲁公书。"(卷五·一二,129页)"谢公全用小雅、离骚意境字句,而气格紧健沈郁。"(卷五·一一,129页)"谢诗力厚思深,语足气完,字典句浑,法密机圆,气韵沈酣。"(卷五·二三,132页)这些都是赞扬之语。

方东树对谢灵运的论述最多。首先指出谢诗最突出的特点,即"以人巧造天工",如:"汉、魏、阮公、陶公,皆出之自然天成。惟大谢以人巧夺天工。"(卷一·一二六,41页)"大谢以人巧肖天工,已自逊之,是根本不逮,然犹自浑厚。"(卷一·一〇八,36页)"谢公造句极巧,而出之不觉,但见其浑成,巧之至也,以人巧造天工。"(卷五·二八,133页)方氏最为推崇汉、魏、阮公、陶公的"自然天成",指出谢诗的不足之处在于"刻意",但肯定其"浑成"、"犹自浑厚",能"以人巧造天工"、"思深气沈,无一字率意漫下",与韩愈、黄庭坚相比,亦为"一大宗门"(卷五·六,127页)。谢诗之特点正在刻意:"读谢公能识其经营惨澹,迷闷深苦,而又元气结撰,斯得之矣。"(卷五·三,126~127页)

> 古人作诗各有其本领,心志所结,动辄及之不自觉,所谓雅言也……谢公功力学问天分,皆可谓登峰造极,虽道思本领未深,不如陶,而其痼疾烟霞,亦实自胸中流出。不似后人客气假象,自己道不得,却向他人借口也。(卷五·一八,130页)

观康乐诗,纯是功力。如挽强弩,规矩步武,寸步不

> 失。如养木鸡,伏伺不轻动一步。自命意顾题,布局选字,下语如香象渡河,直沈水底。(卷五·三三,134页)
>
> 谢诗用意沉厚酣恣,可以窥其天怀学力,读之久,令人不能释。(卷五·三九,136页)
>
> 大约谢公清旷,有似陶公,而气之骞举,词之奔会,造化天全,皆不逮,固由其根底源头本领不逮矣;而出之以雕缛、坚凝、老重,实能别开一宗。(卷五·四,127页)

指出谢灵运虽比不上陶渊明,但"谢公功力学问天分","登峰造极","清旷"似陶公,虽"根底源头本领"不如陶,但以其"雕缛、坚凝、老重"能够"别开一宗",其诗"用意沈厚酣恣",也可见其"天怀学力"。方氏本身是一位学者,故而他论诗也很重视诗人的学问、学识。他论谢、鲍等人道:

> 玩谢、鲍、玄晖所读书,亦不甚多,但能精熟浃洽,故用来稳切,异于后人之捋揎饾饤也。看来康乐全得力一部《庄》理。其于此书,用功甚深,兼熟郭注。古人有一部得力书,一生用之不穷,尺捶也。观康乐之所言,即其所润《涅槃经》也,故当非余人所及。(卷五·四九,139页)

他又说"读庄子熟,则知康乐所发,全是庄理"(卷五·四八,138页)。言谢灵运"其本领不过庄、佛,无多变境"(卷五·四五,138页)。点出谢诗与玄学、佛学的关系,认为谢诗作得好,在于有"得力书",能够"一生用之不穷",这些观点的提出是方东树重视学识的反映。

方东树从理学家修养的角度,对谢灵运的道德、品行有一些批评,如:

> 陶公说不要富贵,是真不要。康乐本以愤惋,而诗中故作恬淡;以比陶公,则探其深浅远近,居然有江湖涧沚之别。(卷五·一五,129页)
>
> 康乐仕不得志,却自以脱屣富贵,模山范水,流连光景,言之不一而足,如是而已,其志无先朝思也。"韩亡、秦帝"之诗,作于有罪之后,但撑挂门面耳,何谓"忠义动君子"也。当日庐陵王论曰:"灵运空疏,延之隘薄,鲜能以名

节自立。"可谓知言矣。(卷五·一七,130页)

谢灵运由于仕途失意,转而寄情山水,与陶渊明的"任真"自是不同。方东树思想正统,拿"忠义"、"名节"来要求谢灵运,批评其诗"故作恬淡"、"揩挂门面",这些都是儒家思想发展到程朱以后,对前代诗人品行批评的结果。

方氏还为学谢诗者指出谢诗之源流:"康乐……每一篇经营章法,皆从古人来,高妙深曲,变化不可执著。"(卷五·二五,132页)"谢实陶出"(卷四·三五,110页)。给学诗者建议道:"学者先宜学鲍、谢,不可便先学陶公。"(卷十四·一六,380页)因为学诗必然先要用力,学习的时间久了,便由"炫烂之极,归于平淡"。如果一开始就学陶公,则会"入于浅俗流易"(卷十四·一六,380页)。

其次,方东树还把谢灵运和鲍照等诗人的诗作放在一起讨论,通过比较显示各自的优劣,如:"鲍、谢始有意作诗"(卷一·一○四,35页),"用力勤苦"(卷一·一○六,35页),"专事绳削,而其佳处,则在以绳削而造于真"(卷四·五,98页),"谢、鲍两家,皆能作祖"(卷六·一○,166页),"谢、鲍根据虽不深,然皆自见真,不作客气假象,此所以能为一大宗。"(卷一·一一○,36页)虽对谢灵运、鲍照有批评,言谢、鲍作诗刻意,但又认为他们能够自成一格,自见其真,"能为一大宗":

> 谢、鲍两家起句,多千锤百炼,秀绝寰区。(卷六·一七,167页)

> 鲍、谢两雄并峙,难分优劣。谢之本领,名理境界,肃穆沉重,似稍胜之;然俊逸活泼,亦不逮明远……又明远时似有不亮之句,及冗剩语,康乐无之。(卷六·二五,169~170页)

方氏把谢、鲍放在一起,探讨他们之间的异同,使二者各自的优劣得以明晰。方氏还通过比较陶、谢,以及鲍、谢、颜等诗人,以突出他们各自的诗歌特点。如:"陶公不烦绳削,谢则全由绳削,一天事,一人功也。每篇百遍滥熟,谢从陶出,而加琢句工矣。"(卷五·二一,131页)点出陶、谢的源流、异同。"鲍俊逸生峭,涩固奇警,谢浑厚精融。"(卷二·七,53页)"明远、杜公,皆有率句;爽快逸迈,康乐无之。"(卷五·七,128页)"谢公厚重沈深;明远虽俊逸独出,似犹逊之。"(卷一·一〇三,34页)"谢、鲍但取其创言造句及律法之严,谢又优于鲍。"(卷四·四,98页)"学康乐之沈厚深重,须济以明远之俊逸,乃免滞气。学明远久,又入于轻俊,又当济以康乐。"(卷五·四六,138页)"今以鲍、谢两家为之的,于谢取其华妙章法,一字不率苟随意;于鲍取其生峭涩奥,字字炼,步步留,而又一往俊逸。"(卷六·二〇,168页)通过对比突出了谢、鲍诗各自的优、缺点,为学谢、鲍的学子指明了方向。

刘勰《文心雕龙·时序》云:"颜、谢重叶以文彩。"在南朝宋文坛上,颜延之与谢灵运并称"颜谢",方东树不仅比较谢、鲍,还比较颜、谢之同异,如:

> 本传称延之尝问鲍照,己与谢优劣。照曰:"谢如初出芙蓉,自然可爱;君诗若铺锦绣,亦雕缋满眼。"今寻鲍旨,以颜伤缋而乏生活之妙,不及谢,明矣。颜当日盖未喻鲍之贬己也。颜诗全在用字密,典则楷式,其实短浅。其所长在此,病亦在此。然学者用功,先从颜诗下手,可以药伧父无学,率尔填砌之陋。(卷五·九一,160页)

上述文字中方氏所说的"本传"即《南史·颜延之传》,钟嵘的《诗品》"颜延之"条引汤惠休语,文字小有出入,云:"谢诗如芙蓉出水,颜诗如错彩镂金。"这两则材料经常被引作说明颜、谢诗之优劣,方氏这里也是如此。南朝诗人大多重视精雕细刻,颜、谢也不例外,这也是时代风气使然。颜、谢的不同,正如方氏所云:"颜比于谢,几于有'山无草木,树无烟霞'之病。"(卷五·九三,160页)"颜伤缋而乏生活之妙","颜诗全在用字密,典则楷式,其实短浅"。谢虽亦雕琢,但能够"自然可爱",其诗给人耳目一新的感觉。而颜延之的诗则过于注意用典和谋篇布局,过于重视文采,即所谓"错彩镂金",从而缺少谢诗所具有的自然生动的韵致。方东树论颜诗比较客观,指出其诗之优劣,教导后学学颜诗的优点。

方氏还将谢、鲍、颜放在一起讨论:

> 颜诗凝厚典质,钩深持重,力足气完,差与康乐相埒。

> 但功力有余,天才不足,而奇观意外之妙,不及谢精警,又不及明远俊逸奇峭警拔,所谓词足尽意而已。(卷五·八九,159页)

> 颜诗以气体魄力胜,崇竑典则,有海岳殿阁气象,足以詟寒俭山林之胆,此其长也。不善学者,但成死句,余终不取。然政当以此与鲍、谢同参,可以测古人优劣,而择所从也。(卷五·九〇,159页)

在上边的诗话条目中,方东树肯定颜延之诗有其特点和长处,但若与谢灵运诗比,则不及谢了,也不及鲍照。他指出,将谢、鲍、颜一起讨论的目的在于,可以看出各自的优劣,为学习者提供参考。总的来说,方氏对于在诗歌发展史上影响较大的谢、鲍还是给予更多肯定,云谢灵运:"能成一大宗硕师,百世不祧也。"(卷五·二〇,131页)鲍照为"百世师"(卷六·二四,169页)。

最后,方氏不只重视谢灵运,对谢氏家族其他诗人也很重视,还把他们放在一起讨论:

> 谢公蔚然成一祖,衣被万世,独有千古,后世不能祧,不敢抗,虽李、杜甚重之,称为"谢公",岂假借之哉!且诸谢翼翼,如叔原、宣远,体格俱相似,而康乐独称宗,即惠连固且逊之,政可于此深惟其故。(卷五·一,126页)

方氏在《昭昧詹言》中对谢氏家族有诗名的几位都比较重视,或单独列为一卷,如谢灵运、谢朓,或附于某卷之后,如谢惠连。方氏最重视成就最高的谢灵运,其次是谢朓,还有谢惠连、谢混(字叔原)、谢瞻(字宣远)等,即他所说的"诸谢翼翼",云诸谢"体格俱相似"。可见他把他们归为一类,视作一个群体,眼光比较独到。

(二)评析谢、鲍等诗歌

方东树在《昭昧詹言》的卷五、卷六、卷七中,主要探讨了谢灵运、谢朓、谢惠连等谢氏诗人,以及鲍照、颜延之等诗人。其中,王士禛《古诗选》选谢灵运诗三十一首,方东树详析二十九首;王士禛选谢朓诗四十七首,方氏详析二十五首,略析十五首;王士禛选谢惠连诗四首,方氏详析两首;王士禛选鲍照诗二十八首,方氏详析二十首,略析七首;王士禛选颜延之诗十九首,方氏详析五首。由上述情况可知,王士禛选得多的诗人方东树也比较重视,对他们评析的文字也比较多。

在这些诗人中,大、小谢,即谢灵运、谢朓,还有鲍照各自为一卷,谢惠连、颜延之等则附属于这几卷。就谢氏诗人而言,方氏对谢灵运最重视,评析的条目有八十八则,而谢朓则少一些,有四十九则。

方东树在评析谢氏诗人,以及鲍照等诗人,特别是评析谢灵运诗时,多次拈出"兴象"①来论诗,《昭昧詹言》中有"兴象"二字的条目共有四十三则,其中论谢氏诗人及鲍照的条目有二十三则,占到一半多。方东树说:"文字精深在法与意,华妙在兴象与词。"(卷一·三〇,11页)他说读古人诗文,"须赏其兴象逼真处:或疾雷怒涛,或凄风苦雨,或丽日春敷,或秋清皎洁,或玉佩琼琚,或横惨寂寥,凡天地四时万物之情状,可悲可泣,一涉其笔,如见目前"(卷一·六五,23页)。可见,方东树对诗歌是否有"兴象"非常重视。

他评谢灵运诗《石壁精舍还湖中作》道:

> 此诗兴象全得画意,后惟杜公有之,凡言黄昏曛黄,皆向晚也。写山水之景,言己志在此,无与同心,诸篇皆此一意。(卷五·七一,152页)

谢灵运原诗为:

---

① 杨明先生有《"兴象"释义》一文,从历时发展的角度,以唐、明、清几代为考察时代,用大量例证,讨论了中国古代文学批评中用"兴象"论诗的开端、发展、深化的过程。文章认为"兴象"这一诗学用语,唐人偶一用之,明、清两代则使用较为普遍。细查古人原意,"兴象"之"象",泛指诗人所写下来的东西,即诗篇、诗句所包含的内容和艺术形式。它包括今之所谓"形象",但大于"形象",是一个十分宽泛的概念。"兴象"中的"兴",则是指诗歌所传达的兴致、感触、情怀、情趣等。古人用"兴象"称说作品时,注意点大多不在于"象",而在于"兴",在于诗中是否蕴含"兴"以及"兴"的传达是否自然、悠永。(《中山大学学报》,2009年第2期,第7~25页。)或可参看杨明先生著作《欣然斋笔记》一书,卷三概念辨析中关于"兴象"的文章。

> 昏旦变气候,山水含清晖。
> 清晖能娱人,游子憺忘归。
> 出谷日尚早,入舟阳已微。
> 林壑敛暝色,云霞收夕霏。
> 芰荷迭映蔚,蒲稗相因依。
> 披拂趋南径,愉悦偃东扉。
> 虑澹物自轻,意惬理无违。
> 寄言摄生客,试用此道推。

此诗谢氏精雕细琢,写出了山间从清晨到黄昏暝色聚合中的山光水色之美,乃是谢灵运的名作。中间的"林壑敛暝色,云霞收夕霏"两句更是历来被赞赏的名句。很显然,方东树对这首诗也是很喜欢的,云其"写山水之景","兴象全得画意"。这里的"兴象"应该就是他所说的"兴象逼真"的一种,是指诗中的形象描绘生动、自然,有如画境。可知方东树所说的"兴象"也是包含今天我们所谓的"形象"之意。

方氏所言的"兴象"包含"形象"意思者,还有评谢朓《之宣城郡出新林浦向板桥》:"一起以写题为叙题,兴象如画,浑转浏浏。"(卷七·一八,192页)谢惠连《泛南湖至石帆》:"章法断斩,字句清峭,兴象华妙,节短韵长,一往清绮,耐人寻味,惠连所长也。"(卷五·八一,157页)鲍照《秋夜》:"写田园之景,直书即目,全得画意;而兴象华妙,词气宽博。"(卷六·三四,174页)鲍照《上浔阳还都道中作》:"'鳞鳞'四句写景,兴象甚妙,杜公行役诗所常拟也。"(卷六·三七,175页)这些都是比较明显的形象描绘逼真自然的例子。

中国古代文论中的"兴象"一词,大致指形象中蕴含的更为深远的意韵,或者说是形象能够引发的超出形象本身的更为深远的情蕴,或者根本无所谓形象,可以终篇不著景物,而表达一种兴致、感触、情怀、情趣等。方东树是桐城古文家,论诗论文讲"义法",经常用论文的思路来论诗,故而论诗也重视意脉等诗歌深层含蕴。这样,他论诗所讲的"兴象"就不仅仅指诗歌形象,还有意脉等诗歌内在理路方面的问题。就方氏论谢、鲍等人诗而言,这样的例子很多,如评谢灵运:

> 谢公不过言山水烟霞邱壑之美,已志在此,赏心无与同耳,千篇一律。惟其思深气沈,风格凝重,造语工妙,兴象宛然,人自不能及。(卷五·一四,129页)

> 谢公每一篇,经营章法,措注虚实,高下浅深,其文法至深,颇不易识。其造句天然浑成,兴象不可思议执著,均非他家所及。(卷五·二〇,131页)

在这两则诗话中,方氏给予谢灵运诗作以很高评价,言谢氏虽有"千篇一律"的毛病,却擅长写诗,其谋篇布局、遣词造句都是一流的,他的诗"兴象宛然"、"兴象不可思议执著",表达了谢灵运的兴致和情怀真切可感。总之,方东树认为谢诗"传达感兴之自然真切","兴致、情怀之传达微妙难言"①。

方氏评谢灵运《游赤石进帆海》:

> 起句……不过叙时令,而万古不磨,则琢句兴象之妙也。"水宿"二句,点题实,迤逦叙入,而必兼带兴象,不肯作一率漫泛句,杜公所谓"语不惊人死不休"也。(卷五·六一,145页)

《游赤石进帆海》开头几句是:"首夏犹清和,芳草亦未歇。水宿淹晨暮,阴霞屡兴没。"写初夏的天气清爽煦和,芳草依然茂盛。在南游赤石的路途中水行水宿,看到云霞阴晴不断变化。谢灵运这几句诗固然也写了景色,写到初夏的芳草和云霞,但诗中主要表现了一种游览中心情得以抒发的盎然兴致和情趣。

又评谢灵运《从斤竹涧越岭溪行》:"起四句写早景,兴象涌现,为题作圆光,甚妙。"(卷五·六五,148页)此诗前四句:"猿鸣诚知曙,谷幽光未显。岩下云方合,花上露犹泫。"固然是写景的句子,是形象描绘,但主要还是表现诗人一种愉悦的心情。中国古代哲学讲"天人合一",谢灵运诗多有玄言的成分,其诗中的写景之句不仅仅是写景,还把情和景恰切地融合在一起。或者根本不在写景色,而是重在表达诗人的思想感情,表达一

---

① 杨明:《当"兴象"评论形象描绘时如何正确理解》,《欣然斋笔记》,上海:中国出版集团、上海出版中心,2010年,第298页。

种情绪。

方东树对谢灵运最为欣赏,多赞颂之辞,如评谢诗:"造句清爽秀韵,又极老成古朴。"(卷五·二五,132页)多次言其诗"精深华妙"(卷五·九,128页)。评谢诗《于南山往北山经湖中瞻眺》:"此诗精魄之厚,脉缕之密,精深华妙,元气充溢,如金精美玉,光气灿然。"(卷五·七〇,151页)评价可谓极高。

方氏也批评谢灵运《述祖德》诗:"吾故谓谢康乐以'道情'称其祖为浮夸也。"(卷二·六〇,71页)又说"康乐此诗,余亦不取,以其意稍矜夸过量也。"(卷一·一一五,38页)虽批评谢灵运,但批评中有肯定。如评析谢之《过始宁墅》:"此与陶《归田园》比之,则陶为元气挥斥,此微有斧凿痕;而真挚沈厚,耐人吟咏。"(卷五·五六,142页)认为谢灵运此诗虽比不上陶渊明的《归园田居》,但自有其"真挚沈厚"之处。

方氏还对谢氏诗人进行比较,指出优劣:

> 谢宣远《子房诗》,铺陈典赡,当时以为冠,此特应制好手耳。以康乐《述祖德》比之,则气格之高峻,文词之雄杰,章法之深曲,皆非宣远所及矣。(卷一·一一五,38页)

谢氏诗人中谢灵运成就最高,其他诸如谢混(字叔原)、谢瞻(字宣远)等成就皆在灵运之下。方东树认为,谢瞻《子房诗》虽也不错,但若与灵运相比,则相差甚远。他还批评鲍照《登庐山》:

> 虽造句奇警,非寻常凡手所能问津,但一片板实,无款窍章法,又不必定为庐山之景,此恐亦足取后人乱杂无章,作伪体泛诗之病,故不及康乐之精深切题也……此不必定见为庐山诗,又不必定见为鲍照所作也。换一人,换一山,皆可施用,前人未有见及而言之者也……大抵游山固以写情为本,然必有叙,有兴寄;否则,不知作者为何人,游为何时何地何情,与此地故事,交代不明,则为死诗无人。明远此诗是也……今明远但有一写景耳,虽字句生创,然不及康乐之华妙自然现前也。(卷六·二七,170~171页)

方东树肯定鲍照《登庐山》"造句奇警",一般人作不出这样的诗。但更多的是批评鲍照:"不知作者为何人,游为何时何地何情,与此地故事,交代不明,则为死诗无人。"言下之意是换一座山,换成其他人来写也无不可,因为诗中看不出作者的个性和庐山的特色。方氏主张以"写情为本",要"有兴寄",诗作应体现诗人独特的个性特点,反对"作伪体泛诗"。所以他说"不及康乐之华妙自然",认为鲍照比不上谢灵运。

方东树又批评道:

> 鲍及小谢,除写景之外,无一语能动人。但其情文并合,气韵芳蔼,不愧大雅。其余诸人,又并鲍、谢这点识本家赀俱无,但向句法模拟,泛泊嗷嗷,于作家风旨,益渺然矣。(卷一·一一六,38页)

批评鲍照、谢朓诗虽有优点:"情文并合,气韵芳蔼,不愧大雅",但他们的诗不能"动人",不符合他要求的诗人写自己真情实感的一贯标准。至于其他人,连鲍、谢这点优长也没有,就更无须多说了。

第三节 论唐宋诗歌

一、论杜甫及其诗歌

(一)对杜甫及其诗的总体评价

第一,杜甫有着无比崇高的地位,被尊为诗歌创作的最高典范。方东树多次高度称赞杜甫,说他"集古今之大成"(卷一·一四,5页),"空前后作者,古今一人而已"(卷八·五,211页),"千古一人,推杜子美"(卷十八·二,419~420页)。在古今诗人中,方东树对杜甫的论述最多、最详尽,对他也最为推崇。

方东树的《昭昧詹言》分别论述了汉魏六朝、唐宋诸家的五古、七古、七律三种诗体,不论哪种体裁,杜甫的诗作都是创作的典范。比如在论述五古时说:"以《三百篇》、《离骚》、汉、魏为本为体,以杜、韩为面目,以谢、鲍、黄为作用,三者皆以脱尽凡情为圣境。"(卷一·一二,4页)再如七古:"杜公如佛,韩、苏是祖,欧、黄诸家五宗也。此一灯相传。"(卷十一·二〇,237页)对于七律,方氏将其创作分为两派:"一曰杜子美:如太史公文,以疏气为主。雄奇飞动,纵恣壮浪,凌跨古今,包举天地,此为极境;一曰王摩诘:如班孟坚文,以密字为主。庄严妙好。"(卷十四·一一,378~379页)虽然方东树也承认王维与杜甫同为七律之"二派","杜公亦不能加其上"(卷八·二一,217页),他们的艺术风格截然不同,但他认为王维一派属于"禅家别传,无关志持"(卷一·一八,7页),不是诗学之正统,因而更喜欢杜甫,以为杜甫的七律"冠绝古今诸家"(卷十四·一三,379页)。

第二,强调杜甫诗有真情实感,有真性情、真怀抱,能感动人。他多次说杜甫的诗"全是自道己意","从自家胸臆性真流出","从肺腑中流出,自然浑成"(卷十四·一六,380页),杜甫"学有本源,故说自己本分话"(卷一·三一,11~12页),其赠寄之作都"情真意挚,至今读之,犹为感动。无他,诚焉耳"(卷一·六,3页),没有客气假象。又说:

> 大约飞扬聿兀之气,峥嵘飞动之势,一气喷薄,真味盎然,沈郁顿挫,苍凉悲壮,随意下笔而皆具元气,读之而无不感动心脾者,杜公也。(卷八·一〇,212页)

方东树对杜甫诗极力推举的原因之一,就是杜诗的"真"。杜诗中有儒家诗教要求的所谓"志持",即《毛诗序》所说的"在心为志,发言为诗",刘勰所言的"诗者,持也,持人性情"(《文心雕龙·明诗》),能够在抒发真实性情的同时保持"无邪"的诗学传统。杜甫一生忧国忧民,完全符合方氏对诗人道德品质修养的要求,对诗歌内容要有"义理"的要求,因而,杜诗的"真味盎然"使得方东树"感动心脾"。他不只推崇杜甫的"真",还推而广之,说:

> 古人得意语,皆是自道所得处,所以冲口即妙,千古不磨。今人但学人说话,所以不动人,此诚之不可掩也。以此观大家无不然,而陶、杜、韩、苏、黄尤妙。(卷十二·

一九九,293 页)

方东树认为,古人都是自道己意,今人只是学别人说话,因而不能感动人。他对创作主体的要求非常高,要求他们的创作态度要真诚,认为陶、杜、韩、苏、黄这样的大家就达到了这个要求。

第三,诗学史视野中的杜甫。方东树以杜甫为中心,努力指出其诗学的源流,如:"唐之名家,皆从汉、魏、六代人出。杜、韩更远溯《经》、《骚》。"(卷一·一二七,41页)"求之唐以前诗,惟有陈思、阮、陶、杜、韩,文义与理兼备,故能嗣《经》、《骚》,得诗教之正。"(卷七·一七,191页)指出杜甫诗学导源于《经》、《骚》,为诗学之正统。

尤其指出杜甫对后世的影响,后世对杜诗的学习与继承:"杜公包有梦得、子厚、乐天,而有精深华美不测之妙。"(卷十八·三五,430页)"(韩愈)公七言皆祖杜拗体。"(卷十二·一〇二,269页)指出后世诗人多以杜甫为学习对象。

(二)评析杜甫诗歌

本章第一节"方东树诗歌批评总论"曾说过,由《昭昧詹言》全书之目录来看,专列杜甫三处,杜甫诗歌之五古、七古、七律皆有论析。比较目录中同样评析比较多的韩愈和黄庭坚,即可知杜甫在方东树心目中的地位。如专列韩愈二处,韩愈诗歌之五古、七古有论析;专列黄庭坚二处,与苏轼合论一处,共三处,黄庭坚诗歌之五古、七古、七律皆有论析。

《昭昧詹言》卷八论杜甫五言古诗,整卷都是综合性的评价,没有选录具体的诗歌进行评析;卷十二评析杜甫的七言古诗,共四十八首诗;卷十七评析杜甫的七言律诗,共六十首。杜甫在目录中都是单独列出进行论析,可见方东树对杜甫的推重。

第一,以文法论杜甫诗,以杜诗之"曲"为贵,推崇杜甫沉郁顿挫、奇横恣肆的诗风。如杜甫七古《天育骠骑歌》①：

> 吾闻天子之马走千里，今之画图无乃是！
> 是何意态雄且杰？骏尾萧梢朔风起。
> 毛为绿缥两耳黄，眼有紫焰双瞳方。
> 矫矫龙性合变化，卓立天骨森开张。
> 伊昔太仆张景顺，监牧攻驹阅清峻。
> 遂令大奴守天育，别养骥子怜神俊。
> 当时四十万匹马，张公叹其材尽下。
> 故独写真传世人，见之座右久更新。
> 年多物化空形影，呜呼健步无由骋。
> 如今岂无腰褭与骅骝，时无王良伯乐死即休。

杜甫的《天育骠骑歌》大约作于天宝末年，诗中以叹马而叹士、叹己。方东树在《昭昧詹言》中评析此诗道：

> 起二句，故意曲入，以避平叙，突起奇纵。此诗写老马，分明为老将写照。"是何"六句先写。"伊昔"八句始实叙。而"当时"四句，提笔跌宕，以补叙为棱汁，即借此逆入。"年多"二句转入议。"如今"二句入议，叹今之不遇，以结骠骑之遇，知不独为马叹也。以真为画，以画为真。忽从真说到画，忽从画说到真。真马画马，交互言之，令人迷离莫辨。此亦是衬起曲入，以避直叙平叙。"是何"以下接写。"伊昔"以下叙题。又将真马一衬，作势拍题感叹，以真马与人作收。（卷十二·五六，256～257页）

方东树说七古的创作"不过一叙、一议、一写三法"，要将此三法"颠倒顺逆、变化迷离而用之"（卷十一·四，233页），要点在于"避直、避平、避顺"（卷十一·九，234页），使人"目眩神摇，莫测其妙"（卷十一·四，233页）。总之，要曲，不要直、平、顺，不要使人一览无余。方东树评析杜甫的这首诗即实践了这

---

① 杜甫：《天育骠骑歌》，(清)王士禛选，闻人倓笺：《古诗笺》，上海：上海古籍出版社，1980年，第673页。杜甫此诗《全唐诗》亦为《天育骠骑歌》，然(清)仇兆鳌《杜诗详注》此诗名为《天育骠图歌》，萧涤非《杜甫诗选注》此诗名为《天育骠骑图歌》。

些想法。

《天育骠骑歌》实际上是由一幅骏马图生发开来,抒发了作者的感慨。方氏将杜甫的这首七言古诗分解为七部分,讨论了此诗由"起二句"的故意曲写,以避免平叙,起笔即有奇纵之意,然后通过"伊昔"、"当时"、"年多"等字眼转入实叙、补叙、议论环节,最后作结,抒发诗人的感叹。方东树这样评析,实际上是以论文之法来论杜甫诗,努力找出这首诗叙述的曲折不平之处。以为此诗"真马画马,交互言之,令人迷离莫辨",最关注的是章法等叙述方面的问题。又如《李潮八分小篆歌》评曰:"盖其章法之妙,直与史迁之文相抗矣。"(卷十二·一〇一,268页)亦为此类。

又如《古柏行》,杜甫借古柏以咏其怀抱:

> 孔明庙前有老柏,柯如青铜根如石。
> 霜皮溜雨四十围,黛色参天二千尺。
> 云来气接巫峡长,月出寒通雪山白。①
> 君臣已与时际会,树木犹为人爱惜。
> 忆昨路绕锦亭东,先主武侯同閟宫。
> 崔嵬枝干郊原古,窈窕丹青户牖空。
> 落落盘踞虽得地,冥冥孤高多烈风。
> 扶持自是神明力,正直元因造化功。
> 大厦如倾要梁栋,万牛回首丘山重。
> 不露文章世已惊,未辞剪伐谁能送。
> 苦心岂免容蝼蚁,香叶终经宿鸾凤。
> 志士幽人莫怨嗟,古来材大难为用。

方氏评曰:

> 起四句以叙为写;首句叙,二三四句便是写,已有棱汁。"君臣"四句夹议夹写,他人必将"云来"二句接在"二千尺"下。看他一倒,便令人迷。与《骢马》"卿家"二句同。

---

① 杜甫《古柏行》第三、四句笺注下云:"'云来'、'月出'二句旧在'爱惜'之下,今依须溪改正。"见(清)王士禛选,闻人倓笺:《古诗笺》,上海:上海古籍出版社,1980年,第717页。

刘须溪、王渔洋改而倒之,不知公用笔之妙矣。"忆昨"句是宕笔,一开拓势,补已之所见。"扶持"二句顿挫住。"大厦"句换气,突峰起棱,忽借人双写。"志士"二句另一意,推开作收,凄凉沈痛。此似左氏、公羊、太史公文法。(卷十二•八七,265页)

方东树说其他人必然将《古柏行》的五、六句"云来气接巫峡长,月出寒通雪山白"接在第四句"黛色参天二千尺"的后边,以为杜甫此诗原来的顺序是"君臣已与时际会"二句在五、六句"云来"、"月出"之前。也就是说,方东树以为杜甫原来安排的诗句顺序是五、六句在三、四句之前。认为杜甫这样安排是刻意的,因而他说看杜甫这样一倒,"便令人迷"。事实上,目前此诗这几句的前后次序经过一些调整[①],清代仇兆鳌依据宋刘辰翁的校改意见确定为目前这样的顺序。但方氏以为刘辰翁、王士禛调整成目前的顺序,是因为不知道杜甫用笔的妙处。如果开头的诗句按目前的次序,看似更为通顺,但整体看来却没有了气势,反而显得平庸。若把目前的五、六句"君臣已与时际会,树木犹为人爱惜"放在三、四句"云来气接巫峡长,月出寒通雪山白"之前,则五、六句所述的内容变成了插叙,由描摹孔明庙前的老柏,转到写刘备和诸葛亮二人的君臣遇合,百姓对他们的爱戴,然后又回到咏叹柏树高大的诗句"云来气接巫峡长,月出寒通雪山白"。这样写能够把古柏与刘备君臣二人的事迹紧密结合起来,留给读者更多思索与回味的空间,使得这首诗更有意境。

由这个例子可以知道,方东树关注的是杜甫诗的章法安排、格局布置等结构、文法方面的问题,最欣赏的是诗歌中的"颠倒顺逆、变化迷离",能够与古文相类的曲折之美,因而《古柏行》"扶持"二句的"顿挫","大厦"句的"换气"、"突峰起棱",方氏最为喜欢,认为此诗"似左氏、公羊、太史公文法",评价可

[①] 《杜诗凡例》云《古柏行》"君臣已与时际会"二句,当在"云来"、"月出"之下。见(清)仇兆鳌:《杜诗详注》第一册,北京:中华书局,1979年。则可知《古诗笺》、《杜诗详注》都认同了刘辰翁的意见,把《古柏行》开头的几句改为目前的次序。

谓极高。

方东树曾说:"诗莫难于七古,七古以才气为主,纵横变化,雄奇浑灏,亦由天授,不可强能。杜公、太白天地元气,直与《史记》相埒,二千年来,只此二人。"还说:"须解古文者,而后能为之。"(卷十一·一,232页)前文我们说过,古诗与古文为近,七古相较五古,每句诗的字数会增加,古诗相较律诗篇幅也更长。相对而言,古诗与古文的相似之处较多。兼之,杜甫是"以文为诗"的典范,方东树以文法论杜诗自然更为游刃有余,从而努力去发掘杜诗中的文法、章法。

除了七古这样的古体诗,方东树在《昭昧詹言》中论七律也如此,他说:"诗与古文一也,不解文事,必不能当诗家著录。"认为杜甫的律诗"深严邃密,律法森然",其《秋兴八首》、《诸将五首》也是诸首合起来,"共成一大章法"(卷十四·五,376~377页)。

方东树还推崇杜甫沉郁顿挫、奇横恣肆的诗风。方东树认为杜甫之所以能够居古今诗人之冠,是因为他的诗"沈郁顿挫,奇横恣肆,起结承转,曲折变化,穷极笔势,迥不由人"(卷十四·一三,379页)。

如评论《观公孙大娘弟子舞剑器行》:"此诗豪宕感激,浏亮顿挫,独出冠时。自大历至今,先生一人而已。"(卷十二·八八,265页)《丹青引》"起势飘忽,似从天外来。第三句宕势,此是加倍色法。四句合乃不直率"(卷十二·八二,263页)。《奉先刘少府新画山水障歌》"章法作用,奇怪神妙,此为第一,韩、苏以下无之"(卷十二·六四,259页)。

又如杜甫的《秋兴八首》其四:

> 闻道长安似弈棋,百年世事不胜悲。
> 王侯第宅皆新主,文武衣冠异昔时。
> 直北关山金鼓振,征西车马羽书驰。
> 鱼龙寂寞秋江冷,故国平居有所思。

方氏评析道:

> 思长安。自此以下,皆思长安。"弈棋"言迭盛迭衰,即鲍明远《升天行》意,而此首又总冒。三四近,皆闻道事,

承明上二句。五六远，忽纵开，大波澜起，即振又换。结"秋"字陡入，悲壮勒转，收足五六句意。而"思"字又起下四章，章法入妙无痕。五句指陇西、关辅间。六句指吐蕃入，征天下兵不至。此诗浑灏流转，龙跳虎卧。（卷十七·七，398页）

《秋兴八首》是杜甫晚年律诗的代表作，写安史之乱后社会的动荡，抒发自己宦海浮沉的感慨。《秋兴八首》本身为八首脉络贯通、首尾呼应的组诗，方东树这里也用"以文论诗"之法评析第四首。从文法的角度分析这首诗结构方面如何"起承转合"，如何组织严密，以他看来，杜甫的这首诗"浑灏流转，龙跳虎卧"，"章法入妙无痕"，也是符合他顿挫曲折、雄健恣肆审美取向的诗作。

第二，点出杜甫诗歌开启后世诗人之处。方东树在具体评析杜甫诗时，多次指出杜诗开启后来诗人的地方，如《寄韩谏议》："此开韩《山石》。"（卷十二·八三，264页）《魏将军歌》："此与《寄韩谏议》，皆开昌黎路派。"（卷十二·九五，267页）评析《漤陂行》时，方氏指出此诗夹叙夹写的章法"欧公惯用"，但杜甫之"色古泽浓郁，棱汁钜响"，却"非欧公所有"，韩愈也多学习此等章法（卷十二·六一，258页）。《咏怀古迹》第四首，方氏认为黄庭坚的《樊侯庙》学习过杜甫章法（卷十七·三二，108页）。《登高》："放翁所常拟之境也。"（卷十七·一二，400页）《送郑十八虔贬台州司户》："东坡所本，然沈著不及矣。"（卷十七·三九，410页）

二、论韩愈及其诗歌

（一）对韩愈及其诗的总体评价

方东树以为韩愈虽不如杜甫，但也是古今一大家。在《昭昧詹言》中，方东树以杜、韩为宗，往往将杜、韩同论。二者都是他最为推崇的诗人，他比较二人，说韩愈文体多"气格段落章法，较杜为露圭角，然造语去陈言，独立千古"（卷八·五，211

页),"韩公纵横变化,若不及杜公,而邱壑亦多。盖是特地变,不欲似杜,非不能也"(卷一·一二一,40页),"韩公去陈言之法,真是百世师"(卷九·一一,220页)。又说"韩诗虽纵横变化不逮李、杜,而规摩堂庑,弥见阔大"(卷十二·一〇三,269页)。认为韩愈虽不如杜甫,但能够有所创变,亦是"百世师"。"杜公如造化元气,韩如《六经》,直书白话,皆道腴元气"(卷九·三,219页)。"韩公笔力强,造语奇,取境阔,蓄势远,用法变化而深严,横跨古今,奄有百家"(卷九·七,219~220页)。对韩愈的评价也是极高。

韩愈诗文法高古,力去陈言。方东树认为韩愈诗壮浪纵恣、极其挥斥,是因为其"读书多,笔力强,文法高古。而文法所以高古,由其立志高,取法高,用心苦,其奥密在力去陈言而已"(卷九·二,218页),"以新意清词易陈言熟意,惟明远、退之最严","所谓词必己出,不随人作计"(卷一·四七,17页)。他说:"韩公诗,文体多,而造境造言,精神兀傲,气韵沈酣,笔势驰骤,波澜老成,意象旷达,句字奇警,独步千古,与元气侔。"(卷九·五,219页)也是称赞韩愈诗能够自我创造,因而影响深远。

(二)评析韩愈诗歌

《昭昧詹言》卷九专论韩愈五言古诗,卷十二论析其七言古诗,至于七言律诗,方东树说:"韩公以文为诗,又不工近体,无可议者。"(卷十八·二,419~420页)因而没有评析其七律。这两卷都是既有概括性的论述,也有具体的诗歌评析。相对于杜甫,方东树评析韩愈具体诗歌的数量要少一些,共二十六首,其中五言古诗四首,七言古诗二十二首。这些诗与对韩愈的论述性文字夹杂在一起,没有分开。

方东树评析韩愈诗歌,多次点出韩愈"以文为诗"。韩愈本为古文大家,也是诗歌史上"以文为诗"的典范,其诗中"以文为诗"之作甚多,如最为人称道的《山石》,原诗为:

> 山石荦确行径微,黄昏到寺蝙蝠飞。
> 升堂坐阶新雨足,芭蕉叶大栀子肥。

> 僧言古壁佛画好,以火来照所见稀。
> 铺床拂席置羹饭,疏粝亦足饱我饥。
> 夜深静卧百虫绝,清月出岭光入扉。
> 天明独去无道路,出入高下穷烟霏。
> 山红涧碧纷烂漫,时见松枥皆十围。
> 当流赤足踏涧石,水声激激风吹衣。
> 人生如此自可乐,岂必局束为人靰。
> 嗟哉吾党二三子,安得至老不更归。

方氏在《昭昧詹言》中评曰:

> 不事雕琢,自见精彩,大家手笔。许多层事,只起四语了之,虽是顺叙,却一句一样境界。如展画图,触目通层在眼,何等笔力。五句六句又一画。十句又一画。天明六句,共一幅早行图画。收入议。从昨日追叙,夹叙夹写,情景如见,句法高古。只是一篇游记,而叙写简妙,犹是古文手笔。他人数语方能明者,此须一句,即全现出,而句法复如有余地,此为笔力。(卷十二·一○五,270页)

《山石》是韩愈"以文为诗"的典范之作,全诗采用散文化的手法,按时间顺序,平实地记叙了游历古寺的经过。方东树是桐城古文家,他对韩愈这首"以文为诗"手法创作的诗歌评析起来自然很到位。言此诗虽不雕琢,却仍然显示出大家的风范。方氏评析此首采用的还是他一贯关注的起承转合,叙述的顺叙追叙之类,说这首诗"句法高古"、"只是一篇游记"、"犹是古文手笔",都是点出要害之语。方氏对韩愈的《山石》应该比较喜欢,他还有一首拟作,即《游六榕寺拟韩退之山石》[①]。

除了这首《山石》,他评韩愈的《桃花源》曰:"此诗叙一大事,本末曲折具备,而章法布置抵一篇文字。"(卷四·三五,110页)《八月十五夜赠张功曹》,他说此诗亦是"一篇古文章法"(卷十二·一○九,271页)。至于韩愈的《石鼓歌》,方氏评曰:"抵一篇传记。"(卷十二·一一三,272页)可知韩愈的"以文为诗"

---

① 方东树:《半字集》,《仪卫轩诗集》卷一,清同治七年(1868)刻本,复旦大学图书馆藏。

之法使用广泛。

三、论苏轼及其诗歌

(一)对苏轼及其诗的总体评价

第一,认为苏轼是天才诗人,"以真骨面目与天下相见",无所依傍,摆脱蹊径,自成一家:

> (东坡)以真骨面目与天下相见,随意吐属,自然高妙,奇气崱屴,情景涌见,如在目前。举辋川之声色华妙,东川之章法往复,义山之藻饰琢炼,山谷之有意兀傲,皆一举而空之,绝无依傍,故是古今奇才无两,自别为一种笔墨脱尽蹊径之外。(卷二十·一,444页)

> 坡公之诗,每于终篇之外,恒有远境,匪人所测。于篇中又各有不测之远境,其一段忽从天外插来,为寻常胸臆中所无有。(卷十二·一九四,292页)(卷十一·三七,241页)

方东树对苏轼评价很高,言其"下笔,摆脱一切,空诸依傍,直是前无古人,后无来者,所以能为一大宗"(卷一·一四,5页),"纵宕横放,变化顿挫,壮浪恣肆飞越"(卷八·二〇,217页)。但物极必反,对此他又有所批评:"东坡横截古今,使后人不知有古,其不可及在此;然遂开后人作滑俗诗,不求复古,亦在此。"(卷一·一四,5页)因而其"滑易之病,末流不可处。故今须以韩、黄药之"(卷一·一四,5页)。

第二,多次批评苏轼诗滑俗凡近、流易伤巧,失之矜慎凝重。如:"诗文句意忌巧,东坡时失之,此遂开俗人。故作者宁朴无巧。至于凡近习俗庸熟,不足议矣。要之,惟学山谷,能已诸病。"(卷十·九,227页)方东树批评苏轼诗文句意太巧,"全以豪宕疏古之气,骋其笔势,一片滚去,无复古人矜慎凝重。此亦是一大变,亦为古今无二之境,但末流易开俗人滑易甘多苦少之病"。方东树说苏轼的诗"杂以嘲戏,讽谏谐谑,庄语悟语,随兴生感,随事而发,此东坡之独有千古也"(卷十一·一八,

236页)。但苏轼开了末流"滑易甘多苦少之病",他认为"欲矫世人学苏之失,当反之于杜、韩"(卷八·五,211页)。要"选字避陈熟","于不经意语助虚字,尤宜措意:必使坚重稳老,不同便文,随意带使"。方氏认为,"此惟杜、韩二家最不苟,东坡则多率便矣,然要自稳老,非庸懦比"(卷九·一八,222页)。

方氏认为因苏轼才高学富,故而能够成为古今一大家,而一般的小才、凡才、陋士"腹俭情鄙,率以其澹易卑熟浅近之语",自命为"吾学苏也",而致使苏轼"流易滑轻之病"流毒天下,这其实是苏轼为人受过(卷二十·一,444页)。

(二)评析苏轼诗歌

由《昭昧詹言》一书的目录来看,专列苏轼一处,与黄庭坚合论一处,共二处,苏轼诗歌之七古、七律有论析。卷十二评析苏轼的七言古诗,共八十一首,其中详析十七首;卷十七评析苏轼的七言律诗,共二十四首,其中详析的有五首。方东树详细评析的苏轼诗歌不算多。

第一,点出苏轼纵横飞动的诗句,批评其流易滑俗之处。

方东树的《昭昧詹言》多处引述桐城诸位前辈的言论,如他引述姚范论苏轼的话,云:"东坡诗词天得,常语快句,乘云驭风,如不经虑而出之。凄淡豪丽,并臻妙诣。至于神来气来,如导师说无上妙谛,如飞仙天人,下视尘界。"[1](卷十二·一九五,292页)姚范对苏轼的评价很高,云其为"飞仙天人",其才为天才:"诗词天得。"方东树评苏轼《送晁美叔赴阙》:"收四语见作诗心胸,其笔如天仙乘云而游,御风而行,可望而不可到。"(卷十二·二五五,305页)与姚范论苏轼比较相似,这表明他对桐城家法的认同和尊崇。姚鼐认为:"神、理、气、味者,文之精也;格、律、声、色者,文之粗也。"[2](《古文辞类纂序》)可知桐城派重"气",因而方东树论诗文很重视"气势"、"奇气"等方面,如评苏

---

[1] 姚范:《援鹑堂笔记》卷四十,清道光十五年(1835)刻本,复旦大学图书馆藏。

[2] 《古文辞类纂序》,(清)姚鼐纂集,胡士明、李祚唐标校:《古文辞类纂》,上海:上海古籍出版社,1998年。

轼《百步洪》,有"奇纵之妙"(卷十二·二二三,299 页)。

然而,他又批评苏轼有意使才使事,不及韩愈气体肃穆沉重。如评《石鼓》:"飞动奇纵,有不可一世之概,故自佳。"认为"此诗虽句法雄杰,而气窒势平"(卷一·一三三,43 页)。《雪浪石》:"此诗奇横,以较诸人和作,其大小平奇自有辨。盖他人不能有此笔势,故不能有此雄恣。"(卷十二·二五八,306 页)《舟中听大人弹琴》:"高韵,意境可比陶公。词意韵格,超诣入妙,而笔势又奇纵恣肆。六一尚不脱退之窠臼,此独如飞天仙人,下视尘埃,俱凡骨矣。"(卷十二·二七二,310 页)称赞苏诗超诣入妙,笔势雄恣,有奇气。但对苏轼诗称赞中也有批评。

又评《和子由渑池怀旧》:"此诗人所共赏,然余不甚喜,以其流易。"(卷二十·一〇,446 页)《鳆鱼行》:"使事太多。以此炫俗人,乃近来作俗诗,入魔道最下,最凡俗可厌。"(卷十二·二七五,311 页)《正月二十日与潘郭二生出郊寻春》:"此诗无奇,开凡庸滑调。"(卷二十·九,446 页)批评苏轼诗之流易滑俗。

第二,以文论苏诗,充分肯定苏轼七古之成就。方东树对七言古诗有一段重要的议论,说:

> 诗莫难于七古,七古以才气为主,纵横变化,雄奇浑灏,亦由天授,不可强能。杜公、太白天地元气,直与《史记》相埒,二千年来,只此二人。其次,则须解古文者,而后能为之。观韩、欧、苏三家,章法翦裁,纯以古文之法行之,所以独步千古。(卷十一·一,232 页)

我们说过古诗与古文为近,七古较五古字数多,因而容量更大,诗人腾挪的余地也大,故而最能体现以文为诗的特点。方东树以古文家的眼光看七古,以《史记》与之相比,认为诗史上七古成就最高的是杜甫、李白,其次能独步千古的是"纯以古文之法行之"的韩愈、欧阳修、苏轼。他又说:"坡诗纵横如古文,固须学其使才恣肆处,尤当细求其法度细致处,乃为作家。"(卷十一·三八,241 页)充分肯定了苏轼七古之成就,提出应该揣摩其法度,并学习之。如他论苏轼《四月十一日初食荔枝》:"凡写、议、托寄、叙四者各有神韵妙语。"(卷十二·二六三,308页)《荔枝叹》:"起三句写,有笔势。四句倒入叙……小物而原委详备,所谓借题。章法变化,笔势腾掷,波澜壮阔,真太史公之文。"(卷十二·二六四,308页)以古文之法论苏诗,指出苏轼诗的章法变化,将其与司马迁相提并论,云其诗波澜壮阔,评价可谓极高。

四、论黄庭坚及其诗歌

(一)对黄庭坚及其诗的总体评价

方东树在《昭昧詹言》中,经常提到的四个诗人是杜、韩、苏、黄。他说:"杜、韩、苏、黄所以不肯随人作计,必自成一家,诚百世师也。"(卷一·三三,12页)对这四位诗人很是推重。除此而外,单独论黄庭坚,他也说山谷"自成一家,亦百世师也"(卷九·一三,221页)。在专论黄庭坚的卷十的卷首,他又云:"杜、韩后,真用功深造,而自成一家,遂开古今一大法门,亦百世之师也。"(卷十·一,225页)书中对黄庭坚多处论述,言其为杜甫、韩愈之后又一可以学习的大家,为百世之师。

第一,黄庭坚诗脱凡近浅俗,求与古人远。他说:

> 涪翁以惊创为奇,意、格、境、句、选字、隶事、音节著意与人远,此即恪守韩公"去陈言"、"词必己出"之教也。故不惟凡、近、浅、俗、气骨轻浮不涉毫端句下,凡前人胜境,世所程序效慕者,尤不许一毫近似之,所以避陈言,羞雷同也。(卷十·一,225页)

> 黄只是求与人远。所谓远者,合格、境、意、句、字、音响言之。此六者有一与人近,即为习熟,非韩、黄宗旨矣。(卷十·一二,228页)

> 又贵清,凡肥浓厨馔忌不用。(卷十·一三,228页)

> 又贵奇,凡落想落笔,为人人意中所能有能到者,忌不用,必出人意表,崛峭破空,不自人间来。(卷十·一四,228页)

> 又贵截断,必"口前截断第二句",凡絮接、平接、衍叙、

> 太明白、太倾尽者忌之。(卷十·一五,229页)
>
> 英笔奇气,杰句高境,自成一家,则韩、黄其导师也。(卷十·一六,229页)
>
> 大抵山谷所能,在句法上远:凡起一句,不知其所从何来,断非寻常人胸臆中所有;寻常人胸臆口吻中当作尔语者,山谷则所不必然也。此寻常俗人,所以凡近蹈故,庸人皆能,不羞雷同。如山谷,方能脱除凡近,每篇之中,每句逆接,无一是恒人意料所及,句句远来。(卷十二·二九〇,314页)

方氏认为黄庭坚能够"以惊创为奇",在意、格、境、句等具体诗法方面"著意与人远",遵守韩愈"去陈言"、"词必己出"之教,称赞黄庭坚善学,能够脱凡近浅俗,说"韩、黄之学古人,皆求与之远,故欲离而去之以自立"(卷一·五〇,19页)。认为作诗者应该学习黄庭坚学古而生新之法,认为这样的诗人才能自立。他还总结了山谷的一些"求与人远"的技法,诸如"贵清"、"贵奇"、"贵截断"等。

方东树论学诗,讲在学古中求创变,说:"求与古人似,必求与俗人远。若不先与俗人远,则求似古人亦不可得矣。"(卷一·五一,19页)山谷"以事实典重饰其用意,加以创造奇警",追求"语不惊人死不休"的诗歌效果(卷十一·一八,236页)。学古而"求与人远",符合方氏的诗论取向,因而他引用山谷言论,曰:"随人作计终后人,自成一家始逼真。"而又曰"领略古法生新奇"(卷十·三,225~226页),称赞黄庭坚学古而能够生新奇,能自成一家。方氏又引山谷的话,曰:"宁律不谐而不使句弱,宁用字不工而不使语俗。"(卷十·二,225页)"律不谐"、"字不工"这些都是山谷"生新奇"之法,也是避俗之法。

由于《昭昧詹言》有指导后学学诗的著述目的,因而全书极为重视诗之章法、句法,以及起承转合、格局布置等技巧方面的问题:

> 凡学诗之法:一曰创意艰苦,避凡俗浅近习熟迂腐常谈,凡人意中所有。二曰造言,其忌避亦同创意,及常人笔下皆同者,必别造一番言语,却又非以艰深文浅陋,大约皆

刻意求与古人远。三曰选字,必避旧熟,亦不可僻。以谢、鲍为法,用字必典。用典又避熟典,须换生。又虚字不可随手轻用,须老而古法。四曰隶事避陈言,须如韩公翻新用。五曰文法,以断为贵。逆摄突起,峥嵘飞动倒挽,不许一笔平顺挨接。入不言,出不辞,离合虚实,参差伸缩。六曰章法,章法有见于起处,有见于中间,有见于末收。或以二句顿上起下,或以二句横截。然此皆粗浅之迹,如大谢如此。(卷一·二八,10页)

方东树列举了六条学诗之法,涉及遣词造句等语言技巧、行文变化等诗歌结构之法,多是近韩、黄之诗法,都是"刻意求与古人远"之法。方氏则还说:"欧、苏、黄、王,章法尤显,此所以为复古也。"(卷一·二八,10页)点出黄庭坚等人在学古基础上求变、求新、求与古人远。黄庭坚是一位很讲求诗法的诗人,故而方氏对其诗之技巧的分析尤其多。虽然方氏对黄庭坚"著意与人远"比较欣赏,但也有批评,说:"山谷死力造句,专在句上弄远;成篇之后意境皆不甚远。"(卷十二·二九一,315页)还与苏轼进行比较:"坡公之诗,每于终篇之外,恒有远境,匪人所测。于篇中又各有不测之远境,其一段忽从天外插来,为寻常胸臆中所无有。不似山谷,仅能句上求远也。"(卷十二·一九四,292页)(卷十一·三七,241页)批评黄庭坚注重形式字句上的"远",若论其诗整篇之意境则就逊色了。

第二,在与唐宋诸名家的比较中论黄庭坚,认为其善学。如以黄庭坚与杜、韩相比:"山谷之不如韩、杜者,无巨刃摩天、乾坤摆荡,雄直挥斥,浑茫飞动,沛然浩然之气。而沈顿郁勃,深曲奇兀之致,亦所独得,非意浅笔懦调弱者所可到也。"(卷十·六,226页)"山谷之似杜、韩,在句格,至纵横变化则无之"(卷一·一二一,40页)。方氏认为其善学:"山谷之学杜、韩,所得甚深。""所得于杜,专取其苦涩惨澹、律脉严峭一种,以易夫向来一切意浮功浅、皮傅无真意者耳;其于巨刃摩天、乾坤摆荡者,实未能也。然此种自是不容轻学。意山谷未必不知,但以各有性情学问力量,不欲随人作计,而假象客气,而反后之耳。"(卷八·四,210~211页)以为黄庭坚虽未学到杜、韩之巨刃摩天、乾坤摆荡,然自有其苦涩惨澹、深曲奇兀之处。之所以如此,乃是因为山谷"不欲随人作计"。因而他的学杜能"绝去形摹,尽洗面目,全在作用,意匠经营,善学得体,古今一人而已"(卷二十·二六,450页)。又说:"杜公所以冠绝古今诸家,只是沈郁顿挫,奇横恣肆,起结承转,曲折变化,穷极笔势,迥不由人。山谷专于此苦用心。"(卷十四·一三,379页)"欲知黄诗,须先知杜;真能知杜,则知黄矣。杜七律所以横绝诸家,只是沉著顿挫,恣肆变化,阳开阴合,不可方物。山谷之学,专在此等处,所谓作用"(卷二十·二七,450页)。方东树点出黄庭坚学杜多学杜诗之句法句格,未能学到杜诗纵横跌宕的气势之美,总结出黄庭坚学杜的成就与缺失。

第三,指出黄庭坚诗之问题,以及学黄诗要注意的方面。如点出黄诗缺陷与弊病:"矫敝滑熟,时有龃龉不合,枯促寡味处"(卷十·一一,228页),"时有客气假象"(卷九·一九,222页),有"滑率之病"(卷十八·一,419页)。方东树很多时候,一方面指出黄庭坚诗的妙处,另一方面又立即指出黄诗的毛病,如:

> 黄诗秘密,在隶事下字之妙,拈来不测;然亦在贪使事使字,每令气脉缓隔,如《次韵时进叔》篇。此一利一病,皆可悟见,学者由此隅反可也。此诗"与"字、"雨"字、"腐"字三韵,节去则文意不足,读之实牵强未妥。于此乃知韩公押强韵皆稳,不可及也。此病陈后山亦然。可悟人才性大小,不可强能。文从字顺言有序,李、杜、韩、苏皆然,黄则不能皆然。虽古人笔力贵斩截,起势贵奇特,然如山谷《过家》起处,亦大无序矣。(卷十·一七,229页)。

> 山谷隶事间,不免有强拉硬入,按之本处语势文理,否隔无情,非但语不安,亦使文气与意龃龉不合。盖山谷但解取生避熟与人远,故宁不工不谐而不顾,致此大病。古人曾未有此,不得以山谷而恕之,使遗误来学也。乃知韩公"排奡"而必曰"妥贴",方为无病。山谷直是有未妥贴耳。朱子亦谓韩文以"文从字顺、各识其职"为贵。凡如此等利害之说,摹习之辈,尚其慎诸!(卷八·一五,214页)

方东树指出山谷诗虽用典用字很妙,使人不测,但又"贪使事使字",有强拉硬入的毛病,都使诗"不工不谐",正如山谷"求与古人远"而"死力造句,专在句上弄远;成篇之后意境皆不甚远"(卷十二·二九一,315页)。"一利一病"在于怎么看待。方氏在这里论山谷,与李、杜、韩、苏相联系,特别是韩愈,指出黄庭坚诗比起韩愈诗来,还是要差一些,提出要以韩之"文从字顺言有序"为标准,即便要"排奡",也还是应该要"妥贴"。在肯定黄庭坚的基础上,指出其诗的弊病。

又为学诗之人指出学黄需要注意的地方:"山谷则乃可学其句法奇创,全不由人,凡一切庸常境句,洗脱净尽,此可为法;至其用意则浅近,无深远富润之境,久之令人才思短缩,不可多读,不可久学。取其长处,便移入韩,由韩再入太白、坡公,再入杜公也。"(卷十一·二一,237页)"学诗从山谷入,则造句深而不袭,从欧、王入,则用意深而不袭,章法明辨。"(卷十一·二三,237页)

> 山谷之妙,起无端,接无端,大笔如椽。转折如龙虎,扫弃一切,独提精要之语。每每承接处,中亘万里,不相联属,非寻常意计所及。此小家何由知之,亦无此力,故作家不易得也。奇思,奇句,奇气。(卷十二·二八八,314页)

> 山谷之妙,在乎迥不犹人,时时出奇。故能独步千古,所以可贵。若子由、立夫皆平近,此才不逮也。大家、小家,即以此分别。(卷十二·二八五,313页)

总言之,方东树对黄庭坚还是很推崇的,说黄庭坚的妙处"在乎迥不犹人,时时出奇。故能独步千古,所以可贵。若子由、立夫皆平近,此才不逮也。大家、小家,即以此分别"(卷十二·二八五,313页),对自成一家的黄庭坚评价很高。

(二)评析黄庭坚诗歌

我们在本章第一节总论的时候曾说过,由《昭昧詹言》一书的目录来看,专列黄庭坚二处,与苏轼合论一处,共三处,黄庭坚诗歌之五古、七古、七律皆有论析。《昭昧詹言》卷十论黄庭坚五言古诗,整卷都是综合性的总体评价,没有选录具体的诗歌进行评析;卷十二评析黄庭坚的七言古诗,共四十六首诗,其中详析二十首;卷二十评析黄庭坚的七言律诗,共二十五首,其中详析十四首。全书除杜甫外,黄庭坚是方东树评析诗歌体裁最多的诗人。

就方东树具体评析黄庭坚诗来看,他一贯的"以文论诗"自是免不了,大致有以下几点:

第一,具体指出黄庭坚诗学杜甫的地方。如评《观刘永年团练画角鹰》:"'爪拳'二句,全从杜来。"(卷十二·三三三,325页)又《题落星寺》①原诗为:

> 落星开士深结屋,龙阁老翁来赋诗。
> 小雨藏山客坐久,长江接天帆到迟。
> 燕寝清香与世隔,画图妙绝无人知。
> 蜂房各自开户牖,处处煮茶藤一枝。

方东树以古文之法论黄庭坚的这首律诗。我们知道古诗与古文为近,律诗与骈文相类,方东树以论古文之法论古诗相对合理。若以古文之法论律诗又如何呢?方东树评②曰:

> 全模杜。腴妙,乃非枯寂。起二句叙。三四句写。五六句换笔。自注:"僧隆画甚富。"收承五六,有不尽之妙。笔势往复展拓,顿挫起落。姜坞先生云:"撑挺嘻嗷,山谷独得处。"(卷十二·三二三,322页)
>
> 此摹杜公《终明府水楼》,音节气味逼肖,而别出一段风趣。大约杜公无不包有山谷,读杜则可不必读山谷。然不读山谷,则不悟学杜门径,政可微会深思。(卷二十·五二,456页)

《题落星寺》又名《题落星寺岚漪轩》,有学者说明此诗道:"这是一首奇拗的七律,每句的平仄都不依正格,有如一篇古

---

① 黄庭坚:《题落星寺》,(清)姚鼐编选,曹光甫标点:《今体诗钞》,上海:上海古籍出版社,1986年,第338页。
② 在方东树的《昭昧詹言》中,黄庭坚的《题落星寺》被评析过两次,第一次在论七言古诗的卷十二;第二次在论七言律诗的卷二十,《题落星寺》是黄庭坚的七言律诗。

诗。字句挺健,意境奇恣,为诗人所独辟。中间四句,笔势往复顿挫,末二句更有不尽之妙,尤为后世诗评家所称道。"①此段评述与方氏所评有相近之处,如结尾两句"有不尽之妙",全诗"笔势往复展拓,顿挫起落"。除这些之外,这段话明确指出《题落星寺》"有如一篇古诗",我们读后也有这样的感觉。这首诗虽然是一首八句的七言律诗,但它的平仄都不符合要求,所以王士禛把这首诗视作七言古诗收入《古诗选》②。这样说来,方东树以古文之法论此诗的起承转合也就更加合理。这首诗"字句挺健,意境奇恣",风格也是方东树所喜欢的。

钱锺书先生曾指出:"自唐以来,钦佩杜甫的人很多,而大吹大擂地向他学习的恐怕以黄庭坚为最早。"③方东树最为推崇杜甫,黄庭坚是学杜诗的能手,自然也为他所关注。山谷学杜有得有失,故而方氏对黄诗也有褒有贬。方东树喜欢追本溯源,因而他一方面称赞黄庭坚学杜逼肖,别有风趣;另一方面指出子美为山谷之源头,读山谷诗可知学杜之门径。我们说过,方东树的《昭昧詹言》著述的目的在于指导后学学诗,因而往往指出诗人之间前后相继的关系和学诗的路径,这里也不例外。黄庭坚作诗很重视诗法,有所谓"脱胎换骨"、"点铁成金"等学诗之说,对于学诗者有借鉴意义。如果学诗者一开始就学杜甫,则可能找不到方法。而山谷诗从杜诗而来,没杜诗那样博大,因而比较容易找到学习的门径,故而方氏说若学杜宜从山谷学起,让后学要"微会深思"。

又评《戏赠彦深》:"'君不见'以下,终是粗硬寡味,学杜之过。"不客气地指出山谷学杜之失。

第二,山谷诗兀傲纵横,脱去凡俗,讲求生新避熟之法,方东树对这些表示称赞,但又以为太过则成空滑。

如评析《答龙门潘秀才见寄》:"起兀傲,一气涌出。三四顿

---

① 陈永正选注:《黄庭坚诗选注》,上海:上海古籍出版社,1985年,第25页。
② 黄庭坚:《题落星寺》,(清)王士禛选,闻人倓笺:《古诗笺》,上海:上海古籍出版社,1980年,第992页。
③ 《题落星寺岚漪轩》,钱锺书选注:《宋诗选注》,北京:人民文学出版社,1989年,第97页。

挫。五六略衍。收出场。然余嫌多成空套,山谷最有此病,不足为法。如'出门一笑大江横'亦然。"(卷二十·三九,453 页)《寄黄几复》:"亦是一起浩然,一气涌出。五六一顿。结句与前一样笔法。山谷兀傲纵横,一气涌现。然专学之,恐流入空滑,须慎之。"(卷二十·四〇,453 页)兀傲纵横为山谷诗之特点,这种风格的诗作多了,就成了套路,难免被人批评,方氏以为山谷这个毛病最突出。他以为,若专学黄,恐会变成空滑,提醒后学要注意。又评黄诗《次韵子瞻和子由观伯时画天马因论韩干马》,方氏以为此诗"沈著曲折","气深稳,语意重",初学须了解这些,不随意下笔,才不至于入"滑俗伧父派"(卷十二·二九五,316 页)。

又黄庭坚《夏日梦伯兄寄江南》:

> 故园相见略雍容,睡起南窗日射红。
> 诗酒一言谈笑隔,江山千里梦魂通。
> 河天月晕鱼分子,槲叶风微鹿养茸。
> 几度白砂青影里,审听嘶马自揩筇。

方氏评曰:

> 一起四句,亦是一气而出。五六句意生新,特避熟法。收补出题外,更深亲切。此等诗只是真,清新古健,不腻不弱,不熟不俗,不与时人近。读之久,自然超出寻常滑俗蹊径。(卷二十·三三,452 页)

正如方东树所言,这首诗风格"清新古健",写出了对兄长的思念之情。前四句都是写对兄长的深挚感情,五六句转为写景,所言的"鱼分子"、"鹿养茸",即写游鱼产卵,小鹿长角,描绘的都是前人很少写的情景,意象新奇,正是方氏所说的"生新"、"避熟法"。末二句又回到思念兄长绵绵不尽的感情上。这首诗感情真挚,没有山谷诗常有的滑俗毛病,因而方东树对其评价很高,云其"不腻不弱,不熟不俗","超出寻常滑俗蹊径"。又评析《次韵寅庵》:"通首皆写寅庵自得之趣,而措语清高,不杂一毫尘俗气。读山谷诗,皆当以此求之。世间一切厨馔腥蝼意义语句,皆绝去,所以谓之高雅。脱去凡俗在此。"(卷二十·四六,455 页)称赞山谷此诗能去凡俗,措语清高。

方东树对明清诗学的批评

第一节 对王士禛及神韵诗学的批评

一、王士禛及其神韵诗学

王士禛(1634~1711),字子真,又字贻上,号阮亭,别号渔洋山人,山东新城(今桓台)人。因避雍正讳改名士正,乾隆赐名士禛。王士禛在钱谦益之后,成为清初顺、康时期的诗坛宗主。

王士禛论诗以"神韵"为宗,"神韵说"是其诗学思想的核心。然其本人并未对"神韵"作出明确的界说,以"神韵说"概括其诗学特质,始于其弟子等人。其门人吴陈琰《蚕尾续集序》说:"梅止于酸,盐止于咸,饮食不可无酸咸,而其美常在酸咸之外,酸咸之外者何?味外味也;味外味者,神韵也。"其另一门人王立极《唐诗三昧集后序》云:"大要得其神而遗其形,留其韵而忘其迹,非声色臭味之可寻,语言文字之可求也。"其所谓"神韵",表现在诗歌中就是追求含蓄蕴藉、言有尽而意无穷的意境。王士禛的诗论源于司空图、严羽的诗说,因而他对唐代王维、孟浩然、韦应物、柳宗元等人清幽淡远、自然传神、不可凑泊的诗非常推崇。王士禛虽不排斥沉着痛快之作,对李白、杜甫等诗人也肯定、赞扬,然其主导仍是清远蕴藉的林下之秀、山水清音。

王士禛的诗歌创作,早年从师从明七子入手,"中岁逾三唐而事两宋"(俞兆晟《渔洋诗话序》),晚年又转而宗唐,虽经三次转变,但推崇神韵诗学未变。无论是王士禛的创作,还是其选诗集,如《唐人万首绝句选》、《唐贤三昧集》等,皆以冲和、超逸之诗为主流。

二、方东树对王士禛及神韵诗学的批评

因方东树以王士禛的《古诗选》为评析诗歌的底本之一,以及王士禛在清代诗坛的影响,故在其《昭昧詹言》约有四十五处提到王士禛并论析其诗学、选诗等。总的来说,方东树基本认可王士禛:

> 阮亭颇有功力,但自处大历,不敢一窥李、杜、韩,无论《经》、《骚》矣。此是阮亭自量才分,其识又胜于不量力者,故亦足名家。(卷一·一四七,47页)

方氏一定程度上肯定王士禛的"功力",言其有才识,"亦足名家",但若与他推崇的杜甫、韩愈等诗人相比,就差远了。

第一,方东树对王士禛的选诗进行批评与讨论,对王氏或赞同或表扬或批评。表示赞赏的有,如认为不选谢灵运《初去郡》(卷五·四三,137页)、《还旧园作》"甚有见"(卷五·四三,137页);谢之"《拟邺诗》及《拟古》诸作,不必不佳,然实无谓。阮亭不取,颇见鉴裁之善"(卷五·四七,138页)。认为王士禛选的李白诗"皆取其绳尺井然者,俾令后学知太白实未尝不有法度。渔洋老眼苦心,鉴裁美善如此"(卷十二·二六,248页)。

又批评王士禛选诗不当,如方氏认为谢朓的《和徐都曹》"日华川上动"两句诗"千古如新。阮亭不取,失之矣"(卷七·四九,201页)。"放翁多无谓而强为之作,使人寻之,不见兴趣天成之妙。阮亭多取之过当"(卷十二·三五六,329页)。未选鲍照之《白头吟》,他讥道:"不取《白头吟》,真是不知子都之

姣矣。"（卷六·二二，169页）"阮亭乃不见取，殊不知其何说"（卷六·五三，181页）。甚至认为有的诗不必选，如李商隐《郑州献从叔舍人褎》："此诗亦无胜可选，但有秀句而已。"（卷十九·二二，440页）苏轼《柏家渡》："不必选。"（卷十二·二七四，310页）等等。

第二，方东树对王士禛的神韵诗学提出不同意见。

如前所述，方东树的基本价值立场是正统的儒家价值观，关注社会现实，讲究经世济民、卫道守教，而王士禛推崇的是隐逸超远的王、孟一派，与世教、社会现实没什么直接关系，自然得不到方东树的认同。如《昭昧詹言》卷一，连续两则诗话批评王士禛：

> 古人用意深微含蓄，文法精严密邃，如十九首、汉、魏、阮公诸贤之作，皆深不可识。后世浅士，未尝苦心研说，于词且未通，安能索解。此犹言其当篇用意也。若夫古人所处之时，所值之事，及作诗之岁月，必合前后考之而始可见。如阮公、陶公、谢公，苟不知其世，不考其次，则于其语句之妙，反若曼美无谓；何由得其义，知其味，会其精神之妙乎？（卷一·一五，6页）

> 孟子曰："诵其诗，读其书，不知其人可乎？是以论其世也。"此为学诗最初之本事，即以意逆志之教也。若王阮亭论诗，止于掇章称咏而已，徒赏其一二佳篇佳句，不论其人为何如，又安问其志为何如也？此何与于诗教也。（卷一·一六，6页）

方东树持有儒家的现实主义诗论观，继承传统的"知人论世"、"以意逆志"说，认为学诗、作诗，应该有功于诗教，要与社会现实发生关系。他说"古人所处之时，所值之事，及作诗之岁月，必合前后考之而始可见"，要求按照一定的次序来选诗编诗，主要是按照作诗的时间先后，即要为诗文系年。他依据陶、谢之大概事迹，对陶、谢诗进行重新编排："移易前后题目编次，俾其语意诸事明晓，而后得以领其妙，及其语言之次第。"（卷一·一五，6页）所以他批评道："观昭明、王阮亭编诗，知于此事未尝有知，止于掇章称咏而已。"（卷一·一五，6页）"徒赏其一二为篇为句"（卷一·一六，6页），批评王士禛不能知其人，论其世，与诗教没什么关系。

虽然方东树也承认文学中有一类，是不必"求其意，论其世，第如鸟兽好音之过耳，亦为人所爱赏而不欲废者，如齐、梁人及唐韦、柳、王维是也"，但他认为这一类属于"禅家别传，无关志持"（卷一·一八，7页），不认为是诗学之正统。王士禛喜欢的王、孟之流，追求的是精神上的清幽淡远、不落言诠、不可凑泊，与方东树推崇的不是一类，所以方东树说王士禛"止于掇章称咏而已"。

方东树除了对王士禛选诗方面发表意见外，对王士禛的神韵诗学也进行批评：

  阮亭标举神韵，固为雅言，然亦由才气局拘，不能包罗，故不喜《中州集》。此杜公所讥"未掣鲸鱼碧海中"者也。（卷一·一三九，45页）

方东树对王士禛的"神韵说"虽有肯定，认为其"固为雅言"，然肯定少，批评多。《中州集》是金元之际的元好问所选的金代诗歌集，推崇雄健挺拔与平淡真淳的诗风，这为王士禛所不喜。方东树认为王氏诗论单一，因而批评其"才气局拘，不能包罗"，不能包罗杜甫所说的"鲸鱼碧海"式笔力雄健的诗歌。

方氏又批评道："王阮亭专标神韵，此又非也。导人作伪诗懦词，终生不见大家笔力兴象气脉矣。如山水清音，园中林下之秀，岂足尽天地之奇观乎。"（卷一·八五，29页）方氏最为欣赏的是杜甫、韩愈那种"鲸鱼碧海"、"巨刃摩天"的豪宕恣肆、沉郁顿挫的雄壮之美，其《昭昧詹言》也重在推崇杜甫、韩愈一派。虽然，他也承认王维"自李、杜外，自成一大宗"（卷十二·一〇八，270页），与杜甫同为七律之"二派"（卷十四·一一，378～379页），"右丞是维摩诘禅，杜公亦不能加其上"（卷八·二一，217页），"辋川于诗，亦称一祖"，"比之杜公，真如维摩之于如来，确然别为一派"，承认王维诗"兴象超远，浑然元气"，"高华精警，极声色之宗，而不落人间声色"，但因其诗"无血气无性情"、"于世无益"，"无当于兴、观、群、怨，失风骚之旨，远圣人之教"（卷十六·一，387页）。也就是说，王维的诗虽是好诗，有一定的审美价值,但不符合方东树一贯标榜的"有用",即于世有益、与风教有关,故而他不喜欢。正如翁方纲所指出的那样:"(阮亭)盖专以冲和淡远为主,不欲以雄鸷博奥为宗……其沉思独往者,则独在冲和淡远一派,此固右丞之支裔,而非李、杜之嗣音矣。"(《七言诗三昧举隅》)袁枚也曾说:"(阮亭)先生才本清雅,气少排奡,为王、孟、韦、柳则有余,为李、杜、韩、苏则不足也。"①(《随园诗话》卷二)所以王、孟、韦、柳,乃至司马相如这些以文采见长的文人,方氏都不太看得上,如评析谢朓《休沐重还丹阳道中》时批评韦、柳:"一味空象浮虚,寻其事绪,仿佛而已,了无实际。"(卷七·二〇,193 页)又如:

> 韦公之学陶,多得其兴象秀杰之句,而其中无物也,譬如空花禅悦而已。故阮亭独喜之。陶公岂仅如是而已哉!(卷一·一三一,42 页)

唐代的王、孟、韦、柳为王士禛所欣赏,而这些人方东树都不甚推崇,所以这里他批评韦应物的诗虽有"兴象秀杰之句","而其中无物",指责韦诗没有用处,实际是指责王士禛不能欣赏像陶渊明那样写真情实感、言之有物的诗人。

故而,针对王士禛的"神韵说",方东树提出所谓"气韵说":

> 读古人诗,须观其气韵。气者,气味也;韵者,态度风致也。如对名花,其可爱处,必在形色之外。气韵分雅俗,意象分大小高下,笔势分强弱,而古人妙处十得六七矣。(卷一·八五,29 页)

显然,方东树不满王士禛"神韵说"的单一,而提出自己的"气韵说"。方东树最欣赏的是杜、韩那样"长江大河,含茹古今,摆动宇宙"(卷五·四五,138 页)的美,即美学中所谓的"壮美"。他说:"诗以豪宕奇恣为贵。"(卷一·八四,28~29 页)纵观《昭昧詹言》全书,方氏论诗推崇的是"纵横变化,雄奇浑灏"(卷十一·一,232 页)的阳刚之美,和王士禛这种主阴柔,属于美学中所谓的"优美"不是一类。故而,他说:"观于人身及万物

---

① (清)袁枚著,顾学颉校点:《随园诗话》,北京:人民文学出版社,1982 年。

动植,皆至是气所鼓荡。气才绝,即腐败臭恶不可近。诗文亦然。"(卷一·七一,25页)方东树认为"人身及万物动植"都是气所鼓荡形成的,没有"气"则万物"腐败臭恶不可近",非常重视"气"。他由抽象的"气"谈到诗文中也需要"生气":"诗文者,生气也。若满纸如蓻彩雕刻无生气,乃应试馆阁体耳,于作家无分。"(卷一·七二,25页)要求作家作诗文要有"生气",如果没有,则为死气沉沉的"应试馆阁体"。"气之精者为神。必至能神,方能不朽,而衣被后世。彼伪者,非气骨轻浮,即腐败臭秽而无灵气者也"(卷一·七三,25页)。如果能不但有"气",还能达到"精"的地步,那就能够"不朽,而衣被后世"。总之,方东树要求"文字要奇伟,有精采,有英气奇气"(卷一·六六,23页)。最终要求诗文有"气势",因而他说:"固须是用杜公混茫飞动气势为上。"(卷一·七〇,25页)最后推举出他最推重的杜甫,言其诗能够"混茫飞动",能够有"气势"。

王士禛的"神韵说"重在"神"上,方东树的"气韵说",重在"气"上,"'气韵'说具有对'神韵'说的批判性和超越性"。"方东树'气韵'说其实是远'神韵'而近'气象'的"。"它是属于'沉着痛快'一派,而非属于'优游不迫'一路"①。属于"沉着痛快"一派,欣赏的是杜、韩"豪宕变化"、"气体坚实,惊心动魄"(卷六·二四,169页)这一路风格的诗人诗作。这类诗人方东树最为欣赏李、杜、韩、苏四大家,他们"含茹古今,俾造化,塞天地,如龙象蹴踏"②。方氏论诗文不喜欢平,而推崇曲折变化、沉郁顿挫,如他评析鲍照诗《从登香炉峰》:"其体平钝,无雄豪跌宕峥嵘所谓巨仞摩天之概。"(卷六·二九,171~172页)这些都表明方东树的诗歌审美取向与王士禛存在着很大的差别,即王氏偏向于阴柔,即属于美学中"优美"一派;而方氏偏向于阳刚,属于美学中所谓的"壮美"。

方东树还就王士禛"神韵"诗学体系的核心概念"典、远、

---

① 吕美生:《方东树〈昭昧詹言〉的价值取向》,《学术月刊》,2000年第10期,第88~93页。

② 方东树:《先集后述》,《考槃集文录》卷十一,清光绪二十年(1894)刻本,《续四库全书》第1497册。

谐、则"四宗旨进行评说。

王士禛在其《丙申诗旧序》中提出诗歌的四个审美原则："典、远、谐、则"。其序云：

> 《六经》、二十一史，其言有近于诗者，有远于诗者，然皆诗之渊海也。节而取之，十之四五，该结谩諧之习，吾知免矣：一曰典。画潇湘洞庭，不必虀山结水；李龙眠作《阳关图》，意不在渭城车马，而设钓者于水滨，忘形块坐，哀乐嗒然，此诗旨也：次曰远。《诗》三百五篇，吾夫子皆尝弦而歌之，故古无《乐经》，而《由庚》、《华黍》皆有声无词；土鼓韡铎，非所以被管弦、叶丝肉也：次曰谐音律。昔人云，《楚辞》、《世说》，诗中为料，为其风藻神韵，去风雅未遥；学者当由此意而通之，摇荡性情，晖丽万有，皆是物也：次曰丽以则。此序少作，久不存稿，因牧斋先生曾许篇中谈艺四言稍有当于诗旨，故追录而存之。（《蚕尾续文集》卷三）

钱谦益在其《王贻上诗序》中提到王士禛这篇序文，称赞王氏提出的"典、远、谐、则"这四个原则，并称为"谈艺四言"。所谓"典"，即典雅，王士禛举出《六经》、二十一史，认为它们是"诗之渊海"，以经典为渊薮，则可以避免"该结谩諧之习"。所谓"远"，即淡远。李公眠，即宋代画家李公麟，李公眠的《阳关图》本自王维诗《送元二使安西》之"西出阳关无故人"，然李氏改变了王维诗原来的主题。《阳关图》中虽有出关者离乡背井之悲愁，归来者重见父兄妻子之喜悦，然画家在画中又画了一渔父在水边悠然垂钓，世间的悲喜遂与他无关。显然，画家赞赏的是垂钓者渔父的超尘脱俗。这正是王士禛所说的"忘形块坐，哀乐嗒然"之意。中国的山水画派，特别是以王维为代表的"南宗"，历来讲写意，讲意境，意到即可，不必说尽。这样，王士禛就和司空图、严羽承接上了。至于"谐"，王氏说是"谐音律"，指的是诗歌音律声韵的和谐。这是诗歌这种文学形式应该注意的方面，没有什么新意。王氏最后说到第四个原则——"则"，"丽以则"。"丽以则"语出扬雄《法言·吾子》："诗人之赋丽以则，辞人之赋丽以淫。"则者，法则，法度之意。意即文辞华美的同时也要讲法度，要有规范。还说应该以《楚辞》、《世说新语》

为取法对象、学习模式，这样就可以使自己的诗作有"风藻神韵"，距离风雅不远。

王士禛提出的"典、远、谐、则"的诗歌审美四原则，除了表明他的作诗原则，还表示了他对前代、近代诗学的不满。其"典"针对的是公安派的俚俗；其"远"针对的是前、后七子诗作徒讲华丽而无蕴藉；其"谐"与"则"批评的是竟陵派的幽峭冷僻。

此序中的"丙申"指的是顺治丙申年，即顺治十三年（1656）。王士禛说"此序少作，久不存稿……故追录而存之"，可知此序的观点应为王之早期诗学观。从此序中就可以看到王士禛后来主要的论诗主张——"神韵说"的苗头了。

方东树在《昭昧詹言》中几次就王士禛的"典、远、谐、则"发表意见：

> 能多读书，隶事有所迎拒，方能去陈出新入妙。否则，虽亦典切，而拘拘本事，无意外之奇，望而知为中不足而求助于外，非熟则僻，多不当行。姬传先生云："阮亭四法一'典'字中，有古体之典，有近体绝句之典，近体绝句之典，必不可入古诗。其'远''谐''则'三字亦然。"可知非博必不能典。（卷一·四九，18页）

如前文所论，王士禛和方东树论诗的审美取向不同，一阳刚，一阴柔。方东树论诗虽也讲"典"，却和王氏之"典"不同。方氏的"典"，偏向于"宋调"一路，重视学问，要求诗人"多读书"，要"去陈出新入妙"，要有"意外之奇"。他还引用其师姚鼐的话，批评王士禛所谓的"典"太宽泛、针对性不强。他又引用黄庭坚的言论来表明自己的看法：

> 山谷曰："宁律不谐而不使句弱，宁用字不工而不使语俗。"观此，则阮亭标四法，一"谐"字非至教矣。谐则易弱。又阮亭爱用好字求工，流弊不免入于俗矣。世士真知此意者少，将谁语乎！（卷十，二，225页）

方东树最为欣赏李、杜、韩、苏那种奔放奇恣的诗风，他的诗歌创作主导方面也体现出这样的风格。因而，针对王士禛的

"典、远、谐、则"四宗旨,他表明了自己的不同看法,认为宁可音律上不和谐,也不能使诗句弱,说:"阮亭标典、远、谐、则四字宗旨,便不解此意。"宁可用字不工整而不使诗语俗,认为"阮亭爱好用字工,所以俗也。谐则易弱"(卷四·一三,100页)。方氏认为王士禛"爱用好字求工",会产生流弊,从而把诗风导向庸俗。方氏认为世上真正知道这个道理的人少,表现出一点得意之色。方东树在评析谢灵运《始安郡还都与张湘州登巴陵城楼作》时,云:

> 以规格求之,可谓奄有前则,豪发无憾;以真味求之,只是料语多,真味少。虽典、远、谐、则四法全备,而无引人入胜处,可于此判颜、谢之优劣。此诗家微旨奥义,学者能悉心细参,果真知其故,则于斯道,思过半矣。(卷五·一〇〇,163页)

方东树用王士禛的四字原则来评析谢灵运的这首诗,认为"虽典、远、谐、则四法全备,而无引人入胜处","只是料语多,真味少"。方东树非常重视诗歌的"真",认为虽然从"规格"的角度考虑,谢灵运诗都符合王士禛要求的四个原则,然而,从"真味"的要求考虑,则不够"真",认为谢灵运诗中表达的感情有"虚伪"的成分。方氏还甚为得意,认为这是他的独得之秘,要后学认真学习,也应和上了他的这部著作的名字——《昭昧詹言》①。

方氏还就王士禛的四字宗旨论谢朓诗,云:

> 阮亭标典、远、谐、则四法,求之小谢,可谓尽之。然便专求之四法,而略彼神明,亦终是作伪诗死诗而亡。阮亭盖未能证是也。(卷七·五,187页)

他认为谢朓诗达到了王士禛所说的四字宗旨,肯定了王氏的"典、远、谐、则"四字宗旨有一定的道理,但又认为若"专求之四法",则容易使诗歌失去应有的"神明"之处,变成"伪诗死

---

① 参见本书第二章第一节方东树诗学活动概况 二、诗学理论与诗歌批评著作:《昭昧詹言》及其他之(三)《昭昧詹言》的命名旨趣与作者的著述态度。

诗"。还认为王氏本人的创作也并未能证明他自己提出的这四字宗旨。

方东树还批评王士禛的诗歌创作,说:"阮亭持择甚精,似有知者,而平生发明,无一二字道着,恐随声逐响也。"(卷五·三,126~127页)方氏先一定程度地肯定王士禛选诗精审,转而批评王诗有"随声逐响"的嫌疑。又认为王士禛其诗"不关痛痒",是"伪诗","肤滥不精,苟以炫博而已"(卷一·一四〇,45页),"多牵率成章"(卷一·一一〇,36页),王诗用典"多出饾饤"(卷一·一四三,46页),等等,又如:

> 阮亭多料语,不免向人借口,隶事殊多不切,所取情景语象,多与题之所指人地时物不相应。既乏性情,不关痛痒,即是陈言。以自名家亦可,以为足与古今文事则未也。(卷一·一四〇,45页)

方氏云王诗中"多料语",也就是批评王诗中没有抒发出真性情,是官样文章,不"真",用典不妥帖,诗中的情景"与题之所指人地时物不相应"。方氏认为:"作诗必用本题故典及字句作料。"批评王士禛是"钝根","一生不悟"(卷一·一四二,46页)。以为王士禛诗是"陈言",虽可成为"名家",终不能"与古今文事"。认为王士禛比起古今大家来,还是差一着。对王士禛的诗虽有肯定,最终态度却有所保留。方氏批评完王士禛,又连带批评朱彝尊:"若竹垞,竟一无可取。"(卷一·一四〇,45页)言他在《昭昧詹言》中所说的,朱彝尊听都没有听过,显得过于自负。

第二节 对格调诗学的批评

方东树的《昭昧詹言》中有不少文字涉及对明清以来格调诗人、诗学的论析,如对明前、后七子派诗人的批评,对清沈德潜诗论的引述与引申,等等。

一、格调诗人、诗论概述

明清以来的格调诗人主要以明前、后七子和清沈德潜为代表。前七子以李梦阳、何景明为主要代表;后七子以李攀龙、王世贞为主要代表。

李梦阳(1472~1530),字献吉,号空同子,庆阳(今属甘肃)人。何景明(1483~1521),字仲默,号大复,信阳(今属河南)人。李、何二人为明代前七子的代表,以复古自命,主张"文自西京,诗自中唐而下,一切吐弃"①。明嘉靖初年,前七子声势渐弱,至嘉靖中期,以李攀龙、王世贞为首的后七子继起。李攀龙(1514~1570),字于鳞,号沧溟,历城(今属山东)人。王世贞(1526~1590),字元美,号凤洲,又号弇州山人,太仓(今属江苏)人。李、王二人以为"文自西京,诗自天宝而下,俱无足观,于本朝独推李梦阳"(《明史·李攀龙传》)。后七子承接了前七子的主张,在学古的过程中,对法度格调的讲究更加强化和具体化。

前、后七子诸人各有其诗文主张,都欲借复古以变革,但他们过于重视法度格调等外在形式,最后都陷入拟古不能自拔。他们的创作模拟痕迹明显,甚至有剽窃古人之嫌。就学古而言,后七子较前七子,对法度格调的讲究更甚。明前、后七子引发的这场文学复古思潮,在当时和后世都有很大影响,到清康乾时期的沈德潜,依然褒扬前、后七子的复古业绩。沈德潜重新举起复古大旗,着眼格调,论诗主张从前、后七子的文学观点中吸取营养,直接继承了前、后七子的衣钵。

沈德潜(1673~1769),字确士,号归愚,长洲(今属江苏)人。沈德潜于乾隆四年六十七岁时中进士,其后官运亨通,以诗学得到乾隆的宠信,继王士禛之后成为诗坛领袖。沈氏虽为叶燮的学生,论诗却与其师学宋侧重于变有所不同。德潜论诗学唐侧重于复,主张有益"诗教"、有补于世道人心的"中正和

---

① (清)张廷玉等撰:《明史·文苑传序》,北京:中华书局,1974年,第7307页。

平"之作,提倡有法可循,以"唐音"为准的"格调"。沈之提倡"温柔敦厚"的诗教,既指诗的格调应怨而不怒,也指出诗歌应关心国计民生,有美刺比兴。所谓"格调",本指诗歌的格律、声调,同时也指由此表现出的高华雄壮、富于变化的美感。沈氏由于政治上的特殊地位,鼓吹儒家传统"诗教",强调诗歌为封建政治服务,论诗歌体格宗唐而黜宋,与明代前、后七子一样主张扬唐而抑宋。总的来说,沈德潜部分继承了明前、后七子的"格调说",却与明七子的机械拟古不同,他主张在复古继承上有所创变。

二、方东树对格调诗人、诗学的批评

第一,在《昭昧詹言》中,方东树主要针对明代格调诗人学古进行了总括性批评。他说:"何谓七家?在唐为李义山……宋则山谷、放翁;明则空同、于鳞、卧子、牧斋。以为惟七家力能举之。"(卷十四·一二,379 页)尽管方氏除李商隐、黄庭坚、陆游三人外,将李梦阳、李攀龙、陈子龙、钱谦益列为盛唐之后七律之"四家",但同时也指出明七子的主要弊病是学古人而不能自立,变成剽窃滑熟,结果制造出一堆赝品。方东树讲求学古而自见面目,要求学诗之人能够学古人,而"求与之远",能够"离而去之以自立",批评"明以来诗家,皆求与人似,所以多成剽袭滑熟"(卷一·五〇,18 页)。又如,他批评道:

> 宋、元、明以来有一等诗家,如《西游记》传奇所说诸色妖魔,窃取真仙宝贝一二件,自据一山洞作狡狯,寻常兵力颇难收伏,而终非上真正道;其宝贝之来历作用源头,彼皆不足以知之。如阮公《咏怀》,太冲《咏史》,景纯《游仙》,陶公《田园》,康乐《山水》,太白仙酒,杜公忠主悯时,皆为妖魔所窃,而其真用皆不存也。非但诗也,文字亦然,道德政事亦然。(卷一·一三六,44 页)

方东树批评宋、元、明以来的一些诗人,像《西游记》里各种妖魔偷取真仙宝贝一二件,然后自据一方,看起来似乎很厉害,实则并非"上真正道"。方东树实际上批评这类诗人类似剽窃他人果实,自己并无创见,因而,对于真仙宝贝的真正来历、作用、源头,他们并不知道。方氏举出魏晋南北朝、唐以来的诗人,如阮籍、左思、郭璞、陶渊明、谢灵运、李白、杜甫这些诗人的诗作,都为那些机械模拟古人的诗人所剽窃。他们只知道机械模拟,并不能真正体会古人的"真用"之所在。方氏认为在诗、文、道德政事领域都存在这样的问题。他认为之所以有剽窃这样的事情,是由于他们不能够"修辞立其诚",如果能够诚心作诗,"不向他人借口,千载下亦自不能掩"(卷一•一三六,44页)。

实际上,作为理学家,方氏重视个人道德学问方面的修养,强调诗如其人,提出诗人应该"立诚",要求诗人能够自作己诗,不要本无古人的胸臆、古人的感情,而强学古人,结果变成客气假象、优孟衣冠,变成剽窃。

方东树与李梦阳、何景明等人一样,也认为"五言诗以汉、魏为宗",但他认为李、何等人并不能完全认识汉、魏诗的"兴寄遥深,文法高妙",而是"往往昧其本解,而徒撦其句格面目,递相仿效,遂成熟滥可厌"。李、何等人即是如此,更何况其他末流呢?(卷二•一,51页)

第二,在《昭昧詹言》中,方东树多次批评明前、后七子,特别是李梦阳,他讥讽梦阳虽然能够在诗格、诗境上与古人全似,却"不能自开一境",有所创造,"只是床上安床,屋上架屋耳"(卷一•一五一,49页)。对于李梦阳学谢灵运、学杜甫,批评甚多。

如方东树对李梦阳学谢灵运诗歌评论道:

> 唐初诗人及盛唐人,于唐以前诸名家,皆尝深知而慕效之,其上者能变,次者犹或得其一节,惟大谢无嗣音。皎然之论,亦只空识其句法兴象而已,不能深究其作用措注之精微也。考谢公卒于宋元嘉十年癸酉,到今一千四百余年,中间除杜、韩二公外,竟未见一人有能知之者。明代李空同号为学大谢,观其气骨轻浮,皮傅粗浅,即剽其句法,尚属影响,无论神明意蕴矣。(卷五•二,126页)

方东树认为李梦阳学谢灵运,只是剽窃谢之句法,其诗"气骨轻浮",虽有影响,却流于表面,而没有学到谢诗的"神明意蕴"。方东树对谢灵运诗评价较高,云其为"学者之诗",可谓"精深华妙"。他认为李梦阳等人学大谢不得要领,不能识其精深,而"浮贪其华妙","终归于词旨肤伪,气骨轻浮"(卷五·九,128页)。方氏认为李梦阳学大谢之所以流于表面,是因为梦阳等人不能明白学大谢要"识其经营惨澹,迷闷深苦,而又元气结撰",只是"求之皮外",如此怎么能学到大谢的精髓呢!(卷五·三,126~127页)他还引用姚范的话来进一步论述:

> 姜坞先生云:"空同五言,多学大谢。仿其形似,略彼神明,天韵既非,则句格皆失研矣。"余谓昧其作用而强学其句格,如王朗之学华歆,在形骸之外,去之所以更远。(卷一·一三七,44页)

这里即指出李梦阳的五言古诗最大的问题在于"强学其句格",而"昧其作用"。意为李梦阳学大谢只是模仿其"形似",求得外在形式方面的相似,而"略彼神明"和"作用",没有学到谢之诗歌内在精神气韵方面更深层次的东西,就像王朗学华歆之言行,结果流于形式,距离华歆更远了。梦阳虽能"深知杜、韩,时能得其用意",而对于大谢"真解全懵,仿佛盲猜,不免扪烛扣槃之笑"。至于王世贞、曹溶之流虽也极力推崇谢公,然"观其所模范,皆属皮傅",与梦阳"同一影响而已"(卷五·三,126~127页)。

方东树还批评李梦阳学杜甫,云其学杜,学到将其诗作放入杜甫诗集中都不能辨别的程度。何景明曾批评梦阳写诗"刻意古范,铸形宿镆"(《与李空同论诗书》)。方东树也批评道:"空同似得杜真气脉者,而何以又失之耶?"方氏认为李梦阳看似学得杜诗之真气脉,实则是"生吞活剥","模取声音笑貌者"(卷八·四,210~211页),没有学到杜诗的内在精神,而仅仅求得形似而已。

方氏把黄庭坚学杜与梦阳学杜相比,褒扬道:"山谷真为善学。"山谷知诗人各有其"性情学问力量",故"不欲随人作计,而假象客气"(卷八·四,210~211页),能够"从杜公来,却变成一副面目",而不是像李梦阳学杜为"优孟衣冠","随人作计终后人"(卷十二·二八七,314页),"全是客气假象"(卷一·一一〇,36页)。方氏指出黄庭坚学杜、韩,"在于解创意造言不肯似之,政以离而去之为难能"(卷八·八,212页),能够"学一家而能寻求其未尽之美,引而伸之,以益吾短",从而避免了李梦阳的"优孟衣冠,安床架屋之病"(卷十四·一七,380页)。梦阳不能明白这个道理,而"以似之为能",学杜而"专在形貌"(卷二十·二七,450页),只是去追求如何学杜似杜,而不能自创新路,不明白山谷学杜的真意(卷八·八,212页),虽能"尽其能事作用,终不免于吞剥掯扯太似之讥"(卷十四·一七,380页)。方东树提倡学古而自见面目,反对学古人太似,说:

> 历城周编修书昌论文章:"有所法而后能,有所变而后大。"世人坐先不能真信好古,不知其深妙而思取法,惟以面目相袭,浮浅雷同,何况于变。王禹卿论书曰:"勤于力者不能知,精于知者不能至。"此二语亦名言也。朱子曰:"李、杜、韩、柳亦学《选》诗,然杜、韩变多,柳、李变少。"以朱子之言推之,苏、黄承李、杜、韩之后,而又能变李、杜、韩故意,离而去之,所以为自立也。自此以外,千余年诗家,除大历、长庆、温、李、西昆诸小乘莉记不论,其余名家无不为李、杜、韩、苏、黄五家嗣法派者。至于汉、魏、阮、陶、谢、鲍皆成绝响。故后世诗人只可谓之学李、杜、韩、苏、黄而不能变,不可谓能变《选》诗也。如放翁之于坡,青邱之于太白,空同之于少陵是也。(卷一·九七,32页)

方氏明确表明其论诗态度是"真信好古",提倡学古,但反对"面目相袭,浮浅雷同",提出诗人应该求变,充分肯定"变多"的杜甫、韩愈,还有苏轼、黄庭坚。认为苏、黄能够在李、杜、韩之后"离而去之",能够"自立",而李梦阳等人的问题就在于不能"变"。方东树在论古文时曾说:

> 凡吾所论文,每与时人相反,以为文章之道,必师古人而不可袭乎古人,必识古人之所难,然后可以成吾之是。善因善创,知正知奇,博学之以别其异,研说之以会其同。方其专思壹虑也,崇之无与为对,信之无与为惑,务之无与为先;扫群议,遗毁誉,强植不可回也,贪欲不可已也。及

> 乎议论既工，比兴既得，格律音响即肖，而犹若文未足追配古作者而无愧也。于是委蛇放舍，绵绵不勤，舒迟黯会，时忽冥遇，久之乃益得乎古人之精神，而有以周知其变态。①

方氏论古文的理论与其论诗学的理论很相似，都是"必师古人而不可袭乎古人"，要"善因善创，知正知奇"，要求创作主体要善于学习古人，善于创造，言必己出，知道奇正变化。能够学古不重在外在形式，而重在得"古人之精神"、"周知其变态"。出于这种要求，他批评李梦阳不能"自开一境"，而"与古人全似"（卷一·一五一，49页）。

方东树还指出李梦阳学谢、学杜仅得皮毛的原因：

> 杜公能兼大谢，而实驾出其上。空同自以能学杜，而不能梦见大谢。以此推之，则学者有本无本、真伪之别，居然见矣。太白亦能兼大谢，而宏放实胜之。（卷五·三，134页）

方氏表达了李梦阳学杜甫"时能得其用意"（卷五·三，126～127页），比之学大谢要好一些。杜甫也学大谢，"实驾出其上"，能够学大谢而超越大谢。而李梦阳学大谢由于过于重视外在的相似最终导致"皮傅粗浅"（卷五·二，126页），所得甚少。之所以会这样，方东树认为主要原因在于"学者有本无本、真伪之别"，在于杜、韩能够培养本源，其"真气脉作用，在读圣贤古人书、义理志气胸襟源头本领上"（卷八·六，211页）。方东树认为，明七子的诗作之所以有"不免饾饤僻晦"之病，是由于他们没有"本领"，不过是诗人，"志在学古人句格以为诗而已，非如陶、杜、韩、苏有本领，从肺腑中流出"（卷十九·七，435页）。这实际上又回到方氏一贯强调的诗学取向问题，即要求学诗者要涵养本原，要多读书、多穷理的学诗思路，还是理学家论诗学诗的套路。即方东树用理学家的修养方式来要求诗人，其诗论强调"诗如其人"，认为"诗品即人品"，要求诗人要"立诚"，其诗作应是从"自家胸臆性情流出"（卷一·三一，13页），

---

① 方东树：《答叶溥求论古文书》，《考槃集文录》卷六，清光绪二十年（1894）刻本，《续四库全书》第1497册。

"见自家面目"(卷一·三三,12页),强烈反对"客气假象",如对陆游等几个诗人,方氏在多处予以批评。他认为诗人首先应该在道德学问上加强修养,要"读书深,胸襟高"(卷一·三三,12页),读书深,才能"志气伟",如果"不去读圣贤书,培养本源,终费力不长进"(卷一·六六,23页)。他曾说:

> 诗以言志,古之立言以蕲不朽者,必以德为之本,故曰:"有德者必有言。"自汉魏以来至于今日,其间贤人君子、高才硕士、英敏异量之徒,或以悯时病俗,或以抒情见素,百世而下,使人读之,得以考其身世,睹其性情,如接其衣冠、笑语、声音、面目,其高者至并其时之风俗治理、贞淫盛衰,罔不载之以见,如孔文举、曹子建、王仲宣、刘越石、陶渊明、杜子美、韩退之诸贤,犹可因以想见,诗之本用如此,故古今重之。文中子续经固妄矣。要诗足以觇其世与其人,后代作者岂遽绝于风、骚邪?邵子谓"删后无诗"亦过矣。顾世之学者不惟其本原,或拘以格律,厘以人代,断断以优孟衣冠言诗,于是有言矣,而不必有德,始失其本而示人以陋。①

方东树的这一段议论最能表达他对诗歌功用的看法。在他看来,诗歌是用来言志的,后人读了前人的诗作要能够"考其身世,睹其性情,如接其衣冠、笑语、声音、面目",能够因以想见诗歌作者的面貌;或者更高的要求希望能够看到当时的"风俗治理"等社会状况,也就是"诗足以觇其世与其人",这才是"诗之本用"。后代的诗人不能够"惟其本原",而"以优孟衣冠言诗",虽有言而不能有德,这样是在做失去本源的事情而"示人以陋"罢了。方氏论诗本来与格调派诗人有不少相似之处,如强调章法、声调、炼字等形式结构方面的问题,但因方东树在程朱理学等方面的涵养而最终导致二者的貌合神离。

明前、后七子中,方东树除了批评李梦阳较多外,李攀龙也被他提到过几次,如他认为李攀龙是他推举的七律"七家"的一

---

① 方东树:《徐荔庵诗集序》,《考槃集文录》卷三,清光绪二十年(1894)刻本,《续修四库全书》第1497册。

家,还引用明王世贞的话来进一步肯定李攀龙:"王元美论七律曰:'七字为句,字皆调美。八句为篇,句皆稳畅。虽复盛唐,殆不数人,人不数首。古推子美,今或于鳞。骤似骇耳,久当论定。'"(卷十四·一二,379 页)实际上对后七子的代表李攀龙表示称赞。

第三,方东树论沈德潜。尽管方东树对格调派激烈批评,但在《昭昧詹言》卷二十一《附论诸家诗话》中,征引最多的却是格调派代表沈德潜的诗论,引用沈德潜的《说诗晬语》多达六十二条。此外,引用后七子中谢榛、王世贞等几人的论诗条目也较多,由此可以看出方氏的论诗宗尚①。

方东树虽对李梦阳等人的拟古导致的形似神离表示不满,批评激烈,但纵观《昭昧詹言》全书,重法度、重诗法的倾向十分明显。此书本身就是方氏晚年为帮助后学学诗而作,从这个角度看,方东树的诗论与格调派的诗论有相似之处。

吴宏一先生曾细致研究过《昭昧詹言》卷二十一《附论诸家诗话》中所引诗话,归纳出方东树引述诸家诗话通常的三种方式:第一种是只引原文不加按语;第二种是引文之后,加上按语"以订正之";第三种是引述前人诗话,若是同一作者的若干条诗话,则并列在一起,只在所引的首则诗话开头注明某人云。方氏引述前人诗话往往改动原文,缩写删节,导致文气不贯,读者误会,甚至不可理解②。笔者以为,方氏于《昭昧詹言》中附录的篇幅不少的前人诗话也值得重视。对于方氏附录的诗话,大致可以这样看待:若是"只引原文不加按语",则表明方氏赞同这些论诗观点;若加上"愚按"、"树以(为)"、"愚谓"等按语"以订正之",则可以明确知道他的论诗观点;至于删改缩写等其他情况,经他改动过的诗话条目,我们可以视作方氏的观点。按照这个逻辑,方氏引述的沈德潜《说诗晬语》的条目,可以认为方东树是认同沈德潜观点的。如:

---

① 参见吴宏一:《方东树〈昭昧詹言〉析论》,《清代文学批评论集》,台北:联经出版事业公司,1998 年,第 313 页。
② 参见吴宏一:《方东树〈昭昧詹言〉析论》,《清代文学批评论集》,台北:联经出版事业公司,1998 年,第 314~315 页。

永乐以还，崇台阁体，诸大老倡之，众人应之，相习成风，靡然不觉。李宾之东阳力挽颓澜，李梦阳、何大复继之，诗道复归于正。李献吉雄浑悲壮，鼓荡飞扬，何仲默秀朗俊逸，回翔驰骤，同是宪章少陵，而所造各异，骎骎乎三代之盛矣。钱牧斋信口掎摭，诮其摹拟剽贼，同于婴儿学语，至谓"读书种子，从此断绝"，此为门户起见，后人勿矮人看场可也。按两人学少陵，实有过于求肖处；录其所长，措其所短，庶足服北地、信阳之心。王元美天分既高，学殖亦富，自珊瑚木难及牛溲马勃无不有，乐府古体卓尔成家，七言近体亦规矩大方，而锻炼未纯，且多酬应率率之态。李于鳞拟古诗，临摹已甚，尺寸不离，固足招诋諆之口；而七言近体，高华矜贵，脱去凡庸，正使金沙并见，自足名家。过于回护，与过于掊击，皆偏私之见耳。（卷二十一·一七一，516～517页）

这一段出自沈德潜《说诗晬语》①卷下，由卷二〇、卷二一、卷二五三则诗话合并而成。沈氏原文分开论述，方东树把它们放在一起，集中为一则诗话来概括明初台阁体诗人与前、后七子派诗人前后相继的诗坛状况。沈德潜对明前、后七子的评价有褒有贬，方东树所引沈氏的这一段论述即是这样。从《昭昧詹言》全书来看，方东树大体认可沈德潜对前、后七子的评价，只是方氏主张学古而不袭古，要求"善因善创"，故而对前、后七子的批评比沈德潜要激烈得多。但不少方面还是相同的，如沈德潜认为李梦阳、何大复学习杜甫"实有过于求肖处"，就与方东树批评李梦阳等人"与古人全似"（卷一·一五一，49页）等论述相同。

虽然方东树在《昭昧詹言》卷二十一《附论诸家诗话》中征引了沈德潜《说诗晬语》的诸多则诗话，但这并不表明他完全认同沈氏的诗论。如他在分析李峤的《奉和初春幸太平公主南庄应制》时说：

---

① （清）沈德潜著，霍松林校注：《说诗晬语》，见《原诗一瓢诗话说诗晬语》，北京：人民文学出版社，1979年，第238～240页。

> 沈确士云:"初唐应制,多谀美之词。况当武后、中宗朝,又天下秽浊时也。众手雷同,有颂无规。"可谓的论。又曰:"唐初事多而寡用之,情多而简出之。特每篇结句不无浅率之弊,为风气所关耳。"此亦不易之论也。学者当去短取长。(卷十五·五,384 页)

方东树在引述沈德潜两段话之后,一曰"可谓的论";一曰"此亦不易之论也",可见他是认同并称赞沈氏的。但是,此则诗话的抄本条目却云:

> 沈确士《唐诗别裁》,取择既陋,持论更伦,其去三家村不远。然其语亦有可采者,须分别观之,未可没也。(卷十五·五,384 页)

方氏批评沈德潜的《唐诗别裁集》"取择既陋,持论更伦",离"三家村不远",显而易见是批评沈氏的见识浅陋。然而,他又补充说虽然如此,沈德潜的言论也是有值得肯定之处,要"分别观之"。综合来看,方东树对沈德潜的诗论大体是肯定的,但是,方氏又有自己的见解,与沈氏有所不同。

第三节 对袁枚及性灵诗学的批评

一、袁枚及其性灵诗学

袁枚(1716~1798),字子才,号简斋,晚年自号仓山叟、随园老人等,浙江钱塘(今杭州)人。袁枚是清代乾隆时期的代表诗人之一,与赵翼、蒋士铨并称"乾隆三大家"。

袁枚追求自由独立,要求个性解放,其个性有着反传统、离经叛道的特点。袁枚写诗主张直抒胸臆,表现个性,写出个人的"性情遭际";认为"诗言志,言诗之必本乎性情也"(《随园诗话》卷三),充分肯定"诗言情",情是其诗论的核心,肯定男女之情的合理性。他认为"自三百篇至今日,凡诗之传者,都是性灵,不关堆垛"(《随园诗话》卷五),主张"性灵"和"学识"结合起

来,认为文学应该进化,应有时代特色,反对宗唐宗宋。因而,他对清代诗坛主要的几种诗学流派与诗风进行讥讽:

> 抱韩、杜以凌人,而粗脚笨手者,谓之权门托足。仿王、孟以矜高,而半吞半吐者,谓之贫贱骄人。开口言盛唐及好用古人韵者,谓之木偶演戏。故意走宋人冷径者,谓之乞儿搬家。好叠韵、次韵,刺刺不休者,谓之村婆絮谈。一字一句,自注来历者,谓之骨董开店。①(《随园诗话》卷五)

袁枚以他标榜的"性灵"、"性情"理论来衡量其他诸家诗学派别。他讥讽宗宋派"抱韩、杜以凌人",是"乞儿搬家";神韵派"仿王、孟以矜高",是"贫贱骄人";格调派"开口言盛唐",是"木偶演戏";肌理派"一字一句,自注来历",是"骨董开店"。他也反对沈德潜的"温柔敦厚说",认为"孔子论诗可信者,'兴观群怨'也;不可信者,'温柔敦厚'也"。"温柔敦厚四字,亦不过诗教之一端,不必篇篇如是"(《再答李少鹤》)。袁枚的反传统思想明显,要求诗歌表现个性,对崇尚"温柔敦厚"、"雅正"的沈德潜的"格调说",以及讲求"考证"、"学问"的翁方纲的"肌理说"有所矫正。

关于"性灵"二字的含义,袁枚并没有作过直接明确的界说。张少康先生说:"到公安三袁和清代袁枚,则把提倡'性灵'作为文艺上反道学、反传统、反复古,主张个性解放的基本理论武器,并且把'性灵'理解为'性情'的同义语。"②我们现在取张少康先生的说法来理解袁枚的所谓"性灵说",即袁枚的"性灵"偏重于表现"性情"。

二、方东树对袁枚及性灵诗学的批评

方东树诗学思想之一,即"崇古黜俗,反对流易,讲求厚

---

① (清)袁枚著,顾学颉校点:《随园诗话》,北京:人民文学出版社,1982年,凡引此书者均注明卷数,不再另出注。
② 张少康:《中国文学理论批评史》(下),北京:北京大学出版社,2005年,第345页。

重",尤其反对浅俗,提出以"典则"、学问为规范,黜俗崇雅。他认为学诗不能浅薄庸俗,要"创意艰苦,避凡俗浅近习熟迂腐常谈,凡人意中所有"(卷一·二八,10页)。他又以韩愈为学习对象,批评说:

> 浅俗之辈,指前相袭,一题至前,一种鄙浅凡近公家作料之意与词,充塞胸中喉吻笔端,任意支给,雅俗莫辨,顷刻可以成章,全不知有所谓格律品藻之说,迷闷迎拒之艰。万手雷同,为伧俗可鄙,为浮浅无物,为粗犷可贱,为纤巧可憎,为凡近无奇,为滑易不留,为平顺寡要,为遣词散漫无警,为用意肤泛无当,凡此皆不知去陈言之病也。又有一种浮浅俗士,未尝深究古人文律,贯序无统,僻晦瞖昧,颠倒脱节,寻其意绪,不得明了。或轻重失类,或急突无序,或比拟不伦,或疏密离合,浮切不分,调乖声哑,或思不周到,或事义多漏,或赘疣否隔,为骈拇枝指,或下字懦,又不切不确不典,凡此皆为不知文从字顺各识其职之病。

方东树在这则诗话中借用韩愈著文的标准来论诗,罗列了种种浅俗的表现:他批评"浅俗之辈"因袭,"鄙浅凡近公家"写诗"任意支给,雅俗莫辨",诗作雷同又伧俗,总之"凡近无奇","不知去陈言之病","不知文从字顺各识其职之病"。具体到以袁枚为代表的"性灵"派诗人,他批评道:

> 以新意清词易陈言熟意,惟明远、退之最严。政如颜公变右军书,为古今一大界限。所谓词必己出,不随人作计。后来白石、山谷又重申厉禁。无如世人若罔闻知。只坐词熟,转晦意新;而况意又未新邪?然才洗此病,又入魔道。如近人某某,随口率意,荡灭典则,风行流传,使风雅之道,几于断绝。而后一二赝古者,起而与之相持,而才又不能敌之。古今道德文章,不出此二界,而真统恒虚无人焉。(卷一·四七,17页)

> 近世有一二庸妄钜子,未尝至合,而辄矜求变。其所以为变,但粲以市井谐诨,优伶科白,童孺妇媪浅鄙凡近恶劣之言,而济之以杂博,饾饤故事,荡灭典则,欺诬后生,遂令古法全亡,大雅殄绝。(卷一·九八,33页)

此段文字,方东树所言的"近人某某",指的应是袁枚。袁枚诗歌的主要特点是抒写性灵,有生活化倾向,表现个人的生活遭际往往不受束缚,时有唐突传统。艺术上又不拘一格,不喜用典,富于情趣与意境,追求真率自然、清新灵巧、晓畅平易的艺术风格。袁枚反对儒家正统诗论,认为艳诗可作。沈德潜《清诗别裁集》未选明王次回《疑雨集》中的艳诗,袁枚表示不满道:"艳诗宫体,自是诗家一格,孔子不删郑、卫之诗,而先生独删次回之诗,不已过乎?"(《再与沈大宗伯书》)袁枚的一部分诗作,学唐之元稹、白居易,写身边琐事与风花雪月,格调不高,艳俗而浅薄,甚至浮滑,缺少社会内容。故而方东树批评袁枚"轶矜求变"、"糅以市井谐浑,优伶科白"、"童孺妇媪之言",还"济之以杂博,饾饤故事",这样"随口率意"的诗风使典则荡灭、古法不存,导致风雅之道的诗教灭亡。方氏崇古雅,黜凡俗,对于凡俗浅近的诗人诗作皆有批评:"如近世俗士,庸鄙率意浅俗,凡语灌灌沓沓,若老夫村媪之寒暄絮冗,又可憎可贱也。"①

袁枚对清代盛行的汉学、宋学都不推崇,认为:"宋学有弊,汉学更有弊。宋偏于形而上者,故心性之说近玄虚;汉偏于形而下者,故笺注之说多附会。"(《答惠定宇书》)甚至质疑"六经"。袁枚的这些主张与具有浓厚封建正统意识、讲求儒家正统诗学传统、最推崇"六经"的方东树明显对立。在《昭昧詹言》中,方东树对袁枚及其性灵诗学批评最多,也最激烈。方东树认为"正人不宜作艳诗",陶渊明的《闲情赋》可以不作,说王次回、朱彝尊是"名教罪人"(卷二十一·三九,482页)。而袁枚强烈要求摆脱传统,独抒性灵,还作艳诗。显然,袁枚与方东树实不相类。

方东树所说的"一二赝古者",大约指推崇沈德潜"格调说"的后学,认为他们起而与袁枚相持,实际上并不能与袁枚的性灵派相匹敌,是所谓的"齐失而楚亦未为得"(卷一·四七,18页),对性灵派和格调派都不满。

方东树还批评袁枚"向无佛处称尊"(卷一·四七,17页),

---

① 方东树:《昭昧詹言》卷二,清光绪十七年(1891)刻本,《续修四库全书》第1705册。

这实际上是方东树对于滑俗诗人、诗派都不满,如他说:"杜牧之称元、白,'向无佛处称尊',此最中俗人轻妄之病",批评元、白"轻率滑便"(卷五·三五,135页)。在《昭昧詹言》中,方氏对元稹、白居易多有批评,不太看得上,如批评白居易:"白乐天诗,能道尽古今道理,人以率易少之。"(卷二十一·一四八,510页)评析白居易《庾楼晓望》诗云:"按此诗笔路,诚开俗人作俗诗一派,不可入选。"(卷十八·四〇,431页)说白居易的诗虽"有魂","但句格卑俗"(卷十八·二,419~420页)。虽对白诗有所肯定,但白却不是他喜欢的诗人:"韦縠云:李、杜、元、白,大海混茫,风流挺特。愚谓今当改曰李、杜、韩、苏,而去元、白。"(卷二十一·八七,493页)高举他推崇的李、杜、韩、苏旗帜,而去掉他认为率易卑俗的元、白的诗作。袁枚诗与元、白的诗作有相近之处,都晓畅平易,他们的诗都为方氏所不喜。又如:

> 山谷立意求与人远,奈何今人动好自诩,吾诗似某代某家,而冒与为近。又有一种伧父野士,亦不肯学人,而随口诨俗,众陋毕集,以此倾动一世,坐使大雅沦亡。然后一二中才,又奉阮亭为正法眼藏,以其学古而意思格律犹有本也。大约此二派互相胜压,而真作者不世出久矣。山谷曰:"随人作计终后人,自成一家始逼真。"而又曰:"领略古法生新奇。"未有不师古而孟浪卤莽,如夜郎、河伯向无佛处称尊者也。(卷十·三,225~226页)

此段文字方氏首先批评袁枚之流的性灵派诗人。袁枚曾有诗云:"随意闲吟没家数。"(《遣兴》)写诗主张直抒胸臆,不宗唐祖宋。袁枚长寿,在随园过了五十年悠游的生活,他写诗撰文,编写诗话,发掘人才,奖掖后进,在乾隆年间是诗坛盟主。所以,方氏批评袁枚"伧父野士"、不学古而"随口诨俗","以此倾动一世","使大雅沦亡"。方东树向来以正统派自居,袁枚这样离经叛道之人,自然为方氏所不屑。他批评袁枚不能够"师古",不过是"向无佛处称尊者"罢了。

方氏又连带批评以王士禛为首的神韵派,批评神韵派的"一二中才"、"学古而意思格律犹有本",言性灵派与神韵派互相压制,也是表示他对二派皆不满意。方氏提倡学古而自有面目,反对学古人似的"优孟衣冠",拈出他最推崇的黄庭坚,要求诗人应该学习黄庭坚的"立意求与人远"、"领略古法生新奇",如果只能随人作计,那么就只能跟在他人之后。

方东树还指责袁枚虽"自家有才学","而成为伧野狂放粗犷一路,乃开俗派魔障"(卷一·三八,14页)。方东树不只批评袁枚,与袁枚相类的俗派诗人他也不喜欢。在批评元代诗人吴莱时,他说:

> 立夫伧俗,乃开袁简斋、赵瓯北、钱箨石等派,不可令流毒后人。固是才气纵宕为主,而不知古人用笔法,用意不能深诣,一往便成。此种粗才,惊俗眼而已。求其以古人深韵,不可复见。观李、杜、韩、苏便悟。(卷十二·四一二,342页)

方东树认为元代诗人吴莱引导了清代诗人袁枚、赵翼、钱载这几个俗派诗人。在《昭昧詹言》中多次批评袁枚等人,如评析吴莱诗《夜客闻琵琶弹白鸽雀》云:"俗调。开赵瓯北、袁简斋等派。"(卷十二·四一八,343页)吴莱《寄陈生》:"伧俗,开袁简斋、钱箨石、赵瓯北等俗派。"(卷十二·四二〇,344页)对袁枚前后诸多俗派诗人进行批评。

虽然这一派的诗人都"才气纵宕",但是因与方氏论诗推崇李、杜、韩、苏,崇古黜俗,讲求厚重,注重诗法,故而认为袁枚这样的俗派诗人,不过是"粗才",只能"惊俗眼而已"。

方东树与袁枚虽有很多不同之处,但也有某些相通相似的地方。

方、袁二人论诗都要求"修辞立诚",诗人作诗应该"诗中有我",抒发自己真实的思想感情。方东树的诗学思想讲求"求真与立诚",要求诗人要"修辞立诚"(卷一·七,3页),能够"自见心胸面目"、"自成一家"(卷十四·一七,380页)。"古人所以必言之有物,自己有真怀抱"(卷一·三六,13页),强调"诗如其人",见诗文如见作者面目。袁枚在《钱屿沙先生诗序》中说:"尝谓千古文章传真不传伪,故曰'诗言志',又曰'修辞立其诚'。"袁枚也"求真",要求"修辞立诚"。袁枚要求诗歌表现性情的"真",认为"诗难其真也,有性情而后真,否则敷衍成文矣"(《随园诗话补遗》卷六)袁枚在学古问题上提出"著我",强调"作诗,不可以无我","有人无我,是傀儡也"(《随园诗话》卷七)。袁枚《续诗品》辟"著我"一品,就是明确提倡作品中"有我"。袁枚诗论主张在博采众长的基础上自成一家,有自家风貌。方东树强调的学古能"自见心胸面目"与袁枚的"著我"有相同之处,都是要求诗人作诗应该有自己的个性和风格。

第四节 对桐城刘大櫆、姚范、姚鼐的批评

众所周知,桐城是以散文而立派,然而桐城文人中能诗者也不少,姚莹在《桐旧集序》中就叙述了明清以来桐城诗学的传承情况:

> 齐蓉川给谏以诗著有明中叶,钱田间振于晚季,自是作者如林。康熙中,潘木厓先生是以有《龙眠风雅》之选,犹未极其盛也。海峰出而大振,惜抱起而继之,然后诗道大昌,盖汉魏六朝三唐两宋以及元明诸大家之美无一不备矣。海内诸贤谓古文之道在桐城,岂知诗亦然哉![1]

姚莹在这篇序言里言"国朝(清朝)"以来,以论诗而著称者前有"新城尚书"王士禛,后有他家"惜翁"姚鼐,批评沈德潜论诗"仅存面貌",而"神味茫如"。然后论到明中叶以来桐城以诗著称的诗人齐之鸾、钱澄之、潘江等人。这几人虽以诗著称,然还"未极其盛"。到刘大櫆、姚鼐才"诗道大昌",他们的诗具有从汉魏至元明"诸大家之美"。姚莹还颇为自豪地说,都说古文之道在桐城,哪里知道诗之道也在桐城呢!

姚莹指出桐城诗学发展中的两个重要人物是刘大櫆和姚鼐,也有其他论者认为桐城诗学"海峰先生振起于前,惜抱先生

---

[1] 姚莹:《桐旧集序》,清同治六年(1867)姚浚昌安福县署刻《中复堂全集》本,《续修四库全书》第1512~1513册。

辉映于后"①。刘大櫆晚年以诗教后进,"桐城为诗者大率称海峰弟子"②,其诗与文"并极其力,能包括古人之异体,熔以成其体,雄豪奥秘,麾斥出之"③,对桐城诗派的形成有开启之功。刘大櫆之后,桐城诗派中最出色的首推姚鼐,他成为桐城之学的集大成代表。姚鼐的诗作甚多,有《惜抱轩诗集》十卷,又编选《五七言今体诗钞》十八卷,使得桐城诗学蔚然成派。

"桐城三祖"之首方苞作诗甚少④,于诗学之道没有深究,刘、姚的诗作诗学甚有影响,方东树在《昭昧詹言》中除了对"桐城二祖"刘、姚有继承、评析外,对姚鼐的伯父姚范的言论多所引述,如他把此三人放在一起评论道:

> 近代真知诗文,无如乡先辈刘海峰、姚姜坞、惜抱三先生者。姜坞所论,极超诣深微,可谓得三昧真诠,直与古作者通魂授意;但其所自造犹是凡响尘境。惜翁才不逮海峰,故其奇姿纵横,锋刃雄健,皆不能及;而清深谐则,无客气假象,能造古人之室,而得其洁韵真意,转在海峰之上。海峰能得古人超妙,但本源不深,徒恃才敏,轻心以掉,速化剽袭,不免有诗无人,故不能成家开宗,衣被百世也。(卷一·一四四,46页)

方东树对桐城的这三位大家进行评论,认为姚范在理论上能够"超诣深微","得三昧真诠",但其"自造"之作则是"凡响尘境"。姚鼐虽才能不及刘大櫆,但其能"清深谐则,无客气假象",学古而加以变化,求得古人之"洁韵真意"。方氏评论最多的是刘大櫆,认为刘海峰虽能得古人超妙,但因其"本源不深",只是倚恃才高而"速化剽袭",诗中没有自己,故而不能有更大

---

① 《半字集题辞》胡晓东题辞,《半字集》,清光绪十五年(1889)刻本,收入《方植之全集》,上海图书馆藏。
② 姚鼐:《抱犊山人李君墓志铭》,《文后集》卷九,《惜抱轩诗文集》,上海:上海古籍出版社,1992年,第376页。
③ 姚鼐:《刘海峰先生传》,《文集后集》卷五,《惜抱轩诗文集》,上海:上海古籍出版社,1992年,第309页。
④ 方苞:《乔紫渊诗序》云其"绝意不为诗",见《方望溪集·集外文》卷四。实际上,方苞今存集中有诗十五首。

的成就。

方宗诚在《桐城文录序》中论到桐城文学之兴盛时,说:"盖自方望溪侍郎、刘海峰学博、姚惜抱郎中三先生相继挺出,论者以为侍郎以学胜,学博以才胜,郎中以识胜,如太华三峰,矗立云表。"①方宗诚关于"桐城三祖"才、学、识的说法,来自方东树的《书惜抱先生墓志后》②,他说方深于学,刘优于才,而姚尤以识胜,在《昭昧詹言》中他亦是如此论:

> 愚尝论方、刘、姚三家,各得才学识之一。望溪之学,海峰之才,惜翁之识,使能合之,则直与韩、欧并辔矣。(卷一·一四六,47页)

方氏论诗文的时候喜欢讲才、学、识,如他说:"有文通而理不通者,是学上事。有理通而文不通者,是才上事。文与理俱清通而平滞,无奇妙高古惊人,是法上事。然徒讲义法,而不解精神气脉,则于古人之妙,终未有领会悟入处,是识上事。"(卷一·二〇,8页)方氏把才、学、识与文、理、义联系起来讨论,具体解释了他所谓才、学、识的含义。他所说的文、理、义,即桐城派姚鼐提出的词章、考据、义理。方氏又自言:"此虽以古文论,而造诣全体所得,大概如是。"(卷一·一四六,47页)可知方氏把由论文得出的结论推及到论诗等领域。故而,他提出作诗文的理路:

> 凡作文与诗,有一题本分所当有者,有作者自己才学识襟抱之所有者。既自家有才有学识,又必深有得于古人,真传一脉,方为作者。若仅于词足尽题,奚有异观。(卷一·三七,14页)

方东树提出作诗文一要有才、学、识,二要有独特的怀抱,三要学习古人,只有这样才能成为好的诗人。基于以上的论诗理路,他在《昭昧詹言》中对桐城刘大櫆、姚范、姚鼐等人进行

---

① 方宗诚:《桐城文录序》,《柏堂集次编》卷十三,清光绪六年(1880)刻本,复旦大学图书馆藏。
② 方东树:《书惜抱先生墓志后》,《考槃集文录》卷五,清光绪二十年(1894)刻本,《续修四库全书》第1497册。

评述。

一、论刘大櫆

刘大櫆(1698～1779),字耕南,一字才甫,号海峰,桐城人。刘大櫆有《海峰诗集》十一卷,其诗宗杜甫,而取苏轼、黄庭坚之处尤多,在当时甚有诗名。他还作有《论文偶记》,吸取历代论诗的思想来论文,可谓是"以诗论文"的典范。方东树的《昭昧詹言》所依据的诗歌选本,除了王士禛的《古诗选》、姚鼐的《今体诗钞》,也参酌了刘大櫆的《历朝诗约选》、《盛唐诗选》、《唐诗正宗》等诗歌选本。

刘大櫆的《盛唐诗选》、《唐诗正宗》标举盛唐诗,与明七子"诗必盛唐"的口号相契合。如方东树评析刘长卿《献淮宁军节度李相公》诗道:"海峰《正宗》独以此一篇入选,所以崇格也。《正宗》之选,专取高华伟丽,以接引明七子。"(卷十八·五,421页)可见,刘大櫆论诗同明七子一样,也崇尚盛唐,重视声调格律,追求高华伟丽的艺术风格。

方东树在《昭昧詹言》中对刘大櫆的评论最多。他指出刘大櫆的优势在于"才自高",说:

> 海峰才自高,笔势纵横阔大,取意取境无不雅,吾乡前后诸贤,无一能望其项背,诚不世之才。然其情不能令人感动,写景不能变易人耳目,陈义不深而多诐激。此由其本源不深,意识浮虚,而其词又习熟滑易,多袭古人形貌。古人皆甘苦并见,海峰但有甘而无苦,由其才高,亦性情之为也。(卷一·一五四,47页)

方氏指出刘大櫆才高,甚至"才胜阮亭"(卷一·一四七,47页),超过以神韵论诗的王士禛,故其诗能够"笔势纵横阔大,取意取境无不雅",乃"不世之才"。然而其学识不厚,"本源不深",导致其诗最终"习熟滑易,多袭古人形貌",虽"华妙而未极沉精"①。

刘大櫆"接引明七子"(卷十八·五,421页),故与明七子的弊病是一样的,学古人太似,模拟而未能脱化。方东树认为刘大櫆的问题在于"太似古人,能合而不能离"(卷一·一五四,17页)说:

> 诗文以避熟创造为奇,而海峰不免太似古人,以海峰之才而更能苦思创造,岂近世诸诗家可及哉!(卷一·一四六,47页)

方氏认为以刘大櫆之才,若能"苦思创造",近世诸诗家都比不上他。刘大櫆学古能够"全似古人而无不雅者",方氏也认为这是不容易达到的,然而,刘氏的问题在于"其本领已同于古,但未及变耳"(卷一·一四八,48页)。写诗著文应该"以避熟创造为奇",而刘大櫆之弊病正在于"太似古人"。"韩、黄之学古人,皆求与之远,故欲离而去之以自立",刘大櫆的毛病和明以来学古而不知创造变化的诗人是一样的,只求与古人相似,结果变成"剽袭滑熟",然"海峰犹未悟斯义"(卷一·五〇,18页)。杜、韩、苏、黄所以能成"百世师",在于他们"不肯随人作计,必自成一家"(卷一·三三,12页),他们学古人,"不但避其词与格",还避其意。而刘大櫆"好拟古人之意格",结果其诗成为"客气伪诗"。方氏认为古人之诗被后人不断学习,到今日已经是"习熟陈言",不宜再刻意模仿,正确的方法是"领略古法,而又不蹈袭",仔细体会古人作诗之法,却能够自我创造(卷三·四,81页)。能够"言之有物,自己有真怀抱",若仅从"古人句格寻求,而不得其用意,非落窠臼,即成模拟形似"(卷一·三六,13页)。

方东树最为推崇的是杜甫、韩愈那样具有"巨刃摩天,乾坤摆荡,雄直挥斥,浑茫飞动,沛然浩然之气"(卷十·六,226页)、"雄远壮阔"阳刚之美的诗歌,实际上是属于典型的"宋调"风格的诗歌。虽然他也称赞一部分唐代诗人,但"实际上所重

---

① 方东树:《考槃集近体题辞》,《仪卫轩诗集》,清同治七年(1868)刻本,复旦大学图书馆藏。

的仍是包括部分中唐诗人在内的以文为诗的'宋型诗',仍改变不了其'祧唐祢宋'的诗学取向"①。而刘大櫆与明七子等人推崇的是盛唐那种高华壮丽的诗风,属于"唐音",而不是"宋调"。由于方氏这种"远唐近宋"的诗学取向,使他对于明七子、对于刘大櫆虽有所肯定却难以完全认同,究其原因,在于学唐者大多主复,而学宋者主变。故而,方氏选五古,"除海峰所取十篇",而"益以姜坞补选二十余篇"(卷十·六,226页),就是以崇宋的姚范来补崇唐的刘大櫆的不足。

二、论姚范

姚鼐的伯父姚范(1702～1771),字南菁(或南青),号姜坞,又号几蓬老人。乾隆七年(1742)进士,曾任翰林院编修,故又被称为姚编修,或大姚先生。姚范读书刻苦,博闻强识,熟悉诸子百史,志在贯穿。故而,他虽得方苞为文义法,却不主家法。姚范有《援鹑堂诗集》七卷,《援鹑堂文集》六卷,其诗文"必达其意,绝去依傍,穷幽涉险,立追古人,而得其渊诣"②。徐世昌《晚晴簃诗汇》云:"其诗善于俪事导源义山,而别开蹊径,实与昆体不同,亦无宋人粗劲之习。"③姚范推崇黄庭坚而兼学李商隐,学诗主张不主一家、兼收并蓄,其诗作融合了唐宋诗之长,而自有特色。姚范与同里刘大櫆友善,亦是方东树曾祖方泽的友人。方东树曾受同门姚莹所托校勘其祖父姚范的《援鹑堂笔记》五十卷,用力甚多,故对姚范的著述和观点十分熟悉,这从《昭昧詹言》屡屡援引姚范的观点也可看出。

从方东树本人的治学倾向来看,与姚范有不少相似之处,如方东树从青年时代就志在以学术为依归,不欲以文辞名世,

---

① 萧华荣:《中国古典诗学理论史》(修订版),上海:华东师范大学出版社,2005年,第282页。
② 刘声木撰,徐天祥点校:《桐城文学渊源撰述考》,合肥:黄山书社,1989年,第138页。
③ 《晚晴簃诗汇》卷七十七,徐世昌辑,民国十八年(1929)退耕堂刻本,《续修四库全书》第1629～1633册。

二人都以学者自居。兼之,方氏校勘过姚范的《援鹑堂笔记》,自觉不自觉地接受了姚范的观点。在桐城诸老中,方氏《昭昧詹言》引述言论最多的是姚范,甚至比他的业师姚鼐还多。

姚范论诗与刘大櫆有相同之处,对明七子并不否定,在《援鹑堂笔记》中深恶吴乔诋毁明七子,于何、李诸人多所维护。姚范论诗推崇黄庭坚,方东树的《昭昧詹言》引述姚范的话,说:

> 涪翁以惊创为奇,其神兀傲,其气崛奇,玄思瑰句,排斥冥筌,自得意表,玩诵之久,有一切厨馔腥蝼而不可食之意。(卷十·四,226 页)

此段文字出自姚范《援鹑堂笔记》卷四十①。方东树在《昭昧詹言》中引述过两次,另一处见于卷十二,第二八六则诗话。可知方东树对姚范言论的重视。姚范虽不鄙薄明七子,但他与刘大櫆在论诗方面有所不同。刘大櫆重视诗文技巧,以文章家自居,推崇高华壮大、浑然天成的唐诗;而姚范主要的身份是学者,在学识方面深于刘大櫆,重视学问,论诗不主独尊唐诗,而提出参酌宋诗,并蓄兼收,与同样重学的宋诗为近,故而他尤其推崇以黄庭坚为代表的兀傲奇崛的诗风。姚范认为格调派的学诗之法也是可行的,只是不宜过,过了就容易流于俗,所以需要用黄庭坚的"不俗"来补救。因而他说:

> 山谷之学杜,绝去形摹,尽洗面目,全在作用,意匠经营,善学得体,古今一人而已。论山谷者,惟姜坞、惜抱二姚先生之言最精当,后人无以易也。(卷二十·二六,450 页)

方氏指出黄庭坚学杜甫最得杜之真髓,而对于黄庭坚的评论,他认为姚范、姚鼐二位先生"最为精当"。方东树在论谢灵运诗时,也多承姚范之论。如姜坞先生云:"空同五言,多学大谢。仿其形似,略彼神明,天韵既非,则句格皆失研矣。"方氏引申道:"余谓昧其所用而强学其句格,如王朗之学华歆,在形骸

---

① 姚范:《援鹑堂笔记》卷四十,清道光十五年(1835)刻本,复旦大学图书馆藏。

之外,去之所以更远。"(卷一·一三七,44页)姚姜坞先生曰:"康乐诗颇多六代强造之句,其音响作涩,亦杜、韩所自出。"(卷五·四二,137页)在《昭昧詹言》中方氏极力把谢、杜、韩、黄等诗人链接在一个诗学体系里。

此外,在《昭昧詹言》卷十,方东树论陈师道的诗话共六则,都引用了姚范的评论。其中四则先引述姚范的话,方氏在其后加了按语,都是在赞同姚范基础上进行阐发议论。如:

> (姚范)又云:"后山之师杜,如穆、柳之徒,学文于韩也。后山之祖子美,不识其混茫飞动,沈郁顿挫,而溺其钝涩迂拙以为高。其师涪翁,不得其瑰玮卓诡,天骨开张,而耽乎洗剥渺寂以为奇。"又云:"后山五七古学杜、韩,其不可人意者,殆如桓宣武之似刘司空。其五古,意境句格,森沈淡涩之致,于老杜亦虎贲之似,而无老杜之雄郁混茫奇伟之境。其五七律,清纯沈健,一削冶态瘠音,亦未可轻蔑。"(卷十·二二,230~231页)

上边这则诗话,引述过姚范评论后,方东树并没有发表意见,可知他完全认可姚范的观点。姚范就陈师道学习杜甫诗歌、学习黄庭坚诗歌进行评论。陈师道学杜,"不识其混茫飞动,沈郁顿挫",而以"钝涩迂拙以为高";学黄,"不得其瑰玮卓诡,天骨开张",而"耽乎洗剥渺寂以为奇"。姚范认为陈师道学杜、学黄、学韩都未得要领,所得不多。

姚范对陈师道诗歌的评论大体精当,方东树大都认可。如姚范云:"后山于诗果未有悟入处"。方氏加按语道:"此论后山诚然。但先生论诗文,妙悟烛照,可谓得无上正等正觉。而其所自造甚凡近,殊无奇特,远不逮所知。岂知之易而才分有所限与?"(卷十·二〇,230页)方氏提出一个重要的问题,那就是文学理论家理论修养可能很高,但自身的文学创作实践却未必尽如人意。姚范虽然论诗文"妙悟烛照",其所"自造"却"甚凡近",没有什么奇特之处,其诗歌远不如其理论更有成就。又如:

> 姜坞先生论后山之学杜学韩、黄不至处云云,愚尝细商其故,此非学之不至,得其粗似而遗其神明精神之用云

尔也,直由其天才不强耳。任渊论后山诗:"如曹洞禅,不犯正位,切忌死语。"愚谓此亦非大乘之谈。又后山用意求与人远,但过深,转竭索无味,又时蓊葧不合,此不可谓非山谷遗之病也。若大谢、杜、韩,用意极深曲,而句无不稳洽。(卷十·二三,231页)

方氏先肯定姚范所论的恰当,然后进一步阐发。他认为陈师道学杜、韩、黄之所以有诸多问题,乃在于陈师道"得其粗似而遗其神明精神之用",仅学得外在"粗似"杜、韩、黄,而没有学到他们内在的精神气韵,这是由于后山"天才不强"的缘故。他还认为后山虽能"求与人远",却没有把握好,导致"过深,转竭索无味",而这些问题的根源在黄山谷身上。

对于姚范有关字句章法的议论,方东树也多有肯定并采纳之:

> 姜坞先生曰:"字句章法,文之浅者,然神气体势,皆因之而见。"又曰:"凡文字贵持重,不可太近飒洒,恐流于轻便快利之习。故文字轻便快利,便不入古。才说仙才,便有此病。太白、东坡皆有此患。"按:此皆精识造微之论。(卷一·四三,15页)

姚范论诗文重视字句、章法、文法等,方东树对此也比较重视,如他说:"作诗,本领是一事,气格体势文法是一事,句法字法是一事。"(卷六·二二,169页)故而,就这些方面方氏多引述姚范的话。如此段诗话中,方氏就大赞姚范,言姚所论为"精识造微之论"。又姚范曰:"文法要莽苍硬札高古。"(卷一·八七,29页)观方氏论诗文亦追求"莽苍硬札高古"。

三、论姚鼐

姚鼐(1732~1815),字姬传,一字梦谷,因以惜抱名轩,故又被称为惜抱先生,桐城人。姚鼐的诗论深受刘大櫆和姚范的影响。刘大櫆论诗讲格调,重视诗歌的神气音节,其诗风格本属于"唐音",但他在创作上却以学问、议论为诗,走了宋诗的路子。刘大櫆的友人姚范则开始自觉推崇宋诗,主张学习黄庭坚,作为弥补明以来格调派模拟太甚导致空疏的弊端。钱锺书先生曾说过"桐城亦有诗派,其端自姚南菁范发之"①,可知姚范对桐城诗派的影响。姚鼐的诗论继承了明前、后七子的诗学主张,但又主张取法韩愈、黄庭坚。姚鼐不满钱谦益诋諆七子,认为:"学诗不经明李、何、王、李路入,终不深入。"(《与陈硕士》)姚鼐的诗从明七子入,体兼唐宋而不存模拟之痕,劲气盘折,正而能雅,能以古文义法通于诗。姚鼐的这种兼收并蓄亦是源于姚范。姚鼐又继承了刘大櫆的诗学,"一宗海峰家法,门庭阶闼,矩范秩然"(沈曾植《海日楼题跋》《惜抱轩诗集跋》)。其诗学主张"熔铸唐宋"(《与何砚农兰士》,《惜抱轩尺牍》卷二)。他所编的《今体诗钞》也体现出折中唐宋的倾向。

姚范《援鹑堂笔记》卷四十云黄庭坚诗"其神兀傲,其气崛奇,玄思瑰句,排斥冥筌,自得意表"。姚鼐本之,于《五七言今体诗钞序目》称:"山谷刻意少陵,虽不能到,然其兀傲磊落之气,足与古今作俗诗者澡濯胸胃,导启性灵。"②方东树作为姚鼐的高足,对业师姚鼐的诗学观点最为熟悉,他的《昭昧詹言》评析的律诗又以姚鼐的《今体诗钞》为底本,书中也多引述姚鼐的话。如方东树《昭昧詹言》论诗以"杜、韩、苏、黄"(卷一·九,25页)并称,并谓"学黄必探源于杜、韩"(卷十·一○,227页),可知姚鼐继承了姚范的诗论,方东树又继承了二姚的诗论。方氏具体评析黄庭坚《徐孺子祠堂》诗时,也引用姚鼐的话:"姚先生云:'自吐胸臆,兀傲纵横,岂以俪事为尚哉。'"(卷二十·二九,451页)通过引述姚鼐的评论来表现他对黄山谷的推重。

对照《五七言今体诗钞序目》中姚鼐的诗学观点,可以看出方东树基本继承了姚鼐的诗学思想。姚鼐说:"杜公七律,含天地之元气,包古今之正变,不可以律缚,亦不可以盛唐限者。"③方氏《昭昧詹言》中论杜甫七律道:"如太史公文,以疏气为主。

---

① 钱锺书:《谈艺录》,北京:中华书局,1984年,第145页。
② 《五七言今体诗钞序目》,(清)姚鼐编选,曹光甫标点:《今体诗钞》,上海:上海古籍出版社,1986年,第4页。
③ 《五七言今体诗钞序目》,(清)姚鼐编选,曹光甫标点:《今体诗钞》,上海:上海古籍出版社,1986年,第3页。

雄奇飞动,纵恣壮浪,凌跨古今,包举天地,此为极境。"(卷十四·一一,378~379页)方东树对杜甫的评价和姚鼐对其评价比较相似。

姚鼐批评钱谦益:"余往昔见蒙叟笺,于其长律转折意绪都不能了,颇多谬说,故详为诠释之。"①姚鼐指责钱谦益笺注杜诗"颇多谬说",方东树亦批评钱谦益,云:"钱牧翁之笺杜","虚负盛名矣"(卷三·一五,85页)。方氏论诗强调诗歌思想内容与诗人道德气节和人格修养的统一,故而对于某些他认为道德人格不高的诗人多有指责,对于钱谦益他虽没有完全否定,却批评甚多。如评析陶渊明《栖栖失群鸟》诗时,说:"后来如某某不保晚节,复出失身,不能如陶公之刚决也。"不点名批评钱氏。又评甄后《塘上行》先是称赞道:"高迈雄恣,终是汉、魏人气格。"然而笔锋一转,指责道:"以仁义自许,与卓文君之以皎月白雪自拟,皆无耻之言,其诗虽工,何足取哉!""尝见钱受之文集,其《上怀宗疏》,极以万世名节自许,皆此类也。"(卷二·五七,69页)又批评钱氏用佛典字:"如钱牧翁,则但见习气可憎,令人欲哕。"(卷十四·七,378页)方东树对钱氏的厌恶可谓到了极点。方氏浸染理学多年,很关注诗歌创作主体的个人品行修养,故而对于钱谦益这样封建时代的"贰臣"批评极烈。方东树的诗论往往由姚鼐等人的某一议论或某些议论先引述,然后进行引申、阐发,有继承,也有自己的阐发、修正,对于钱谦益的批评,即是他在姚鼐观点的基础上又作了不少阐释和发挥,表达了他对钱氏的看法。

既然方东树《昭昧詹言》所论的律诗出自姚鼐的《五七言今体诗钞》,方氏对跟随学习多年的老师的观点自然非常熟悉,这在他的诗论中经常见到,如:

> 惜抱论玉溪:"矫敝滑易,用思太过,而僻晦之病又生。"窃谓后山实尔,山谷无之。然山谷矫敝滑熟,时有龃龉不合,枯促寡味处;杜、韩、苏无之,杜、韩、苏间有贪多骛

---

① 《五七言今体诗钞序目》,(清)姚鼐编选,曹光甫标点:《今体诗钞》,上海:上海古籍出版社,1986年,第2页。

末处;汉、魏、阮公、陶公、大谢、太白无之。(卷十·一一,228页)

此段诗话中姚鼐论李商隐诗"矫揉滑易,用思太过,而僻晦之病又生",可见于姚鼐的《五七言今体诗钞序目》①。姚鼐以为晚唐之诗衰落,"惟玉溪生乃略有杜公遗响","才力实为卓绝","不可不谓诗之诗中豪杰士"②。虽认为李商隐之诗有弊病,就晚唐范围来说,对其又大加赞赏。方东树论唐人七律,讨论了初唐、盛唐、中唐诸家诗人诗作,唯独没有讨论晚唐诗人诗作,而是单独列李商隐为一卷,可见他是受其师姚鼐的影响,认为晚唐诗成就不高③,所以仅拈出学习过杜甫的李商隐作为代表。

姚鼐说:"右丞七律,能备三十二相而意兴超远,有虽对荣观,燕处超然之意,宜独冠盛唐诸公。于鳞以东川配之,此一人私好,非公论也。"方氏云:"何谓二派?……一曰王摩诘:如班孟坚文,以密字为主;庄严妙好,备三十二相;瑶房绛阙,仙官仪仗,非复尘闲色相;李东川次辅之,谓之王、李。"(卷十四·一一,378~379页)"七律宗派,李东川色相华美,所以辅辋川为一派。"(卷十八·一,419页)"于鳞以东川配辋川,姚先生以为不允。东川视辋川,气体浑厚,微不及之,而意兴超远,则固相近。"(卷十六·一四,391页)

此外,姚鼐认为白居易的长庆体诗"滑俗之病,遂至滥恶,后皆以太傅为借口矣"。方氏也批评白居易诗"句格卑俗"(卷八·二,419~420页)。方东树对其师姚鼐诗学思想的继承之处不胜枚举。

虽如此,方氏也不是与其师完全相同,如方东树评析白居

---

① 《五七言今体诗钞序目》,(清)姚鼐编选,曹光甫标点:《今体诗钞》,上海:上海古籍出版社,1986年,第3页。
② 《五七言今体诗钞序目》,(清)姚鼐编选,曹光甫标点:《今体诗钞》,上海:上海古籍出版社,1986年,第3页。
③ 方东树解释说:"中唐气格,雄直恣肆、变化动宕不及盛唐,而优柔往复,情韵如生,意绪明白,词旨朗隽,气概自清。至晚唐则有不明白之意,不成章之什,或重复纷沓,无虚实前后起结承转之法,或卑杂猥浅,或凑句拉杂,承接不通,求一清爽明白之作,不可得矣;然字句凝重,不滑不率。"(卷十八·一,419页)

易《江楼夕望招客》诗,就有不同意见。姚鼐摘末句云:"俚俗不可耐。"方氏云:"愚谓此尚无妨,清切有真趣,较《夜归》末句富贵气为优。"(卷十八·三九,431页)再如姚鼐评陆游道:"放翁激发忠愤,横极才力,上法子美,下揽子瞻,裁制既富,变境亦多。其七律固为南渡后一人。"①对陆游评价非常高,言其七律上承唐之杜甫,下启宋之苏轼,选录陆游七律八十七首。陆游自言"六十年间万首诗",选八十七首不算多,但对比之后即可发现,姚鼐选苏轼七律三十一首,黄庭坚二十五首,可见姚鼐对陆游非常推重。而方东树则对陆游多所批评:"放翁多客气假象。"(卷一·一三二,43页)"宋以后如陆放翁等学杜,喜为门面客气矜张,以自占身分。无其实而自张不怍,最为客气假象,可憎厌"(卷五·五九,143~144页);"矜持虚悏"(卷十一·七,238页);"放翁多无谓而强为之作,使人寻之,不见兴趣天成之妙"(卷十二·三五六,329页);"放翁但于诗格中求诗,其意气不出走马饮酒,其胸中实无所有。故知诗虽末艺,而修辞立诚,不可掩也"(卷十一·二九,239页)。又评欧阳修《和对雪忆梅花》:"不解古文,不能作古诗,放翁所以不可人意也。此诗细缕密针,粗才岂识。余最不喜放翁,以其犹粗才也。此论前未有人见者,亦且不知古文也。"(卷十二·一六一,283页)方氏明确言其不喜欢陆游,认为放翁胸中本无真情实感而强作诗,只是"于诗格中求诗",往往是"客气假象",不能"修辞立诚",故不免流于俗。而姚鼐则与方氏不同:

> 放翁兴会飙举,词气踔厉,使人读之,发扬矜奋,兴起痿痹矣。然苍黝蕴藉之风盖微。所谓"无意为文而意已独至"者,尚有待与?(卷十二·三五五,329页)

姚鼐虽也批评陆游,程度却轻多了。姚鼐肯定读陆游诗使人"发扬矜奋",美中不足的是"苍黝蕴藉之风盖微",言陆诗不够含蓄。可见,方东树论诗虽基本继承了其师姚鼐的思想,由于个人修养的不同,某些方面还是有差异。

---

① 《五七言今体诗钞序目》,(清)姚鼐编选,曹光甫标点:《今体诗钞》,上海:上海古籍出版社,1986年,第4页。

纵观方东树《昭昧詹言》全书,再对照姚鼐的《今体诗钞》,可知方东树基本继承了业师姚鼐的诗学思想。如果说方东树与姚鼐在诗学观点上有什么不同,那就是,方东树虽然在《昭昧詹言》中引述了不少姚范、姚鼐等的话,但并不为师说所囿,表现出一定的创新意识。如姚鼐的诗文理论在美学取向上讲阴阳刚柔说,虽然他崇尚阳刚之美,但又认为刚柔应该并济,要"刚中带柔"[1]。此外,姚鼐论诗折中唐宋传统,他编选的《今体诗钞》也体现了折中唐宋的倾向,其本人的诗歌创作也是折中唐宋之间[2]。而方东树则与其业师不同,他在美学取向上很明显地推重阳刚之美,在诗论上虽也承认唐诗之美,但更推重的是"宋调"。

---

[1] 参见张健:《清代诗学研究》,北京:北京大学出版社,1999年,第645～648页。
[2] 参见张健:《清代诗学研究》,北京:北京大学出版社,1999年,第648～650页。

第五章

《昭昧詹言》的诗学价值及其在诗学批评史上的地位

第一节 方东树诗学思想总论

方东树终生从事诗歌创作,其诗歌理论建立在坚实的诗歌实践活动的基础之上。郭绍虞先生说方东树的诗论"集诗学之大成",对这样一位承前启后的诗论家的诗学思想进行整体概括是十分必要的。

一、求真与立诚:追求自家面目的创作理想

方东树强调诗歌创作要以切身体验和真情实感为基础,要有真性情、真怀抱,要"修辞立诚"(卷一·七,3页)、"言之有物"(卷一·三六,13页),"自见心胸面目"(卷三·七,82页),要"自成一家,不随人作计"(卷十四·一七,380页),反对"客气假象",反对"优孟衣冠"。认为"立诚则语真,自无客气浮情,肤词长语,寡情不归之病"(卷十四·一九,381页)。方东树曾

有诗云:"洗清面目重相见,可道今吾胜故吾。"①在《昭昧詹言》中,方东树亦多次拈出"面目"二字,批评诗人诗作。如:

> 大约今学者非在流俗里打交滚,即在鬼窟中作活计,高者又在古人胜境中作优孟衣冠。求其卓然自立,冥心孤诣,信而好古,敏以求之,洗清面目与天下相见者,其人不数遘也。(卷一·一一,4页)

方东树在评析谢灵运的诗《七里濑》时,曾详细解释了自己"洗清面目,与天下相见"的观点:

> 古人作诗,自己有事,因题发兴,故脱手欲活。后人自己胸次本无诗,偶值一题,先已忙乱,没奈他何,因苦向题索故事,支给发付,敷衍成诗。其能者只了题而已,于己无涉。试掩作者名氏,则一部姓族谱中,人人皆可承冒为其所作。其不能者,则并题不能了。且如此题,亦古今之恒题耳,惟此诗乃是谢公过此而作也……欲作诗,先须洗清面目,与天下相见,此岂寻常所及哉!(卷五·七七,155页)

方氏在解析谢灵运诗《道路忆山中起》曾云:"庄、佛之所谓性,求其本来面目,谓自然也。"(卷五·七八,156页)方东树总评李商隐时说:"读其诗,不能使人考其志事以兴敬而起哀,则皆其华藻掩没其性情面目也。"(卷十九·四,434页)又道:"李义山多使故事,装帖藻饰,掩其性情面目,则但见魄气而无魂气。"(卷十八·二,420页)又评析李商隐《筹笔驿》诗道:"义山此等诗,语意浩然,作用神魄,真不愧杜公。前人推为一大宗,岂虚也哉!但存此等三十二首,而删其晦僻支离、轻艳流弈者,岂不洗清面目,与天下相见。"(卷十九·一一,437页)总论苏轼时道:"东坡只用长庆体,格不必高,而自以真骨面目与天下相见,随意吐属,自然高妙,奇气崒兀,情景涌见,如在目前。"(卷二十·一,444页)方东树肯定李商隐"语意浩然",与杜甫

---

① 方东树:《壬辰八月十五日归舟过韶州曲江江口堕水不死是夕对月遣闷杂书十四首》其十二,《考槃集》,《仪卫轩诗集》卷五,清同治七年(1868)刻本,复旦大学图书馆藏。

诗是相类之作,批评其"华藻掩没其性情面目"的诗歌,要求他"洗清面目,与天下相见"。他虽对苏轼所作的类似元、白"长庆体"风格的浅俗之诗不满,但还是肯定苏轼的诗"自以真骨面目与天下相见,随意吐属,自然高妙"。由上述这些论述可知,方东树所说的"洗清面目,与天下相见",意思是诗人作诗应该"求其本来面目",要自然。读者读了诗人的诗作以后能够"知人论世"、"以意逆志",诗人与诗作能够对应起来,"诗如其人"。故而在《昭昧詹言》中,凡是"客气假象"的、"优孟衣冠"的,都遭到他的严厉批评。那么,他所谓的"性情面目"是怎样的呢?他说:

> 性情面目,人人各具。读太白诗,如见其脱屣千乘。读少陵诗,如见其忧国伤时。其世不见容,爱才若渴者,昌黎之诗也。其喜笑怒骂,风流儒雅者,东坡之诗也。即下而贾岛、李洞辈,拈其一章一句,无不有贾岛、李洞者存。倪词可馈贫,工同肇悦,而性情面目,隐而不见,何以使尚友古人者,读其书想见其为人乎?(卷二十一·二二七,535页)①

方东树认为"性情面目"人人都有,每个人都有自己的个性特征。实际上,方东树所谓的"性情面目"就是诗人应该有自己的个性,自己的真情实感,自己的真实境遇,不要人云亦云,鹦鹉学舌。好的诗人应该像李白、杜甫、韩愈、苏轼等人那样,其诗作反映出他们真实的、独具特色的情感、遭遇。他说:"诗道性情,只贵说本分语",就是"说自己话","自足自有味"(卷十

---

① 《昭昧詹言》卷二十一附论诸家诗话,是方东树辑录的诸家诗话,或只引原文,或引原文并"附按语以订正之",方氏有发挥,有辩驳。笔者曾找出相关诗话的原文与方氏所录诗话进行比对,发现方氏所录诗话的一部分字句、意思等与原文有所不同,可知方氏在抄录的时候有所改动。通观《昭昧詹言》全书,此部分也贯穿了方东树一贯的诗论观点,故而,此部分大体也可以视作方东树的观点。关于这个问题可参看台湾学者吴宏一先生的《方东树〈昭昧詹言〉析论》之三"方东树论诸家诗话的检讨"。吴宏一:《清代文学批评论集》,台北:联经出版事业公司,1998年,第305~324页。

二·三五七,330页),诗人的诗作应该反映出自己独特的思想感情,要"读其书想见其为人"。

方东树反对诗人学古人太似而没有自己的面目性情,没有自己的个性:

> 大约真学者则能见古人之不可到,如龙蛇之不可搏,天路险艰之不可升,迷闷畏苦欲罢不能,竭力卓尔。否则,无不以古人易与,动笔即拟,自以为似,究之只是捍搉法耳,优孟法耳。试执优伶,而问以所演扮之古人,其志意怀抱,与夫才情因宜,时发适变而不可执之故,岂有及哉!(卷一·一五三,49页)

方东树批评那些学习古人太似,以致像"优伶",太像"所演扮之古人",而己之"志意怀抱"则没有显现出来。这些人不懂得因时而变的道理,故而最终到达不了古人的成就。如他在评析陶渊明的《庚戌岁九月中于西田获早稻》诗时,曾道:"若执笔便拟陶公,是黄口孺子,轻学老成宿德,举止风轨纵似之,亦可鄙笑,不惟优孟衣冠,抑且滑熟无力。坡公和陶真是倚其才大,学之易似耳,而皆非其佳什,世亦无诵习之者。夫以坡公且如此,况末士之无知者哉!"(卷四·三二,108页)言以苏轼的大才作"和陶诗","学之易似"。然而,苏轼的百余篇"和陶诗"都不是好诗,世上没有传诵的人。以苏东坡这样的天才尚且如此,何况一般的人呢!方东树在这里表明学古人诗、拟古人诗要慎重,不可轻学。否则,就成为"优孟衣冠",学作的诗既没学到古人的风貌,反而丧失了自己的"性情面目"。

又如论析李益诗《盐州过五原至饮马泉》时,方东树说:"此等诗,有过此地之人、有命此题之人、有作此题诗之人之性情面目流露其中,所以耐人吟咏。不是咏古无情,不见作诗人面目,如应试诗'赋得'体及幕下张君房所为;低手俗诗皆犯此病,所以为庸劣无取。且如西昆诸公只以搜用故实,裁剪藻饰为能,是名编事,非作诗也。"(卷十八·一七,425页)评刘长卿《登余干古县城》:"言外句句有登城人在,句句有作诗人在,所以称为作者。"(卷十八·二,419~420页)评刘长卿《过贾谊宅》:"全是言外有作诗人在,过宅人在。""用我为主,则自然有兴有味。

否则有诗无人,如应试之作,代圣贤立言,于自己没涉。公家众口,人人皆可承当,不见有我真性情面目。试掩其名氏,则不知为谁何之作。张冠李戴,东餐西宿,驿传储胥,不能作我家当也。"(卷十八·三,420页)方东树在具体分析批评诗人诗作时,要求诗人的诗歌中应该有"自己"在,有自己的"性情面目"在,要"见作诗人面目",批评应试诗体、西昆体诗人"不见有我真性情面目"。他所说的,就是"欲成面目","尤在性情。使人千载下如相接对"(卷一·五五,20页)。故而,他说:"古人所以必言之有物,自己有真怀抱。"(卷一·三六,13页)"万古常新,只有一真耳。"(卷二十一·四九,484页)如果"文字成,不见作者面,则文可有可无。诗亦然"(卷一·四,2页)。强调"诗如其人",见诗文如见作者面目。

他对在中国文学史上以"任真"而著称的陶渊明激赏,说:

  读陶公诗,须知其直书即目,直书胸臆,逼真而皆道腴,乃得之。质之六经、孔、孟,义理词旨,皆无倍焉,斯与之同流矣。(卷四·三,97页)

  读陶公诗,专取其真:事真景真,情真理真,不烦绳削而自合。谢、鲍则专事绳削,而其佳处,则在以绳削而造于真。(卷四·五,98页)

陶渊明崇尚"抱朴含真"(《劝农》),提出"任真无所先"(《连雨独饮》),其诗文多以表现真性情、真观念为特色,他在诗文中一再强调"真",故而方东树对陶渊明十分欣赏。他说陶诗"直书即目,直书胸臆,逼真而皆道腴","事真景真,情真理真,不烦绳削而自合",与"六经、孔、孟、义理词旨""同流"。把陶诗与儒家经典相提并论,对陶诗推崇备至。

方东树崇尚"真",对于一些诗人在诗中"作伪"、"客气假象"多次表示反对:

  古人各道其胸臆,今人无其胸臆,而强学其词,所以为客气假象。汉、魏最高而难知,而其词又学者所共习诵。以易袭之熟词,步难知之高境,欲不为客气假象也得乎?(卷二·三,52页)

  尝论唐、宋以前诗人,虽亦学人,无不各自成家。彼虽多见古人变态风格,然不屑向他人借口,为客气假象。近人乃有不克自立,已无所有,而假助于人。于是不但偷意偷境,又且偷句。欲求本作者面目,了无所见,直同穿窬之丑也。(卷一·一五二,49页)

鲍诗全在字句讲求,而行之以逸气,故无駿蹇缓弱平钝、死句懒笔。他人轻率滑易则不留人,客气假象则无真味动人。韩、杜常师其句格。衣被百世岂徒然哉!(卷六·四,164页)

谢、鲍根据虽不深,然皆自见真,不作客气假象,此所以能为一大宗。后来如宋代山谷、放翁,时不免客气假象,而放翁尤多。至明代空同辈,则全是客气假象。(卷一·一一○,36页)

东坡下笔,摆脱一切,空诸依傍,直是前无古人,后无来者,所以能为一大宗;然滑易之病,末流不可处,故今须以韩、黄药之。放翁多客气假象,自家却有面目,然不能出坡境界。(卷一·一三二,43页)

山谷、放翁犹时有客气假象,陶公、李、杜、韩、苏无之。六一亦时有客气假象。(卷九·一九·222页)

在上述这些诗话条目中,方东树说古人都是直抒胸臆,汉、魏、唐、宋以前诗人都是各自成家,无"客气假象","今人无其胸臆"、"强学其词"、"假助于人"、"偷意偷境偷句",想要看到这些作者的本来面目,实在不易。他肯定汉、魏的谢灵运、鲍照诗作都有自家面目,无"客气假象",批评宋代的黄庭坚、陆游、欧阳修和明代的李梦阳多客气假象。苏轼为"一大宗",无客气假象,然而有"滑易之病",只有陶渊明、李白、杜甫、韩愈这几位大诗人无"客气假象",有自家的"性情面目"。

为何陶渊明、杜甫、韩愈等几位大诗人无"客气假象"呢?因为在方东树看来,他们能够"修辞立诚",能够求真:

诗以言志。如无志可言,强学他人说话,开口即脱节。此谓言之无物,不立诚……庄子曰:"真者,精诚之至也。"不精不诚,不能动人。尝读相如、蔡邕文,了无所动于心。屈子则渊渊理窟,与《风》、《雅》同其精蕴。陶公、杜公、韩公亦然。(尝论蜀士如相如、扬雄、谯周,皆名教之罪人,虽有文字,何足算也。)可见最要是一诚,不诚无物。诚身修辞,非有二道。试观杜公,凡赠寄之作,无不情真意挚,至今读之,犹为感动。无他,诚焉耳。彼以料语妆点敷衍门面,何曾动题秋毫之末。(卷一·六,3 页)

修辞立诚,未有无本而能立言者。且学无止境,道无终极。凡居身居学,才有一毫伪意,即不实。才有一毫盈满意,便止而不长进。勤勤不息,自然不同。故曰:其用功深者,其收名也远。(卷一·七,3 页)

古人著书,皆自见其心胸面目。圣贤不论矣。如屈子、庄子、史迁、阮公、陶公、杜公、韩公皆然。伪者作诗文另是一人,作人又另是一人;虽其著书,大帙重编,而考其人之本末,另是一物。此书文所以愈多而愈不足重也。以予观之,如相如、子云、蔡邕,皆是修辞不立诚。(卷三·七,82 页)

前文我们已经说过,方东树秉持的是正统的儒家价值观,论诗不出儒家的"言志"、"明道"、"兴观群怨"等言论。再加上他一生以程朱理学为学术祈向,讲求克己复礼、修身进德,要求诗人能够言行合一,修辞立诚。"立诚"就是要"真",要有真性情,真面目,要真情流露、"情真意挚",不要作"伪"、"不实"。他赞同庄子所言的"真者,精诚之至也",认为"不精不诚",则"不能动人"。故而,他认为司马相如、蔡邕、扬雄等人"修辞不立诚",是"名教之罪人"。认为杜甫的赠寄之作情真意挚,能够感动他人,就是因为杜甫"诚焉耳"。他评杜甫《省中题壁》诗云:"清新真至,不入粗浮客气,非人所能。"(卷十七·五四,415 页)杜诗能够"真味盎然","读之而无不感动心脾"(卷八·一〇,212 页),对杜甫这样在诗中写"真情"的诗人给予了很高的评价。

他又说:

大约胸襟高,立志高,见地高,则命意自高。讲论精,功力深,则自能崇格。读书多,取材富,则能隶事。闻见广,阅历深,则能缔情。要之尤贵于立诚。立诚则语真,自

无客气浮情、肤词长语、寡情不归之病。(卷十四·一九，381页)

方东树所谓的"立诚"除了要求诗人写作态度要真诚，还要求诗人加强道德品行和人格修养，即他所说的"胸襟高，立志高，见地高，则命意自高"，还要多读书，增加阅历。总之，方东树要求诗人要"立诚"，"立诚则语真"，自然就不会有客气、肤浅、啰嗦的词句，表达的感情也不会散漫。

二、方东树以杜、韩，特别是杜甫为中心，建构了一个学诗的典范系统

方东树的《昭昧詹言》有着诗歌批评史的性质，"举汉魏六朝唐宋诸大家源同派别，钩玄索稳，曲畅靡遗"①，对汉、魏、唐、宋、元等朝代的诗人诗作进行了集中评析和论述，并描述了他们之间的继承与发展，这样使我们不仅能够看到某个时代某位作家的创作特色，也能够了解该时代该作家在中国诗歌发展史上的地位。而且，方东树在《昭昧詹言》中不是单独地探讨某个诗人、某篇诗作，而是把诗人、诗作放在中国古代诗歌长河中，进行纵向、横向的比较，指出"某人学某人，某人自某人出"，指出这些诗人诗作的源流、优劣，指出前后的渊源关系，从而使所讨论的诗人诗作有了诗学史的意义。

纵观《昭昧詹言》全书，方东树以"杜、韩"为中心，上溯到汉、魏的阮籍、陶渊明，乃至屈原、《诗经》，建构了一个由远及近的学诗系统。他说：

> 学诗当从《三百篇》来，以屈子、汉、魏、阮公、渊明嗣之，如此方见吟咏之本。(卷四·一，97页)
>
> 以《三百篇》《离骚》、汉、魏为本为体，以杜、韩为面目，以谢、鲍、黄为作用，三者皆以脱尽凡情为圣境。(卷一·一二，4页)

---

① 《续印昭昧詹言跋》，见民国七年(1918)亚东图书馆铅印本编者识语，复旦大学图书馆藏。

方东树以为学诗应该以《诗经》为源头，然后为屈原，为阮籍、陶渊明等魏晋诗人，学诗应该以《诗经》，屈原的《离骚》，汉、魏之诗为诗歌本源，学习杜甫、韩愈诗歌之自然、真诚，学习谢灵运、鲍照、黄庭坚诗歌的精神气韵，他们都脱尽了凡情而达到诗歌的至境。

方东树在学术方面以程朱理学为宗，就诗文领域而言，他也很推崇朱熹，《昭昧詹言》中多处引述朱熹的言论：

> 朱子曰："李、杜、韩、柳亦学《选》诗，然杜、韩变多，柳、李变少。"以朱子之言推之，苏、黄承李、杜、韩之后，而又能变李、杜、韩故意，离而去之，所以为自立也。自此以外，千余年诗家，除大历、长庆、温、李、西昆诸小乘荊记不论，其余名家无不为李、杜、韩、苏、黄五家嗣法派者。至于汉、魏、阮、陶、谢、鲍皆成绝响。故后世诗人只可谓之学李、杜、韩、苏、黄而不能变，不可谓能变《选》诗也。（卷一·九七，32页）

在这里，方东树接续朱熹的论诗之语继续推阐，认为"苏、黄承李、杜、韩之后"，"能变李、杜、韩故意"，故而，苏、黄能成诗家大宗。他认为千年以来的诗家，大历、长庆、温、李、西昆这样的别支小派不足为论，汉、魏、阮、陶、谢、鲍已为绝响，没有后继之人，只有李、杜、韩、苏、黄五家有嗣法派者，而且绵延不绝。实际上，方东树想建立一个以李、杜、韩、苏、黄五家为典范的学诗系统。

方东树开列的学古对象，以唐宋时代的李、杜、韩、苏、黄为主，并上溯至南北朝的谢灵运、鲍照。李、杜、韩、苏、黄等诗人真挚、雄健的诗风和关注现实的精神，符合方东树一贯标榜的经世思想，故而他最为推崇。方氏道：

> 庄以放旷，屈以穷愁，古今诗人不出此二大派，进之则为经矣。汉代诸遗篇，陈思、仲宣，意思沈痛，文法奇纵，字句坚实，皆去经不远。阮公似屈，兼似经；渊明似庄，兼似道；此皆不得仅以诗人目之。其后惟杜公，本《小雅》、屈子之志，集古今之大成，而全浑其迹。韩公后出，原本《六经》，根本盛大，包孕众多，巍然自开一世界。东坡横截古

今,使后人不知有古,其不可及在此;然遂开后人作滑俗诗,不求复古,亦在此。太白亦奄有古今,而迹未全化,亦觉真实处微不及阮、陶、杜、韩。苏子由论太白,一生所得,如浮花浪蕊,好事喜名,不知义理之所在。今观其诗,似有然者。要之,皆天生不再之才矣。南宋以来诗家,无有出李、杜、韩、苏四公境界,更不向上求,故亦无复有如四公者。一二深学,即能避李、苏,亦止追寻到杜、韩而止。乃若其才既非天授,又不知杜、韩之导源《经》、《骚》,津逮汉、魏,奄有鲍、谢处,故终亦不能到杜、韩也。(卷一·一四,5页)

在上述一段话中,方东树从庄子、屈原谈起,说"古今诗人不出此二大派",之后把汉魏诗人曹植、王粲,乃至阮籍、陶渊明都纳入他所说的"二大派"。然后隆重推出他最崇敬的诗人杜甫,云其"集古今之大成"。还有他次推重的韩愈。他曾说杜、韩"如长江大河,含茹古今,摆动宇宙也"(卷五·四五,138页),对杜、韩极为推尊。方氏虽也肯定苏轼的成就,云其"横截古今",但批评其作"滑俗诗";对于李白,他称赞其"奄有古今",但又批评其"真实处微不及阮、陶、杜、韩",还拿出苏辙批评李白的话为自己的观点作支撑。最后得出结论:"南宋以来诗家,无有出李、杜、韩、苏四公境界。"而且,为了推崇杜、韩张目,他指出杜、韩"导源《经》、《骚》,津逮汉、魏,奄有鲍、谢处",为确立李、杜、韩、苏四大家典范极尽能事,极力推崇。他又说:

唐之名家,皆从汉、魏、六代人出。杜、韩更远溯《经》、《骚》。宋以后人皆止于唐。惟苏公自我作祖,一切离而去之。(卷一·一二七,41页)

杜、韩、李、苏四家,能开人思界,开人法,助人才气兴会,长人笔力,由其胸襟高,道理富也。欧、王两家亦尚能开人法律章法。山谷则乃可学其句法奇创,全不由人,凡一切庸常境句,洗脱净尽,此可为法;至其用意则浅近,无深远富润之境,久之令人才思短缩,不可多读,不可久学。取其长处,便移入韩,由韩再入太白、坡公,再入杜公也。(卷十一·二一,237页)

> 学黄必探原于杜、韩,而学杜、韩必以《经》《骚》、汉、魏、阮、陶、谢、鲍为之源,取境古,用笔锐,造语朴,使气奇,选字坚,神兀骨重,思沈意厚,此亦诗家极至之诣也。(卷十·一〇,227页)

方东树在《昭昧詹言》中想给"学诗的人"指出学诗之门径,故而,他在书中指出汉、魏、唐、宋著名诗人的诗学源流。从上边几则诗话中,我们可以看出,在方东树心中,有一个诗歌源流史。方东树建构的这个学诗系统,以杜、韩为宗,以李白、苏轼、黄庭坚等人为辅翼,认为唐代的著名诗人是源自"汉、魏、六代",像杜、韩这样的诗人"更远溯《经》、《骚》"。方氏还采用逆推法,指出如果从黄庭坚学起,要学其长处,然后"移入韩,由韩再入太白、坡公,再入杜公也",也就是先学黄庭坚,其次学韩愈、李白、苏轼,最后学杜甫。他认为"学黄必探原于杜、韩,而学杜、韩必以《经》、《骚》、汉、魏、阮、陶、谢、鲍为之源"。这样,方东树就建立起一个全面、系统的学诗路径。他认为当读诗、学诗时,"先须具此意识,以专取之。既造微有得,然后更徙而之他。如曹、阮、陶、谢、鲍、杜、韩、苏、黄诸家,一一用功,实见各开门户,独有千古者,方有得力处。否则,优孟笑啼,皆伪也"(卷一·九,25页)。方氏在这里指出一个非常具体、详细的学诗路径。

方东树在《昭昧詹言》中还多次拈出"百世师"的说法,说:"杜、韩、苏、黄所以不肯随人作计,必自成一家,诚百世师也。"(卷一·三三,12页)"学选诗当避《选》体,此是微言密旨,杜、韩所以为百世师也"(卷三·四,81页);"如韩公便是百世师"(卷一·六六,23页);"韩公去陈言之法,真是百世师"(卷九·一一,220页);"山谷所以得自成一家,亦百世师也"(卷九·一一,221页);"(涪翁在)杜、韩后,真用功深造,而自成一家,遂开古今一大法门,亦百世之师也"(卷十·一,225页);"鲍不如汉、魏,阮公文法高妙,笔势纵恣横溢不费力,亦不如杜、韩豪宕变化;然气体坚实,惊心动魄,要亦百世师也"(卷六·二四,169页)。方东树把唐宋的杜、韩、苏、黄,加上南朝的鲍照这五位诗人尊为"百世师",对这几人评价很高,列为学诗的最高典范。

方东树最推重杜甫,于杜甫评价最高,言其"冠绝古今诸家"(卷十四·一三,379页),"包括宇宙,含茹古今,全是元气,迥如江河之挟众流,以朝宗于海矣"(卷八·三,210页),"独辟蹊径"、"包涵一切"(卷二十一·一五〇,510页)。方东树指出学诗的典范系统,以李、杜、韩、苏四大家为主,以杜甫为中心,说:

> 杜公如佛,韩、苏是祖,欧、黄诸家五宗也。此一灯相传。(卷十一·二〇,237页)

> 杜公乃佛祖,高、岑似应化为文殊辈,韩、苏是达摩。圣人复起,不易吾言矣。(卷十一·三四,240页)

> 微之曰:"壮浪纵恣,摆去拘束,模写物象。"此语最好。然余谓此三言,苏公亦能之。退之云:"巨刃摩天扬,岩垠划崩豁,乾坤摆雷硠","光焰万丈","百怪入肠"。此惟李、杜、韩、苏四公独有千古,而李差不如杜,亦诚如微之所云也。(卷八·九,212页)

> 太白仙语,须有方寸,不尔便至狂狙失守。大约至杜公,则龙象一振,群兽退听矣。自杜以后,便有门径好认。(卷十一·三六,241页)

> 太白时作仙语,意亦超旷,亦时造快语。东坡品境似之。果欲学坡,须兼白意乃佳。若但取其貌,乃为不善也。若能志庄、佛,兼取白、坡意境,而加以杜、韩,必成大家,非他人所知矣。(卷十一·三九,241页)

> 韩、苏并称,然苏公如祖师禅,入佛入魔,无不可者,吾不敢以为宗,而独取杜、韩。又李、杜、韩、苏并称,以其七言歌行,瑰诡纵荡,穷态尽变,所以为大家;至五言,则苏未能与三家并立也。(卷九·六,219页)

方氏以佛教的世系为喻,云"杜公乃佛祖",其余诸家都是由杜甫"一灯相传"而来。他以"李、杜、韩、苏"为四大家,最为欣赏这四人,说:"古之诗人,如太白、子美、退之、子瞻四公,含茹古今,侔造化,塞天地,如龙象蹴踏,如蛟螭蟠挐,当之者莫不战掉眩栗,色变心死。降而若半山、山谷,沈思高格,呈露面目,奥衍纵横,虽不及四公之焯赫,而正声劲气邈焉旷世,云鹤戾天,匪鸡所群,不其然乎?"①极力赞美李、杜、韩、苏四大家,亦肯定王安石、黄庭坚虽不及四大家,但"沈思高格",有自己的面目。除杜甫、韩愈外,方氏虽然也把李白、苏轼放到他建立的学诗系统中,认为二人有相似之处,指出如果学苏轼的话,应该兼学李白,然而他对李白、苏轼有一些微词,认为李、苏比不上杜、韩。

在方东树心中,学诗的典范占第一位的是杜甫,其次是韩愈,他评论苏轼的《石鼓》诗说:

> 东坡《石鼓》,飞动奇纵,有不可一世之概,故自佳。然似有意使才,又贪使事,不及韩气体肃穆沉重。海峰谓苏胜韩,非笃论也。以余较之,坡《石鼓》不如韩,韩《石鼓》又不如杜《李潮八分小篆歌》,文法纵横,高古奇妙。要之此三诗更古今天壤,如华岳三峰矣。至义山《韩碑》,前辈谓足匹韩,愚谓此诗虽句法雄杰,而气窒势平。所以然者,韩深于古文,义山仅以骈俪体作用之,但加精炼琢造,句法老成已耳。(卷一·一三三,43页)

此处明显是为鼓吹韩愈,为突出韩愈找理由。方东树认为苏轼的《石鼓》是好诗,但又批评苏轼好"使才"、"使事","不及韩气体肃穆沉重"。方东树欣赏杜甫、韩愈这类庄重、沉稳的诗人,喜欢他们巨刃摩天、乾坤摆荡的雄壮诗风,尤其推重杜甫。在这则诗话中,方东树认为苏轼《石鼓》诗比不上韩愈《石鼓》诗,韩《石鼓》又比不上杜甫《李潮八分小篆歌》。李商隐的《韩碑》,方氏认为"虽句法雄杰,而气窒势平",还是比不上韩愈的诗。为何如此说呢?他也给出了理由:"韩深于古文,义山仅以骈俪体作用之。"因为韩愈是古文大家,所以诗好。对于前人就已经认定为好诗的诗作,方东树虽也认为是好诗,但他总是有一套自己的标准衡量之。因为他也是桐城派古文家,杜、韩都是"以文为诗"的代表,和这样的古文家自然要"亲近"些。

---

① 方东树:《先集后述》,《考槃集文录》卷十一,清光绪二十年(1894)刻本,《续修四库全书》第1497册。

总之,方东树以"杜、韩"为中心,建构了一个偏重阳刚之美的学诗体系。

三、崇古黜俗,反对流易,讲求厚重

方东树崇古雅,黜凡俗,他在《昭昧詹言》中多次表示:

> 学古而真有得,即有败笔,必不远倍于大雅,其本不二也。尝见后世诗文家,亦颇有似古人处,而其它篇或一篇中,忽又入于极凡近卑陋语。则其人心中,于古人必无真知真好,故不能真见雅俗之辨。譬如王、谢子弟,虽遭颠沛造次,决不作市井乞儿相。以此推之,则海峰之全似古人而无不雅者,政不易到。盖其本领已同于古,但未及变耳。(卷一·一四八,48页)

> 古人论文,必曰:"一语不落凡近。"此数百年,小家不能自立,只是不解此义。而其才力功夫,学问识见,又实不能脱此。以凡近之心胸,凡近之才识,未尝深造笃嗜笃信,不知古人之艰穷怪变险阻难到可畏之处,而又无志自欲独出古今,故不能割舍凡近也。凡近意词格三者,涉笔信手苟成,即自得意,皆由不知古人之妙,语云:"但脱凡近,即是古人。"(卷十一·三二,240页)

> 夫人亦孰不各有其胸臆,而不学则率皆凡鄙浅俗。或尝学矣,而不深究古人文法之妙,则其成词又率皆凡近浅劣。有其胸臆,又稍知文法,而立志不纯,用功不深,终不能求合古人,而泯然离其迹也。(卷一·三,52页)

> 诗文以豪宕奇伟有气势为上,然又恐入于粗犷猛厉,骨节粗硬。故当深研词理,务极精纯,不得矜张,妄使客气,庶不至气骨粗浮而成伧俗。(卷九·一五,221~222页)

方东树主张"学古而真有得",就是说要在学古中有所创变,学古中见自家"面目"。如果学古而"入于极凡近卑陋语",则"于古人必无真知真好","不能真见雅俗之辨"。他以王、谢子弟为喻,要求诗人学古人而能够"雅",远离"凡俗"。肯定刘大概学"古"虽未能"变"却能"雅"。他还用古人论文的主张"一语不落凡近",要求诗人"脱凡近",要有"胸臆","深究古人文法之妙"以免除"凡鄙浅俗"、"气骨粗浮而成伧俗"等不良习气。他还以黄庭坚《次韵寅庵》为例,云此诗"措语清高,不杂一豪尘俗气","世间一切厨馔腥蚁意义语句,皆绝去,所以谓之高雅。脱去凡俗在此"。

方氏还反对流易,讲求厚重,说:

> 朱子曰:"行文要紧健,有气势,锋刃快利,忌软弱宽缓。"按此宋欧、苏、曾、王皆能之,然嫌太流易,不如汉、唐人厚重,然却又非炼局减字法,真知文者自解之。以诗言之,东坡则是气势紧健,锋刃快利,但失之流易不厚重,以此不及杜、韩。在彼自得超妙,而陋才崽士,以猥庸才识学之,则但得其流易之失矣。(卷一·六八,24 页)

> ……至于苏公,全以豪宕疏古之气,骋其笔势,一片滚去,无复古人矜慎凝重。此亦是一大变,亦为古今无二之境,但末流易开俗人滑易甘多苦少之病。今欲矫世人学苏之失,当反之于杜、韩;然欲学杜、韩而不得其气脉作用,则又徒为陈腐学究皮毛,及儿童强作解事,令人呕哕而已。(卷八·五,211 页)

> 选字避陈熟,固矣。而于不经意语助虚字,尤宜措意:必使坚重稳老,不同便文随意带使。此惟杜、韩二家最不苟。东坡则多率便矣,然要自稳老,非庸懦比。(卷九·一八,222 页)

> 汉、魏之人,无不飞行绝迹,精深超妙,奇恣变化,荡漾不可执著,然自厚重不佻。才一讲驰骤,而不会古人深妙,则入于粗犷伪俗。(卷一·七五,26 页)

> 固是要厚重,然却非段落板滞,一片承递,无变化法妙者。山谷学杜、韩,一字一步不敢滑,而于中又具参差章法变化之妙。以此类推,可悟诗家取法之意。(卷一·七六,26 页)

> 大抵下字必典,而不空率;造语必新,而不袭熟;凝重有法,思清文明,而不为轻便滑易;同一用事,而尤必择其

新切者;同一感寄,而恒含蓄;同一写景,而必清新;古之作者皆同,而玄晖尤极意芊绵蒨丽。(卷七·一,186页)

方氏在这几则中,先论"行文",然后讲到"作诗"。他认为汉、魏、唐人诗厚重中有变化,杜、韩即是如此,黄庭坚学杜、韩即悟到了"诗家取法之意"。苏轼虽"气势紧健,锋刃快利",却"失之流易不厚重",故"不及杜、韩"。特别指出苏轼以其才大,能够"自得超妙",而一般的"陋才崽士"学其"锋刃快利",则会犯流易的错误。如他评析苏轼《鳆鱼行》:"使事太多。以此炫俗人,乃近来作俗诗,入魔最下,最凡俗可厌。"(卷十二·二七五,311页)明确表示厌恶凡俗的诗风。方氏用诸如"凝重"、"坚重"、"持重"等词语表达了作诗要厚重稳老,不要"轻便快利"。他对元、白、太白、东坡等人的"流易"多次表示不满,提出学诗者要领会古人深妙之处,不要粗犷伪俗。

方东树以杜甫《闻官军收河南河北》为例,说明要厚重,不要流易:

此亦通篇一气,而沉著激壮,与他篇曲折细致者不同,题各有称也。起四句沉著顿挫,从肺腑流出,故与流利轻滑者不同。后四句又是一气,而不嫌直致者,用意真,措语重,章法断结曲折也。(卷十七·二二,404页)

方东树自是十分推尊杜甫,对杜甫诗"沉郁顿挫"的特点多次称赞,推崇备至。这里他也是如此,以为杜甫的《闻官军收河南河北》"沉著激壮",与"流利轻滑者不同","后四句又是一气","措语重",表示反对流易,以厚重为贵。他批评"开伦荒一派"的诗人道:"空疏不学,浅妄无知,野干魔鬼,群出而游于世。"说"世士通病,失在率滑容易,习熟凡近。故今必须先求与人远"(卷一·五二,19页),要求诗人们"求与人远",他说虽然这是小事末事,然而只有如此,"方有自立处"。方东树崇古,提倡学古,说:"求与古人似,必求与俗人远。若不先与俗人远,则求似古人亦不可得矣。"(卷一·五一,19页)认为要学古,先要"与俗人远",实际上就是要求诗人能够"去陈言",在学古的基础上有所创变。方东树不只对前代诗人的"伧俗"表示不满,他对清代的袁枚、钱载、赵翼等俗调、俗派诗人也有多次批评,关于此问题前文已经论及。

第二节 《昭昧詹言》的诗学价值

方东树因撰《汉学商兑》而使汉学、宋学两大阵营的交锋激烈化,其本人因过于急切地维护程、朱而招来恶评。此外,其诗学著作《昭昧詹言》也遭受了褒贬不一的评价,本节拟讨论他的这部著作的诗学价值及其局限。

一、方东树及桐城后学对《昭昧詹言》的评价

(一)方东树本人对其著作《昭昧詹言》的看法

《昭昧詹言》是方东树晚年著作,在其六十八岁至七十岁之间著成。这部著作集桐城诗学理论之大成,可视为方氏晚年诗学的定论。

今本《昭昧詹言》书后有清道光庚子年(1840)、清道光壬寅年(1842)方东树作的二跋,《跋一》云:"此书粗记臆见,未尝敢以示人。今年自粤返里,偶出以示吾友。吾友意以古人称'金针不度',似此和盘托出,用意为体太陋,大雅所不出也。余闻而深契之,甚自愧悔……亟拟焚弃,以掩吾丑。"[①]方氏著《昭昧詹言》就有金针度人的目的,注重题法、章法、字法等写诗技法的揭示,故而被朋友批评。方氏本人亦有后悔之意,想把它"焚弃"以遮丑。然其又"反心审思",以佛教有教、乘二宗,譬喻儒家的汉、宋二学,以为这些都是有意义的,不可偏废一端。况且,古今以来"不登作者之堂,当作者之录者"多如牛毛,他的著作虽然鄙陋,也是有可取之处的。《跋二》方东树再次申明对著书立说的看法:"君子立德立功立言,欲以觉世救世明道,期有益于人而已,传不传于己何与焉!"则又表示希望自己所立的言

---

① 方东树:《跋一》,《昭昧詹言》,北京:人民文学出版社,1961年,第537页。

能够"觉世救世明道",有益于世人,能不能传世,他则不再关心。可知,方氏在世的时候,这部著作就已经被某些人批评,他对这些批评有所深思,但还是认为自己的著作有重要的存在意义。

《昭昧詹言》在方东树生前没有刊行,从《昭昧詹言》中方东树自己的序跋可以看出,方东树对自己著作的弊病有一些认识。一方面他非常愧悔,想要烧掉自己的这部著作,但这更多的是自谦;另一方面又说:"余此书虽陋,而亦无可诟病者",对自己的著作还是相当自信。据方宗诚《校刊仪卫轩诗集后叙》所言方东树认为《昭昧詹言》"讲解太絮,嫌近于陋,不欲播世,惟笃学好古之士传钞而已"[1]。虽自我批评一番,没有期望自己的著作能够流传于世,但既然有好学之士传钞,在当时自然有较大影响。

(二)桐城后学对《昭昧詹言》的评述

方宗诚说"先生论诗之旨,具于《昭昧詹言》一书,自来言诗之精蕴,未有先焉者也"[2]。作为方东树的弟子,方宗诚对老师自是推重。又方宗诚《编辑仪卫轩遗书叙》云:"《汉学商兑》、《书林扬觯》、《文集》、《诗集》、《大意尊闻》,宗诚前已刊行,是皆原书全本也。其余各书,力难尽付剞劂,且亦间有语意重出之处,又或其言博奥繁赜,非初学所能知,不揣愚陋,节而录之,辑为遗书,以传于世。"[3]方东树的著作基本由方宗诚整理刊刻,方宗诚刊刻方东树的著作时,有些经过删削,《昭昧詹言》即是如此。可知今所见《昭昧詹言》[4]已经是经过删削的版本,最初的版本估计问题更多。

---

[1] 方宗诚:《校刊仪卫轩诗集后叙》,《柏堂集续编》卷二,清光绪七年(1881)刊本,复旦大学图书馆藏。又可见《仪卫轩诗集》目录后附方宗诚识语,清同治七年(1868)李鸿章刻本,复旦大学图书馆藏。

[2] 方宗诚:《校刊仪卫轩诗集后叙》,《柏堂集续编》卷二,清光绪七年(1881)刊本,复旦大学图书馆藏。

[3] 方宗诚:《编辑仪卫轩遗书叙》,《柏堂集后编》卷三,清光绪七年(1881)刊本,复旦大学图书馆藏。

[4] 方东树:《昭昧詹言》版本情况,见第一章第三节 方东树的著述概况。

方东树的弟子郑福照在《方仪卫先生年谱》末,云:"福照年十六七时,初学为古今体诗,得读先生《昭昧詹言》,因略辨涂辙,岁庚戌以所作谒先生,过蒙奖誉,遂获时承讲授。"①可见,在《昭昧詹言》著成后,其所揭示的作诗门径使初学诗者多有受益,郑福照即是其中之一。

戴钧衡是方东树比较有名的弟子,为曾国藩所器重,马其昶《戴蓉洲先生传》云戴钧衡"少而英特,亮拔不群,年二十余刻《蓉洲初稿》,见者骇为异才,方植之先生笑言十年后寻自悔耳。时方先生论诗,作《昭昧詹言》,传钞得之,伏读三年,不成一诗,果自收前刻,因遂投贽。"②清诗人叶名澧曾有诗云:"冥心臻绝诣,《昭昧》得名言。"③称赞方东树的《昭昧詹言》乃精心结撰之作。这两句诗句下自注云:"存庄自言,为诗得力于其师方植之翁东树《昭昧詹言》一书。"他又有《送戴存庄归桐城》④一诗,可知叶名澧与戴钧衡交好,云戴钧衡当年作诗得力于其师方东树《昭昧詹言》一书所言非虚。这也可以说明《昭昧詹言》问世后,起到了方东树预期的指导后学学诗的作用。

此外,亚东本《续印昭昧詹言跋》编者识语云:"桐城方植之先生举汉魏六朝唐宋诸大家,源同派别,钩玄索隐,曲畅靡遗,且因文见道,不斤斤于词章之末技,津逮来者,诚发千载不传之秘,名曰《昭昧詹言》。"⑤还说原有刊本曾翻印于安徽省官纸局,现在已经售完,所以又搜辑《昭昧詹言》原本,以及"学者传钞之各本",使之较"原刊本增十之二三"云云,总之,对《昭昧詹言》

---

① 郑福照:《方仪卫先生年谱》,清同治七年(1868)《仪卫轩文集》本,复旦大学图书馆藏。
② 马其昶:《戴蓉洲先生传》,《桐城耆旧传》卷一一,清宣统三年(1911)刻本,《续修四库全书》第547册。
③ (清)叶名澧:《戴存庄寄近刻诗有庚戌雪夜对酒见怀长篇赋答一律》,《敦夙好斋诗全集》初编卷十二薇省集四,清光绪十六年(1890)叶兆纲刻本,《续修四库全书》第1536册。
④ (清)叶名澧:《送戴存庄归桐城》,《敦夙好斋诗全集》初编卷十一薇省集三,清光绪十六年(1890)叶兆纲刻本,《续修四库全书》第1536册。
⑤ 《续印昭昧詹言跋》,《昭昧詹言》,民国七年(1918)上海亚东图书馆铅印本,复旦大学图书馆藏。

多有赞美与肯定。

还有,很值得注意的是桐城吴汝纶、吴闿生父子对《昭昧詹言》的评价。如吴汝纶说:

> 植翁《昭昧詹言》启发后学,不在《归评史记》下,或乃谓示人以陋,此大言欺人耳。陋不陋,在学问深浅。学浅,虽諏经考史,谈道论性,未尝不陋。学深,虽评骘文字,记注琐语,亦自可贵。故鄙论尝谓植翁此书,实其平生最佳之作,视《大意尊闻》、《汉学商兑》为过之。①

吴汝纶为曾国藩四大弟子之一,也是桐城派后期的重要作家,他对方东树的《昭昧詹言》评价很高,以为此书有启发后学的重要价值。至于批评《昭昧詹言》"示人以陋",吴汝纶认为"此大言欺人"。他指出方氏乃以深厚的学问修养来论诗,故而《昭昧詹言》是方东树平生最佳的著作。而吴汝纶之子吴闿生对《昭昧詹言》的评价与其父吴汝纶有较大不同,序《昭昧詹言》时说:

> 方植之《昭昧詹言》,学诗者矜为秘笈,近岁乃始盛行,传印凡数本。然其书所载,极宜分别观之。盖所录方姚诸老微言要旨至多,而植翁自抒所见,则不免臆断虚憍之习。故泛论大体多精当,而分释诸篇往往疏失,其大较也。②

《昭昧詹言》民国七年(1918)武强贺氏刊本即吴汝纶、吴闿生父子评点本,吴闿生的序即为此版本之序言。吴闿生虽指出此书被"学诗者矜为秘笈",盛行于当时,但他又说应该对此书"分别观之",以为方氏"自抒所见"有"臆断虚憍之习",认为方氏泛论大体精当,而具体诗歌评析部分则有所疏失。吴闿生在此序的末尾说"学问天下公物",提出应该要"明辨慎择"。大体来说,吴闿生对《昭昧詹言》的评判比较严厉,有否定有肯定,对方东树没有其父吴汝纶那样推重,批评较多,这些也可以从《昭

---

① 吴汝纶:《答方存之》,(清)吴汝纶撰:《吴汝纶全集》(三),合肥:黄山书社,2002年,第20页。
② 吴闿生:《昭昧詹言·序》,民国七年(1918)武强贺氏刊本,复旦大学图书馆藏。

昧詹言》文本中父子二人的具体评点看出来。

方东树的族弟和学生方宗诚的孙子、文学研究专家方孝岳在其著作《中国文学批评》中说：

> 方东树的《昭昧詹言》又是文学批评界里一部精心结撰之作……书首又有许多泛论诗文的话，内容很精详，大旨是和惜抱论诗的宗旨相发明。在书的体式上，有些近于《瀛奎律髓》那样剀切详明，不过《瀛奎律髓》只代表江西派，而《昭昧詹言》承着惜抱论诗的宗旨，可算是代表"熔铸唐宋"的眼光。①

方孝岳对方东树的《昭昧詹言》评述不多，称赞此书为"精心结撰之作"，内容精详，继承发扬了姚鼐"熔铸唐宋"的诗论精神。

方孝岳的儿子舒芜说：

> 他（方东树）也没有什么大名，一生著书甚多，其中《汉学商兑》、《书林扬觯》二书，以张扬宋学攻击汉学而引人注目，学术上并无价值；又有《昭昧詹言》一书，则可以代表桐城派的诗论，在科举制度下士子都要做试帖诗的时代相当盛行，现在看来在清代文学批评史上倒是可以有一席之地。②

舒芜作为桐城派后裔，对桐城派却并不太推重，有时甚至持批判态度。这里舒芜对方东树的评价就很严苛，认为方氏的学术著作《汉学商兑》、《书林扬觯》二书没什么价值；其诗论著作《昭昧詹言》可以代表桐城派的诗论，在科举时代更有意义，以为在清代文学批评史上应该有一定地位。

总的来说，桐城后学对于前辈方东树的著作难免有敝帚自珍之意。距离方东树越近的桐城学子对《昭昧詹言》肯定越多，但也有批评与批判。大约较早的时代，还需要学习旧学，需要参加科举考试，还需要学习写诗，《昭昧詹言》的"金针度人"于

---

① 方孝岳:《中国文学批评》，北京：生活·读书·新知三联书店，1986年，第212页。
② 舒芜:《我非方苞之后》，《寻根》，1992年第2期。

他们还是很有意义。到后来,近现代社会发生亘古未有的巨变,衡量的价值标准调整了,方东树诗学主张的缺陷与问题就更加明显地暴露出来,兼之,整个桐城派都被冠以"谬种",方氏的著述自然也不例外。当我们的社会变得宽容以后,我们能够不戴着有色眼镜去看待桐城派,我们对方东树诗论的评价才能够更加客观和公正。

二、后世学者对《昭昧詹言》的态度

方氏及桐城后学可能囿于敝帚自珍的局限,对《昭昧詹言》的评价不够客观。那么,后世的学者们对《昭昧詹言》的态度如何呢?兹举要者述之。

刘声木先生在其著作中说《昭昧詹言》"实亦诗话之一种,中虽诗文兼论,而论文之语寥寥。桐城诸老论诗文之语亦错杂其中,尤为可贵。桐城吴挚甫京卿平日最为推崇,见于与方存之京卿宗诚书中,可以知此书之价值矣"①。刘声木认为,《昭昧詹言》中错杂桐城诸老论诗文之语"尤为可贵"。同样的情形,吴闿生则认为方氏"所录方、姚诸老微言要旨"极多,刘声木还引述吴汝纶的观点为肯定《昭昧詹言》的价值张目。方东树在《昭昧詹言》中大量引用姚范、姚鼐等人的言论,自是以继承桐城统绪标目,因论断的立足点不同,故而结论也不同。

《昭昧詹言》校点者汪绍楹先生说方东树"继承的'桐城文派'的思想,与科举制度下制艺、试帖诗倒是一脉相通的。因此在科举施行时相当盛行。并在科举制度废止后,亦还影响着一些人。《昭昧詹言》即是以'桐城文派'的眼光来评诗"。"所采取各家说,以姚范、姚鼐为主体。他对诗的见解,是以'古文文法'通于诗。可是又采取宋严羽之说,谓'工妙别有能事'。这可能同他晚年学禅有关,由本书中往往使用禅宗语录用语亦可见。他思想中存在着矛盾,这种矛盾亦处处表现在评诗上"。"本书在文学批评理论上,是不高的。不过,可以从中看出'桐

---

① 刘声木:《昭昧詹言》,《苌楚斋随笔续笔 三笔 四笔 五笔》(上),北京:中华书局,1998年,第320~321页。

城文派'对当时各诗派的态度,披沙得金,在我们的选择了"①。汪绍楹先生对《昭昧詹言》的评价比较客观与中肯,此书确实存在一些问题和缺陷。这自然与著者方东树的思想、生平经历等有很大的关系。

吕美生先生认为如果"按照历史与逻辑相统一的观点",把《昭昧詹言》"纳入桐城派诗文理论的多层次、有序化的发展系统来审视,不难发现其内在的确有一个诗话完整理论体系"②。严云受先生认为虽然《昭昧詹言》对具体诗篇的讲评,构成了全书的主体,但在一些卷中方东树集中表达了"对诗歌的基本见解与品评具体作品的原则,而且在讲读诗篇时,也处处贯穿着这些基本见解与原则。《昭昧詹言》实在是一部理论内涵颇为丰厚的著作"③,亦是肯定了《昭昧詹言》的理论价值。王友胜认为方东树是"一个在理论上极有建树的诗论家"。《昭昧詹言》"在方东树的所有著作中价值最高、影响最大,堪称桐城派诗话的典范之作"④。

徐新民先生的观点,颇值得注意:"《昭昧詹言》对写作技法多有论列,是一部影响较大的诗词写作理论著作。"认为如果仅仅跳出对八股文僵化模式简单否定的思维定势,从写作技法角度来看,《昭昧詹言》所阐扬的技法自有其价值。徐先生说:"论者多承认这些技法在科举盛行时适应了士子们的需要,可见其有可教可学可模仿而学之的应用价值。如果我们能对其做些披沙炼金的整理研究的话,必能使之服务于今日的写作理论建设。"⑤前文我们说过,方东树的《昭昧詹言》著成于其晚年,写作此书有指导后学学诗的目的。方氏一生崇实尚用,有经世济民

---

① 汪绍楹:《校点后记》,《昭昧詹言》,北京:人民文学出版社,1961年,第539~541页。
② 吕美生:《方东树〈昭昧詹言〉的价值取向》,《学术月刊》,2000年第10期。
③ 严云受:《略论方东树的"诗道性情"说》,《佛山科学技术学院学报》,2004年第5期。
④ 王友胜:《方东树论苏诗对桐城家法的承继与突破》,《衡阳师范学院学报》,2004年第4期。
⑤ 徐新民:《方东树及其〈昭昧詹言〉》,《语文学刊》,1995年第2期。

之志,因未能"立功",故而转向"立德"与"立言"。他"立言"仍不忘有用于世,故而他对写作技法多有论列,期望能对参加科举的士子们有所帮助。就当时而言,方东树的《昭昧詹言》确有其现实意义,有其"可教可学可模仿而学之的应用价值"。如果我们能跳出今日的文学理论价值衡量标准,从写作诗文的参考意义来看,则此书还是具有其他价值。刘文忠《试论方东树〈昭昧詹言〉的诗歌鉴赏》认为"方东树的诗学没有一个自抒机轴的独立完整的理论体系","他的体系较杂,有点兼收并蓄的倾向","《昭昧詹言》在中国文学理论批评史上的地位虽然不高,但它的主要价值在于他的诗歌评论与鉴赏,在鉴赏史上应该占有较重要的地位"[①]。刘先生还指出《昭昧詹言》确实存在一些问题,但不能因此而否认其理论价值。他认为"方氏《昭昧詹言》及其诗学观,之所以未被重视的根本原因,并非其理论价值不高,而是时代潮流所致,是他所处的时代以及他所维护的流派日趋衰亡的必然结果"。"方氏之后,桐城诗派已无振兴之势"。桐城派末代文人如方守彝、姚永朴、吴汝纶、吴闿生等影响更小,随时代的颓波而消逝。

敏泽先生所著1981年版的《中国文学理论批评史》虽对方东树有所肯定,说:"诗文理论最多,并且较有影响的方东树,要求文章要有自己独特的特色……虽然都是片言只语,缺少系统,并且也并非提出了什么新的命题,但总的说,都是合理的,或者具有合理的因素的。"但批评更多,认为桐城派诸人"他们的思想、观点比较落后以至反动","《昭昧詹言》和《仪卫轩文集》等虽有某些可取之处,但他的诗文理论主要的是糟粕","《昭昧詹言》这部诗话虽然篇幅浩繁,但是枝蔓零散,既缺乏完整的体系,又缺乏对诗文创作理论的比较深入的探讨……"[②]此部文学理论著作还带有比较明显的意识形态的情绪,对桐城派以及方东树的认识虽没有彻底否定,但基本持批判态度。又

[①] 刘文忠:《试论方东树〈昭昧詹言〉的诗歌鉴赏》,《江淮论坛》,1983年第5期。

[②] 敏泽:《中国文学理论批评史》,北京:人民文学出版社,1981年,第1040~1041页。

有1987年出版的《中国文学理论史》说方东树"是姚门诸弟子中最为保守的一个。他论道恪守程朱,论文力保'文统',唯独在论诗方面有点创造性。他在晚年写成的《昭昧詹言》一书,可以说在诗歌理论方面自成一家……就全书来看,在论及不同诗体,不同作家的艺术特征时,也有一些真知灼见。"①较之1981年出版的《中国文学理论批评史》,此版《中国文学理论史》对方东树及其诗论评价较为中肯与客观,肯定方氏的诗论有所创造,在诗歌理论方面能自成一家,也有一些真知灼见。2007年出版的由霍松林先生主编的《中国诗论史》云:"《昭昧詹言》以文论诗,虽侧重在具体的技巧方法,也涉及诗歌创作的许多重大问题,内容较为广泛,在理论体系上自成一家,值得重视。"②可以说,此版诗论史对方东树《昭昧詹言》更多的是肯定,认为"在理论体系上自成一家",值得重视。

　　台湾学者吴宏一先生在其《清代文学评论集》中说:"方东树是桐城诗派一大家。他继方苞、刘大櫆、姚鼐之后,衍三家之绪论……不但能绍继前贤,而且能开导后学,在清代诗学中,自有其举足轻重的地位。他的论诗名著《昭昧詹言》一书……颇有参考的价值。"③吴宏一先生又在《清代诗学初探》中说清代诗学谱系中有很多论者,其中能言之有物、有序、自成体系,集前代之大成,示众人以规范者,大约有五家:王士禛"神韵说"、沈德潜"格调说"、袁枚"性灵说"、翁方纲"肌理说",以及桐城派"义法说"④。吴宏一先生对方东树及其《昭昧詹言》评价很高,认为方东树是桐城诗派一大家,在清代诗学中有着重要的地位,其《昭昧詹言》"颇有参考的价值",以为方氏总结并代表桐城派"义法说"诗论,是在王士禛"神韵说"、沈德潜"格调说"、袁

---

① 黄保真、成复旺、蔡钟翔:《中国文学理论史》(五),北京:北京出版社,1987年,第84页。
② 霍松林主编,漆绪邦、梅运生、张连第撰著:《中国诗论史》,合肥:黄山书社,2007年,第1131页。
③ 吴宏一:《方东树〈昭昧詹言〉析论》,《清代文学批评论集》,台北:联经出版事业公司,1998年,第294页。
④ 《郑骞序》,吴宏一:《清代诗学初探》,台北:台湾学生书局,1986年,第3页。

枚"性灵说"、翁方纲"肌理说"之后,又一能够"言之有物、有序、自成体系,集前代之大成"、"示众人以规范"的诗学谱系。吴先生极力肯定方东树及其《昭昧詹言》,但并不是认为方东树及其诗论没有疏漏,对于方氏诗说的疏失之处,吴先生在其著述中也指了出来。

吴先生认为方东树为清代几种主要诗论之后又一大家,笔者以为此观点很有参考价值。桐城派对近代文坛的巨大影响前人已经多所论及,桐城派不只是一个文派,也是一个诗派,方东树作为桐城的嫡传弟子,能够在姚鼐之后,绍述师说,极力传播桐城"义法"等理论主张,开拓并传播桐城诗学理论,对于桐城派,对于近代诗坛都是很有贡献的。

三、方东树《昭昧詹言》的问题

专业的研究人员对于方东树《昭昧詹言》的评价,有褒有贬,有肯定有称赞,有批评也有指责,与方氏诗论本身的庞杂、矛盾、错漏有关,这些都是方东树《昭昧詹言》自身存在的问题与局限造成的。关于方东树《昭昧詹言》的问题与局限,前文的诸多论者已经多所论及。笔者不揣寡陋,就此问题再发表一些看法。

综前文所述,我们可以知道,《昭昧詹言》虽不能说包含了方东树全部的诗学思想(还有其他的诗序等相关论述),却基本上传达了他对诗歌创作与鉴赏等方面的观点。《昭昧詹言》全书无不渗透着方东树的精心思考与努力探索,现当代以来的一些相关著作,多有引述方氏诗论观点者,对其价值多有探讨,毫无疑问,不论是从诗歌鉴赏史,还是从诗学理论史来看,《昭昧詹言》都应该有其一席之地。

当然,从今天来看,《昭昧詹言》存在的问题与局限,也是显而易见的:一是方东树的基本价值立场是正统儒家价值观,他是坚定的正统儒家思想的拥护者和支持者,仍旧拈出传统儒家诗论的所谓"言志"、"明道"、"知人论世"、"以意逆志"、"兴观群怨"等言论,论诗往往以对"世教"、"名教"、"诗教"是否有益为诗歌价值判断标准。关注诗歌的社会意义当然是对的,问题在于方氏极力强调封建的伦理道德,以这些方面为根本的衡量标准,如方东树评曹操诗《薤露》,称赞道:"莽苍悲凉,气盖一世"(卷二·五二,67页),又对曹操高度评价,云"可谓千古诗人第一祖"(卷二·五四,68页)。然而,后来他又说:"余尝论曹操凌君逼上,天下不知有帝,其恶塞于天地。""但取其一能,乃亦流传不朽。文士之不足校人品也,久矣"。正如他自己所言"苟以志士洁身守道之义衡之",则曹操为"羞役贱行"(卷二·八五,79页)。方东树主张诗人诗作的思想内容与其本人的道德气节和人格修养相统一,要求诗人"洗清面目,与天下相见"(卷一·一一,4页),认为诗人应该求真与立诚,用理学家克己修身的理论来规范和约束自己。类似的还有他对曹丕皇后甄氏《塘上行》的评价,他先是称赞道:"高迈雄恣,终是汉、魏人气格,非晋宋以下人所及。"然而笔锋一转,咒骂道:"然以仁义自许,与卓文君之以皎月白雪自拟,皆无耻之言,其诗虽工,何足取哉!"不但否定了甄后,还连带批评卓文君的《白头吟》,以至钱谦益:"尝见钱受之文集,其《上怀宗疏》,极以万世名节自许,皆此类也。"用理学家所持的严厉的封建道德标准批判诗人,有些批评就过分了。

二是方东树以桐城文派的眼光来评诗,"以文论诗",很重视学诗之法,讲章法、句法、字法等艺术技巧,于诗题,他就有"序题"、"点题"、"顾题"等诸多名目。但他论诗又采取"别有能事在"(卷一·一一七,39页),讲"兴象华妙"(卷七·一九,192页),文法高妙之类,使人不能明了他究竟持哪一端。因为重诗法,则重创变;讲"兴象华妙",则重天然,重复古,复古与创变为两路,而方东树又讲复古,又讲创变,二者是有矛盾的,大约他提倡在复古基础上的创变,然而《昭昧詹言》中津津乐道于诗法,事无巨细,让学诗者戴着脚铐跳舞,矛盾也就明显了。

三是方氏对清代几种主要的诗学派别都有批评,《昭昧詹言》卷二十一附论诸家诗话,选录沈德潜《说诗晬语》的条目有六十余则,书中其他地方也采用了一些沈氏格调诗说的论诗之语,看起来似乎和沈德潜的"格调说"相呼应。然而,他又说:"沈确士《唐诗别裁》,取择既陋,持论更伧,其去三家村不远。"(卷十五·五,384页)显而易见是批评沈氏,不与其同调。

总之,方东树的诗论在肯定某些方面时,多有失之全面,前后错乱、含混之处,有些说法又失之偏颇,不够客观。

方东树一生布衣,以诸生终老,为谋生他常年在外游幕、讲学。然其生在桐城,长在桐城,父祖几代人皆为桐城人,作为桐城之学集大成者姚鼐的弟子,从其一生来看,其思想还是相当保守的,固守儒家价值观,坚持桐城的学统与道统。方东树正是这样一个人,他的诗论、文论宣扬的正是封建的伦理道德纲常,他有意识地把自己约束在这些纲常里面,一旦有溢出的迹象,马上就重新规范回去。这也是他的文论、诗论未能有很高创见的原因。他的《昭昧詹言》夹杂了评制艺、试帖诗所用的术语,在科举时代很受欢迎,因为书中对诗文有很具体的评析,很具体的技法讲解。关爱和先生说:"桐城派学行程朱,文章韩欧,讲求伦理纲常,文以载道,其作为传统文化的一部分,在很多程度上是依附在封建政治这张皮上的……与科举制度有不解之缘。"①正如关爱和所言,桐城派坚守传统文化,是依附在封建政治这张皮上的,一旦科举制度废除,最后一个封建王朝——清王朝覆灭,桐城派宣扬的价值观以及桐城派的文论、诗论、文章等,都成为一个时代的化石。方东树和他的诗论著作《昭昧詹言》,由于过于坚守封建的正统价值观、过于固守桐城派的理路,就显得创新不足,保守琐碎,因此方东树及其诗论的文学理论价值也就打了很大的折扣。桐城派处于中国古代与近代之交的关口,由于不能新变而最终走向衰落,关爱和先生的话可谓点中桐城派及方东树等人的要害。

方东树作为桐城派的嫡传,虽有心绍述桐城诗学,其诗学理论却不够成熟,并不能如前代神韵、格调、性灵、肌理诸诗学那样成体系有影响。方氏一生在政治上没有地位,其影响也限于师友、弟子、同乡之间。又身处晚清,受时代冲击,桐城派本身已经开始式微,他的诗论也相应趋于式微。方氏又以固守宗派之学为己任,其诗论对桐城诸老言论引述太多,保守有余,创新不足,虽也可以作为一家之说,即桐城派诗学,但相比却弱了

---

① 关爱和:《古典主义的终结——桐城派与"五四"新文学》,上海:上海文艺出版社,1998年,第501页。

很多。

第三节 《昭昧詹言》在诗学批评史上的地位

桐城古文经过几代人的努力,到姚鼐集其大成,当时"言古文独推桐城姚氏"①。姚鼐晚年以授徒为业,弟子众多,作为"姚门四杰"之一的方东树也极力推阐师说,继续鼓吹"义法"理论,桐城声势更加壮大。郭绍虞先生曾指出:"古文义法之说原是桐城始祖方望溪的主张,此谈初立,本极简单;其后经刘海峰为之推阐而使之具体化,再经姚惜抱为之补充而使之抽象化,于是到方东树再加以综合而集其大成!"②可见方东树在桐城派中的地位。"桐城派立名虽缘于程晋芳、周永年之戏言,而桐城'三祖'地位之论定,桐城派在理论上的确立,实属方东树宣扬总结之功"③。方东树比较客观地总结概括了"桐城三祖"方苞、刘大櫆、姚鼐的文学贡献,他本人的古文创作继承了方、刘、姚,又有一定的发展,对桐城派具有重要意义。

除了古文领域,在诗学领域方东树对桐城派贡献更多。方东树五十岁以后,基本以教书、著书为业。晚年居里,更以教导后进学诗文来传播和推阐桐城之学。桐城宿儒马其昶说:"吾邑文学之绪,自惜抱先生蔚出为大宗,海内群士归之,方植之先生于诗莫深焉。"④吴汝纶说:"桐城自方侍郎苞以义理文章为学,流风渐被,文无工拙,制行一准宋贤,君其选也。方侍郎顾不为诗,至姚郎中乃以诗法教人。其徒方植之东树,益推演姚

---

① 方东树:《管异之墓志铭》,《考槃集文录》卷十,清光绪二十年(1894)刻本,《续修四库全书》第1497册。
② 郭绍虞:《中国文学批评史》下卷,天津:百花文艺出版社,1999年,第313页。
③ 许结:《论方东树在桐城派文学理论建设中的作用》,《古代文学理论研究》第13辑,上海:上海古籍出版社,1988年,第330页。关于方东树对桐城古文等方面总结、发展的贡献请参看此文。
④ 马其昶:《幸余求定稿书后》,《抱润轩文集》,清宣统元年(1909)安徽官纸印刷局石印本,《续修四库全书》第1575册。

氏绪论。自是桐城学诗者一以姚氏为归,视世所称诗家若断潢野潦,不足当正流也。"①可知,桐城在姚鼐之后,接续方、刘、姚,继续扩大和传播桐城诗学,贡献最大的是方东树。马其昶认为方东树于诗学之道很有研究,吴汝纶言方氏推演姚鼐诗法诗说,使桐城学诗者皆以姚鼐为尊,虽未提出桐城诗派的说法,在方东树的努力下,桐城诗派呼之欲出。

一、关于《昭昧詹言》集大成的特点

郭绍虞先生在其著作《中国文学批评史》中把方东树的诗论归类到翁方纲的肌理诗说,云其为"肌理说之余波",并解释道:"翁氏论诗拈出肌理二字,固可与当时学风相沟通,然而以金石考订为诗,毕竟不是诗学之正则……所以翁氏之说,在事实上并未为一般人所信奉,而方东树诸人之诗论,也不是肌理说所能范围。然而我们仍称为肌理说之余波者,即因此种诗论与翁氏肌理之说同样都受当时学风之影响而已。"郭先生的意思是翁方纲的肌理诗说受当时的汉学学风影响,与文人诗论相接近,而方东树的诗论也受当时学风影响,讲多读书、多穷理,故而把他们放在一起,实际上方东树的诗论并不能被翁方纲"肌理说"所包括。

翁方纲说:"义理之理,即文理之理,即肌理之理也。"(《志言集序》)把义理、文理与他提出的肌理说成是一回事;其肌理诗说的名称来自杜甫《丽人行》诗"肌理细腻骨肉匀";诗学上崇宋,特别推崇江西诗派的黄庭坚。翁方纲讲复古,论义理,重学问,强调诗法,推崇杜甫、黄庭坚等诸多方面与方东树有相似之处。桐城派也主张学问渊博,姚鼐提出义理、考据、词章的统一,翁方纲的"肌理说"就受到这一思想的影响。清代的诸家诗说中,"肌理说"与方东树的诗学最为接近。然而,方东树以宣传桐城之学为己任,桐城派为散文流派,方氏诗论最重要的特点在于以文论诗,用论文的方法来论诗,这也是方东树诗学与

---

① 吴汝纶:《姚慕庭墓志铭》,(清)吴汝纶撰:《吴汝纶全集》(一),合肥:黄山书社,2002年,第213页。

翁方纲肌理诗学最大的不同。此外,方东树论诗虽也重视学问,但他有所折中,多次强调诗文工妙"别有能事",还是很重视诗歌的艺术审美特征,也很重视诗歌的抒情本质。而翁方纲的肌理诗学以学问考据为诗,特别强调深厚的学问在诗歌创作中的重要意义,在这种思想的指导下写出来的诗难以卒读,与诗歌艺术的根本要求产生很大背离,这种诗说最后的命运也就可想而知。

　　郭先生在其著作中又说:"桐城文论欲言之有物与有序,欲义理、考据、词章三者之合一,原有集大成的倾向,故方氏论诗也有这种情形。"①方东树"综合而集其大成"的业绩,具体体现在其桐城派诗话代表作《昭昧詹言》上。郭先生说方东树的诗论"不落于格调,不落于性灵,而同时复不落于神韵"。方东树"以肌理药神韵之虚,而复以格调与性灵互救其弊而补其偏。他是在此种关系上成为诗论之集大成者"。郭绍虞先生认为方东树在两个方面集大成,一是方东树论诗也讲有物、有序,即桐城派所谓的"义法说",讲义理、考据、词章三者合一,本身就有集大成的趋向,而方东树以桐城派传人自居,论诗方面自是继承了桐城派的理论精髓;二是方东树的诗论对前代的几种主要诗论,如格调、性灵、神韵等诗学并不是简单、片面地信从,而是有所吸取。他以"肌理说"的学问救"神韵说"的玄虚,用"格调说"、"性灵说"各自的优长补彼此的不足,努力去做纠正补偏的工作。大体来说,方东树以前的几种诗学主张,如神韵、格调、性灵、肌理诸家诗说虽都有自己的一套诗说体系,但彼此又有吸收、借鉴的地方。方东树的诗论也不例外,他的诗说在诸家诗说之后,自然对前代诗说有所反思。他试图以桐城派的理论为基础提出自己的一套诗学理论体系,从这个意义上说,方东树的诗论有"集大成"的特点。

　　郭绍虞先生又说方东树何以能够集前代诗学之大成?"即因主格调或神韵说者每有唐、宋之见,而他则不欲有此分别。又主性灵说者虽不分唐界宋,然又不免信心蔑古,而他则仍欲

---

① 郭绍虞:《中国文学批评史》下卷,天津:百花文艺出版社,1999年,第552页。

第五章 《昭昧詹言》的诗学价值及其在诗学批评史上的地位

取法古昔,于古人胜境中卓然有以自立。他要在作风上贯通古今,使学古而自见面目;又要在作风上融洽唐、宋,使合度而臻于变化。所以由他的理论求之,在作风上不会如昔人之偏于一格"。郭绍虞先生的意思是方东树的诗论不欲有"唐、宋之见",不想有这样的区分,主张学古而自见面目,要贯通古今,"融洽唐、宋"。

清代诗学批评中常见"唐宋之争",郭绍虞先生的意思是方东树不想"分唐界宋",方氏主观上确实有此想法。他在《昭昧詹言》中评析苏轼诗歌,有三次明确说:"宋调,吾不取"①。论中唐诗人刘长卿道:"文房诗多兴在象外,专以此求之,则成句皆有余味不尽之妙矣。较宋人入议论、涉理趣、以文以语录为诗者,有灵蠢仙凡之别。用宋人体,若更无奇警出尘之妙,则入庸鄙下劣魔道也。诗最下者为编事,为涉理趣,文房足救之。"(卷十八·一,419页)对于宋诗的流弊,严羽在其《沧浪诗话》归结为三类,即"以才学为诗,以议论为诗,以文字为诗"。方东树称赞刘长卿的诗有兴象,"有余味不尽之妙",若与宋朝诗人以议论、理趣、以文以语录为诗,"有灵蠢仙凡"的高下之别。认为"宋人体"没有"奇警出尘之妙",而是"入庸鄙下劣魔道",肯定刘长卿没有这些毛病。又说:"作诗切忌议论,此最易近腐,近絮,近学究。"(卷一·五六,20页)"至宋人,通则过之,而滑率之病,虽坡、放不免,而山谷为导师矣"(卷十八·一,419页)。总之,方氏严厉批评宋诗的流弊。他还说:"古人之妙,有著议论者,则石破天惊;有不著议论,尽得风流者。然此二派皆有流病,非真有得者,不知其故"(卷一·六二,22页)。又对宋诗的"议论"特征表示宽容,似有折中的意思。又为宋诗的"间有近快利轻便之病"辩护,说:"此自宋人习气,时代使然。"(卷一·一三四,43页)前文我们在论方东树对桐城诸老的批评时知道,姚范学诗兼收并蓄,融合了唐宋诗之长,到姚鼐则明确提出"熔铸唐宋"的观点,方东树自是承接了桐城诸老的诗论观点,也有融合唐宋的倾向。故而,方东树对于有宋诗流弊的诗人诗

---

① 见方东树《昭昧詹言》卷二十,第一三、一四、一六则,北京:人民文学出版社,1961年,第447~448页。

风进行批评,批评苏轼的几首七律为宋调,表示不予认同,甚至明确对宋诗入议论、涉理趣等流弊进行批判,对唐诗的兴象高华表示赞美。

然而,纵观《昭昧詹言》全书,方东树的审美标准和审美理想很明确,那就是以杜甫、韩愈为宗,最为欣赏的是杜、韩那样"长江大河,含茹古今,摆动宇宙"(卷五·四五,138 页)的豪宕恣肆、沉郁顿挫的雄壮之美。萧华荣先生在其《中国古典诗学理论史》中说清人"所谓'唐',实指以初盛唐为主的典型唐诗;所谓'宋',实指以唐代诗人杜甫、韩愈和宋代诗人苏轼、黄庭坚为代表的'宋型诗'"①。虽然方东树主观上有融合唐宋的想法,不欲"分唐界宋",然而正如萧华荣先生所说的那样"时代风气的裹挟,往往使诗人的诗学取向不由自主"②,"清人极尊杜、韩、苏,有时在韩愈的时代加上白居易,在苏轼的时代加上黄庭坚,如方东树《昭昧詹言》称'杜公如佛,韩、苏是祖,欧、黄诸家,五宗也',表面看来是通唐宋而言之的,没有什么争唐争宋的偏颇,实际上所重的仍是包括部分中唐诗人在内的以文为诗的'宋型诗',仍改变不了其'祧唐祢宋'的诗学取向"③。萧华荣先生所说的"祧唐祢宋"即"远唐近宋",虽然清代有些诗人如王士禛、沈德潜"尊唐远宋",甚至"尊唐黜宋",然而清代诗学的主流是"祧唐祢宋"。试看方东树以后的诗坛,有所谓宋诗派、同光体,都是"远唐近宋",这与清代的社会、政治、文化巨变有很大的关系。清人普遍重学,乾嘉学派即是此风气的产物。清代整体不具备产生高华壮丽的唐诗的社会背景,王士禛、沈德潜所处的康熙、乾隆时期还有一些盛世气象,乾嘉以后清代社会发生很大变化,诗人的诗学取向也随之发生变化。

就桐城派诗学发展来说,姚鼐一生仕途还算通达,中年以

---

① 萧华荣:《中国古典诗学理论史》(修订版),上海:华东师范大学出版社,2005 年,第 277 页。

② 萧华荣:《中国古典诗学理论史》(修订版),上海:华东师范大学出版社,2005 年,第 281 页。

③ 萧华荣:《中国古典诗学理论史》(修订版),上海:华东师范大学出版社,2005 年,第 282 页。

后主动放弃做官,以教书、著述为业,心态比较平和,论诗唐宋兼顾,有些诗作颇有唐诗风调;而方东树则不同,到五十岁才放弃仕进,以游幕、授徒为生,一生颠沛流离,为衣食忧虑,其诗作充满抑郁不平之气,甚至愁云惨雾,他的弟子说他的诗"尤近少陵、昌黎、山谷"①,难有唐诗的含蓄蕴藉。姚鼐的审美趣味有偏向阳刚的特点,也就是倾向壮美,晚年尤重宋调,到方东树这里,个人的遭际、社会环境的变化,使他不由自主地继承了老师的重宋诗风,虽然他主观上努力想纠正宋诗的流弊,然而不论是他个人的诗歌创作,还是论诗,都渗透着宋调的特征。

总之,方东树的诗论努力吸收前代的诗学精华,又用桐城派的思想进行充实,试图建立起自己的一套诗学系统,从而使他的诗论有所谓的"集大成"特点,成为继神韵、格调、性灵诗论之后清代诗坛的一股重要力量。

二、创立桐城诗派的诗学理论

姚鼐门下弟子众多,管同、刘开早逝,姚莹忙于事功,梅曾亮虽有诗作诗论,影响却不及方东树。方东树积极主动地承担起传播桐城之学的责任,努力建立并阐发桐城派之诗学,桐城派其他人虽也有诗话、诗论之作,然均不及方东树《昭昧詹言》能够总结、代表和传承桐城诗学。蔡镇楚先生的《中国诗话史》说:"桐城派诗话的代表作,是方东树的论诗之著《昭昧詹言》。尚有方廷楷《习静斋诗话》、郑杰《注韩居诗话》、许炳椿《敩园诗谈》、孙衣言《逊学斋诗话》、孔宪彝《韩斋诗话》、徐熊飞《春雪亭诗话》、王昶《蒲褐山房诗话》等,以桐城古文义法论诗,熔义理、考据、词章为一炉,是桐城'义法'的产物。"②蔡镇楚先生提到的其他桐城派诗话,今天皆不著,唯方东树的《昭昧詹言》虽有批评之声,却经常被引用、被提及,最能代表桐城诗派的诗学理论。

---

① 苏惇元:《仪卫方先生传》,《仪卫轩文集》,清同治七年(1868)刻本,复旦大学图书馆藏。
② 蔡镇楚:《中国诗话史》,长沙:湖南文艺出版社,2001年,第357页。

许结先生《论方东树在桐城派文学理论建设中的作用》认为桐城派诗歌理论"当推方东树为代表,并以其专著《昭昧詹言》为标志,集桐城派诗论之大成"①。张健先生也说:"真正建立独特的桐城派诗学的是方东树。方东树把桐城派前辈的古文理论用以论诗,建立了一套独特的古文家的诗学。"②方东树的诗论固然有一些局限和问题,却在时间的考验中凸显出来,成为最能代表桐城派诗论的理论。

总之,方东树的《昭昧詹言》是一部值得重视的桐城诗派诗话,通过它,我们不仅可以了解方东树的诗学思想,还可以认识晚清诗学发展的状况,从而有利于进一步把握近代之际中国古代诗学发展的脉络。

---

① 许结:《论方东树在桐城派文学理论建设中的作用》,《古代文学理论研究》第13辑,上海:上海古籍出版社,1988年。
② 张健:《清代诗学研究》,北京:北京大学出版社,1999年,第639页。

一、方东树著作(按四部分类排序)

[1]方东树.汉学商兑[M].清道光十一年(1831)刻本,复旦大学图书馆藏.

[2]方东树.汉学商兑[M].清同治十年(1871)望三益斋刻本,复旦大学图书馆藏.

[3]方东树.大意尊闻[M].清同治五年(1866)刻本,四库未收书辑刊,第6辑第12册.

[4]方东树.书林扬觯[M].清同治十年(1871)望三益斋刻本,四库未收书辑刊,第9辑第15册.

[5]方东树.考槃集文录[M].清光绪二十年(1894)刻本,续修四库全书,第1497册.

[6]方东树.仪卫轩文集[M].清同治七年(1868)刻本,复旦大学图书馆藏.

[7]方东树.仪卫轩诗集[M].清同治七年(1868)刻本,复旦大学图书馆藏.

[8]方东树.方植之全集[M].上海图书馆藏.

[9]方东树.昭昧詹言[M].安徽官纸本,复旦大学图书馆藏.

[10]方东树.昭昧詹言[M].上海亚东图书馆本,复旦大学图书馆藏.

[11]方东树.昭昧詹言[M].河北武强贺氏刊本,复旦大学图书馆藏.

[12]方东树著,汪绍楹校点.昭昧詹言[M].北京:人民文学出版社,1961.

二、古籍文献(按四部分类排序)

[1]江藩,方东树.汉学师承记:外二种[M].三联书店,1998.

[2]方宗诚.柏堂师友言行记[M].民国十五年(1926)京华印书局铅印本,续修四库全书,第540册.

[3]郑福照.清方仪卫先生东树年谱[M].台北:台湾商务印书馆,1978.

[4]郭庆藩.庄子集释[M].北京:中华书局,1961.

[5]王先谦.庄子集解[M].北京:中华书局,1987.

[6]姚范.援鹑堂笔记[M].清道光十五年(1835)刻本,续修四库全书,第1148~1149册.

[7]姚莹.康輶纪行[M].清同治刻本,四库未收书辑刊,第5辑第14册.

[8]杜甫著,仇兆鳌注.杜诗详注[M].北京:中华书局,1979.

[9]黄庭坚著,任渊、史容、史季温注,黄宝华点校.山谷诗集注[M].上海:上海古籍出版社,2003.

[10]黄庭坚著,陈永正选注.黄庭坚诗选注[M].上海:上海古籍出版社,1985.

[11]姚鼐著,刘季高标校.惜抱轩诗文集[M].上海:上海古籍出版社,1992.

[12]刘开.刘孟涂集[M].清道光六年(1826)姚氏檗山草堂刻本,续修四库全书,第1510册.

[13]管同.因寄轩文集[M].道光十三年(1833)管氏刻本,续修四库全书,第1504册.

[14]陆继辂.崇百药斋三集[M].清道光八年(1828)安徽阜署刻本,续修四库全书,第1497册.

[15]李兆洛.养一斋文集[M].清道光二十三年(1843)活字印二十四年(1844)增修本,续修四库全书,第1495册.

[16]张际亮.张亨甫全集[M].清同治六年(1867)刊本,复旦大学图书馆藏.

[17]姚莹.后湘诗集续集[M].清同治六年(1867)姚濬昌安福县署刻《中复堂全集》本,续修四库全书,第1512册.

[18]梅曾亮.柏枧山房全集[M].清咸丰六年(1856)杨以增、杨绍穀等刻民国七年(1918)蒋国榜补修本,续修四库全书,第1513~1514册.

[19]曾国藩著,王澧华校点.曾国藩诗文集[M].上海:上海古籍出版社,2005.

[20]戴钧衡.味经山馆诗钞六卷评语一卷[M].清道光王祜蕃刻本,续修四库全书,第1545册.

[21]方宗诚.柏堂集[M].清光绪刊本,复旦大学图书馆藏.

[22]吴汝纶.吴汝纶全集[M].合肥:黄山书社,2002.

[23]王士禛选,闻人倓笺.古诗笺[M].上海:上海古籍出版社,1980.

[24]沈德潜选.古诗源[M].北京:中华书局,2006.

[25]姚鼐纂集,胡士明、李祚唐标校.古文辞类篹[M].上海:上海古籍出版社,1998.

[26]姚鼐编选,曹光甫标点.今体诗钞[M].上海:上海古籍出版社,1986.

[27]钟嵘著,曹旭笺注.诗品笺注[M].北京:人民文学出版社,2009.

[28]严羽著,郭绍虞校释.沧浪诗话校释[M].北京:人民文学出版社,1983.

[29]王夫之等.清诗话[M].上海:上海古籍出版社,1978.

[30]王士禛撰,(清)张宗柟纂集,戴鸿森校点.带经堂诗话[M].北京:人民文学出版社,1988.

[31]袁枚著,顾学颉校点.随园诗话[M].北京:人民文学出版社,1960.

[32]何文焕.历代诗话[M].北京:中华书局,1981.

[32]谢堃.春草堂诗话[M].清道光间刻本,复旦大学图书馆藏.

[33]孙雄.道咸同光四朝诗史[M].清宣统二年(1910)刻本,续修四库全书,第1628册.

[34]马其昶.抱润轩文集[M].清宣统元年(1909)安徽官纸印刷局石印本,续修四库全书,第1575册.

三、近人今人论著(按作者姓名拼音排序)

[1]安徽人民出版社编.桐城派研究论文集[M].合肥:安徽人民出版社,1963.

[2]安徽省社会科学院文学研究所等编.桐城派研究论文选[M].合肥:黄山书社,1986.

[3][美]艾尔曼.从理学到朴学——中华帝国晚期思想与社会变化面面观[M].南京:江苏人民出版社,1995.

[4]蔡镇楚.中国诗话史[M].长沙:湖南文艺出版社,1988.

[5]蔡钟翔,黄保真,成复旺.中国文学理论史[M].北京:北京出版社,1987.

[6]曹道衡,沈玉成编著.南北朝文学史[M].北京:人民文学出版社,1991.

[7]曹旭.诗品研究[M].上海:上海古籍出版社,1998.

[8]陈来.宋明理学[M].沈阳:辽宁教育出版社,1991.

[9]陈良运.中国诗学体系论[M].北京:中国社会科学出版社,1992.

[10]陈良运.中国诗学批评史[M].南昌:江西人民出版社,2001.

[11]陈居渊.清代朴学与文学[M].南昌:百花洲文艺出版社,2000.

[12]陈衍.石遗室诗话[M].沈阳:辽宁教育出版社,1998.

[13]方孝岳.中国文学批评[M].北京:生活·读书·新知三联书店,1986.

[14]关爱和.古典主义的终结——桐城派与"五四"新文学

[M].上海:上海文艺出版社,1998.

[15]葛兆光.中国思想史[M].上海:复旦大学出版社,2001.

[16]葛晓音.八代诗史[M].北京:中华书局,2007.

[17]顾易生,蒋凡,刘明今.宋金元文学批评史[M].上海:上海古籍出版社,1996.

[18]郭延礼.中国近代文学发展史[M].北京:高等教育出版社,2001.

[19]郭绍虞编,富寿荪校点.清诗话续编[M].上海:上海古籍出版社,1978.

[20]郭绍虞.中国文学批评史[M].天津:百花文艺出版社,2001.

[21]郭绍虞.照隅室古典文学论集[M].上海:上海古籍出版社,2009.

[22]黄霖.近代文学批评史[M].上海:上海古籍出版社,1993.

[23]霍松林主编,漆绪邦、梅运生、张连第撰著.中国诗论史[M].合肥:黄山书社,2007.

[24]侯外庐.中国思想通史[M].北京:人民文学出版社,1962.

[25]胡适.胡适文集[M].北京:北京大学出版社,1998.

[26]胡晓明.中国诗学之精神[M].南昌:江西人民出版社,2001.

[27]胡晓明.万川之月——中国山水诗的心灵境界[M].北京:北京大学出版社,2005.

[28][日]李灵年、杨忠主编.清人别集总目[M].合肥:安徽教育出版社,2000.

[29]李春青.宋学与宋代文学观念[M].北京:北京师范大学出版社,2001.

[30][日]吉川幸次郎著,章培恒等译.中国诗史[M].上海:复旦大学出版社,2001.

[31]蒋寅.清诗话考[M].北京:中华书局,2005.

[32]蒋寅.古典诗学的现代阐释[M].北京:中华书

局,2003.

[33]梁启超.中国近三百年学术史[M].北京:东方出版社,2004.

[34]刘声木.苌楚斋随笔 续笔 三笔 四笔 五笔[M].北京:中华书局,1998.

[35]刘声木.桐城文学撰述渊源考[M].合肥:黄山书社,1989.

[36]刘世南.清诗流派史[M].北京:人民文学出版社,2004.

[37]刘再华.近代经学与文学[M].北京:东方出版社,2004.

[38]罗宗强.隋唐五代文学思想史[M].上海:上海古籍出版社,1986.

[39]莫砺锋.江西诗派研究[M].济南:齐鲁书社,1986.

[40]马其昶.桐城耆旧传[M].合肥:黄山书社,1990.

[41]敏泽.中国文学理论批评史[M].北京:人民文学出版社,1981.

[42]皮锡瑞著,周予同注释.经学历史[M].北京:中华书局,1959.

[43]钱基博.现代中国文学史[M].南京:江苏文艺出版社,2008.

[44]钱穆.中国近三百年学术史[M].北京:商务印书馆,1997.

[45]钱锺书.谈艺录[M].北京:中华书局,1984.

[46]齐治平.唐宋诗之争概述[M].长沙:岳麓书社,1984.

[47]乔象钟等编著.唐代文学史[M].北京:人民文学出版社,1995.

[48][日]清木正儿著,杨铁婴译.清代文学评论史[M].北京:中国社会科学出版社,1988.

[49]史革新.晚清理学研究[M].北京:商务印书馆,2007.

[50]孙望,常国武主编.宋代文学史[M].北京:人民文学出版社,1996.

[51]邬国平,王镇远.清代文学批评史[M].上海:上海古

籍出版社,1995.

[52]吴宏一.清代诗学初探[M].台湾:学生书局,1986.

[53]吴宏一.清代文学批评论集[M].台北:联经出版事业公司,1998.

[54]王小舒.神韵诗学[M].济南:山东人民出版社,2005.

[55]汪涌豪.中国文学批评范畴及体系[M].上海:复旦大学出版社,2007.

[56]汪涌豪,骆玉明主编.中国诗学(第三卷)[M].北京:东方出版社,1999.

[57]王友胜.唐宋诗史论[M].上海:上海古籍出版社,2006.

[58]王运熙.望海楼笔记[M].上海:东方出版中心,1999.

[59]王运熙.中古文论要义十论[M].上海:复旦大学出版社,2004.

[60]王钟翰点校.清史列传[M].北京:中华书局,1987.

[61]王镇远.桐城派[M].上海:上海古籍出版社,1990.

[62]萧华荣.中国古典诗学理论史[M].上海:华东师范大学出版社,2005.

[63]徐世昌.晚晴簃诗汇[M].民国十八年(1929)退耕堂刻本,续修四库全书,第1629~1633册.

[64]萧晓阳.湖湘诗派研究[M].北京:人民文学出版社,2008.

[65]许总.宋明理学与中国文学[M].南昌:百花洲文艺出版社,1999.

[66]严迪昌.清诗史[M].杭州:浙江古籍出版社,2002.

[67]杨明.汉唐文学辨思录[M].上海:上海古籍出版社,2005.

[68]杨明.文心雕龙精读[M].上海:复旦大学出版社,2007.

[69]杨明.欣然斋笔记[M].上海:中国出版集团、上海出版中心,2010.

[70][美]约翰·克罗·兰色姆著,王腊宝、张哲译.新批评[M].南京:江苏教育出版社,2006.

[71]袁行云.清人诗集叙录[M].北京:文化艺术出版社,1994.

[72](清)赵尔巽等撰.清史稿[M].北京:中华书局,1977.

[73]赵建章.桐城派文学思想研究[M].北京:北京图书馆出版社,2003.

[74]张伯伟.中国诗学研究[M].沈阳:辽海出版社,2000.

[75]张健.清代诗学研究[M].北京:北京大学出版社,1999.

[76]章培恒,骆玉明主编.中国文学史新著[M].上海:复旦大学出版社,2007.

[77]张少康.中国文学理论批评史[M].北京:北京大学出版社,2005.

[78]章太炎.章太炎全集[M].上海:上海人民出版社,1984.

[79]张舜徽.清人文集别录[M].北京:中华书局,1963.

[80]张寅彭.新订清人诗学书目[M].上海:上海古籍出版社,2003.

[81]周裕锴.宋代诗学通论[M].上海:上海古籍出版社,2007.

[82]周中明.桐城派研究[M].沈阳:辽宁大学出版社,1999.

[83]朱维铮.中国经学史十讲[M].上海:复旦大学出版社,2005.

四、单篇学术论文(按作者姓名拼音排序)

[1]陈晓红.方东树著述考略[J].古籍整理研究学刊,2010,(3).

[2]方任安.以文论诗—桐城诗派的诗学观[J].安庆师范学院学报,1997,(1).

[3]高政锐.方东树《昭昧詹言》论《古诗十九首》简评[J].大庆师范学院学报,2007,(12).

[4]龚敏.论方东树的学术渊源[J].江淮论坛,2007,(5).

[5]龚敏.论方东树的诗学渊源[J].中国韵文学刊,2006,(3).

[6]黄爱平.《汉学师承记》与《汉学商兑》兼论清中叶的汉宋之争[J].中国文化研究,1996,(14).

[7]黄霖.论姚门四杰[J].江淮论坛,1985,(2).

[8]黄振新,王少仁.方东树《昭昧詹言》评杜述略[J].齐齐哈尔大学学报,2011,(10).

[9]姜广辉.乾嘉汉学再评价——兼评方东树对汉学的回应[J].哲学研究,1994,(12).

[10]李帆.论清代嘉道之际的汉宋之争与汉宋兼采[J].求是学刊,2006,(9).

[11]李涛,卢佑诚.建构古典诗学批评的新范式——方东树"以文论诗"新论[J].皖西学院学报,2007,(6).

[12]李赟.方东树与十九世纪的汉学批评[J].史学集刊,2002,(3).

[13]刘文忠.试论方东树《昭昧詹言》的诗歌鉴赏[J].江淮论坛,1983,(5).

[14]吕美生.方东树《昭昧詹言》的价值取向[J].学术月刊,2000,(10).

[15]吕美生.论方东树《昭昧詹言》——兼评"桐城诗派"的百年走势与价值取向[A]."新中国文学理论五十年"学术研讨会论文集[C].

[16]卢佑诚.《汉学商兑》"集矢于戴震"说[J].2009,(1).

[17]倪奇,刘飞.以"气"论诗与方东树的诗学思想[A].第三届全国桐城派学术研讨会论文集[C].

[18]戚学民.《汉学商兑》与《儒林传稿》[J].学术研究,2010,(7).

[19]潘殊闲.方东树的"魂魄"论诗与中国诗学的"象喻"传统[J].中南民族大学学报,2005,(3).

[20]邱美琼.清代"桐城派"对黄庭坚诗歌的接受——以方东树《昭昧詹言》为中心[J].沈阳师范大学学报,2006,(6).

[21]屈宁.方东树礼学思想评议[J].安庆师范学院学报,2007,(2).

[22]冉欲达.读书偶得[J].鸭绿江,1978,(7).

[23]尚小明.门户之争,还是汉宋兼采?——析方东树〈汉学商兑〉之立意[J].云南大学人文社会科学学报,2001,(1).

[24]邵伟.方东树论学诗[J].安徽文学.2009,(6).

[25]田义勇."棱汁":方东树诗法论的重要范畴[J].保定学院学报,2009,(3).

[26]吴强,邱瑰华.方东树以"气"论诗[A].第三届全国桐城派学术研讨会论文集[C].

[27]王水照,朱刚.三个遮蔽:中国古代文章学遭遇"五四"[J].文学评论,2010,(4).

[28]王友胜.方东树论苏诗对桐城家法的承继与突破[J].衡阳师范学院学报,2004,(2).

[29]王友胜.方东树《昭昧詹言》论黄庭坚诗述略[J].中南大学学报,2007,(10).

[30]王友胜,李德辉.简述方东树对李白诗歌的论评[A].中国李白研究(2001~2002年集)——纪念李白诞生1300周年国际学术研讨会论文集[C].

[31]王镇远.桐城派诗论初探[J].江淮论坛,1983,(1).

[32]许结.方东树《汉学商兑》的通经致用思想[J].安徽师范大学学报,1986,(2).

[33]许结.论方东树在桐城派文学理论建设中的作用[C].古代文学理论研究,第13辑.上海古籍出版社,1988.

[34]许结.诗法鉴衡 钩玄昭昧——方东树诗论述评[J].江淮论坛,1984,(1).

[35]徐希平.方东树《昭昧詹言》论杜甫述略[J].杜甫研究学刊,2005,(4).

[36]徐新民.方东树及其《昭昧詹言》[J].语文学刊,1995,(2).

[37]徐文博.方东树古文理论刍议[A].第一届全国桐城派学术讨论会论文集[C].

[38]肖占鹏.方东树意境理论初探[A].意境纵横谈[C].天津:南开大学出版社,1986.

[39]杨明."兴象"释义[J].中山大学学报,2009,(2).

[40]於梅舫.《汉学商兑》的发轫、缘起及旨趣[J].社会科学战线,2011,(8).

[41]严云受.略论方东树的"诗道性情"说[J].佛山科学技术学院学报,2004,(3).

[42]曾光光.桐城派与嘉道时期的经世致用思潮[J].江淮论坛,2003,(5).

[43]张秋红.传承与开拓——简论方东树的诗学理论[J].吉林省教育学院学报,2005,(4).

[44]周建华.宋明理学是"江西之学"[J].南昌大学学报,2002,(3).

[45]周建华.江西诗派的精神内核是宋明理学——二论宋明理学是"江西之学"[J].南昌大学学报,2003,(2).

[46]张淑红.《汉学商兑》与清中叶的汉、宋之争[J].南开学报,2004,(1).

[47]张寅彭.略论明清乡邦诗学中的"泛江西诗派"观[J].文学遗产,1996(4).

[48]钟耀.论方东树《昭昧詹言》的诗学思想[J].西南科技大学学报,2007,(8).

五、硕博士学位论文(按完成时间排序)

[1]康维训.方东树诗论研究[D].台湾高雄师范大学,1988.

[2]郭正宜.方东树诗学源流及其美感取向之研究[D].台湾成功大学,1993.

[3]谢锡伟.方东树诗论研究[D].香港浸会学院,1994.

[4]蔡美惠.方东树文章学研究[D].台湾师范大学,2002.

[5]杨淑华.方东树《昭昧詹言》及其诗学定位[D].台湾成功大学,2004.

[6]龚敏.方东树学术与文学研究[D].南京大学,2005年.

[7]李佩玲."唯务折衷"之诗学特质——方东树《昭昧詹言》诗学研究[D].四川师范大学,2006.

[8]袁刚.试论晚清汉学与宋学的关系[D].西北大

学,2006.

[9]周怀文.姚范及其《援鹑堂笔记》研究[D].安徽师范大学,2006.

[10]许晓瑛.方东树理学思想研究[D].复旦大学,2008.

[11]田亚.方东树诗学的宋诗本位与桐城义法[D].贵州师范大学,2009.

后记

本书是在笔者的博士论文基础上修订而成的。

回首昔日博士论文的撰写,经历了种种艰难。后来又为工作到处奔波,更是不易。

感谢导师杨明先生,蒙先生不弃,我能够忝列门墙,感激之情,难以言表。杨师教学认真,兢兢业业,治学亦十分严谨,一丝不苟。我在读的三年多时间里,两年半在课堂里聆听教诲。论文写作过程中,杨师对论文的选题、行文、框架结构等诸多方面提出过很多建设性的指导意见,事无巨细,一一指正,非常认真负责。论文修改出版阶段,杨师亦十分关心,慨然赠序,还特意寄来书信一封指出论文中存在的错漏,对学生的拳拳之心更是令我感动不已。

感谢我的硕士生导师房开江先生,读硕和工作期间给予我很多帮助,多年来一直关注着我的成长,惭愧的我唯有感激!谢谢您!

同时还要感谢赵厚均、杨焄、刘飞、蔡阿聪等诸位师兄的关心和帮助,还有宿玉村、孙凯昕等同学帮忙查找资料,谢谢你们!

还要感谢我的家人,没有他们的宽容和忍耐,我很难走到今天。

特别感谢博士论文答辩时的五位答辩委员:刘永翔先生、

曹旭先生、胡晓明先生、黄宝华先生、蒋凡先生,他们对论文提出各种中肯的建议,在此特表诚挚的谢意!我依据各位专家的意见努力对论文进行修改,然而自己资质愚钝,学力有限,书稿中仍有一些不尽如人意处,还请诸位方家批评指正。

最后,本书能够列入"桐城派文学理论研究系列丛书"出版,要特别感谢安徽大学及安徽大学出版社,感谢吴家荣老师等诸位师友为此书出版付出的辛勤和努力!

陈晓红
2012 年 3 月